D1996715

Dieses Buch ist der unveränderte Reprint einer älteren Ausgabe.

Erschienen bei FISCHER Digital

Hedderichstr. 114, D-60596 Frankfurt am Main

Printed in Germany
ISBN 978-3-596-31338-9

Martin Rheinheimer ist Professor
für Maritim- und Regionalgeschichte (1500–1900)
an der Syddansk Universitet in Odense (Dänemark).

Fischer

Weitere Informationen finden Sie auf
www.fischerverlage.de.

Seit dem späten Mittelalter häufen sich die Klagen über falsche Bettler. Armut war ein gesamteuropäisches Phänomen, doch wandelte sich die Wahrnehmung. Neben die Fürsorge traten zunehmend Marginalisierungen und Verfolgung.

Das Buch vermittelt einen Eindruck von den unterschiedlichen Lebenswelten der Armen zwischen ausgehendem Mittelalter und beginnender Industrialisierung: die Überlebensstrategien der von der Armut bedrohten Unterschichten, die besonderen Nöte armer Frauen, das Verhältnis der Bedürftigen zur Armenfürsorge, die Strategien von vagierenden Bettlern, von Dieben und Räubern, Verfolgung und Leben der »Zigeuner«.

Beispiele aus vielen europäischen Ländern beleuchten die komplexen Zuschreibungs- und Aneignungsprozesse, die innerhalb der Gesellschaft stattfanden und einen Armen zu einem Armen machten. Im Mittelpunkt aber steht der einzelne Arme, der unter den vorgegebenen Strukturen sein Leben meisterte und dabei selber Strukturen schuf.

Unsere Adresse im Internet: www.fischer-tb.de

Martin Rheinheimer, geboren 1960, studierte in Kiel und Thessaloniki. Seit 1999 ist er Associate Professor für Europäische Regionalgeschichte (1500–1900) an der Universität von Süddänemark in Esbjerg.

Europäische Geschichte

Herausgegeben von Wolfgang Benz

Konzeption: Wolfgang Benz,
Rebekka Habermas und Walter H. Pehle

Inhalt

»Falsche« Bettler und Gauner

Zigeuner

Anhang

Einleitung

»Sie begegnen auf der Straße einem Bettler«, so das imaginäre Bild, das uns der Hamburger Kommunikationspsychologe Friedemann Schulz von Thun vor Augen stellt: »Bitte malen Sie sich die Situation genau aus, so daß sie Ihrem tatsächlichen Erleben entspricht: Sitzt er oder steht er? Ist er stumm oder spricht er Sie an (›Hassu mal 'ne Mark?‹)? Ist es überhaupt ein ›Er‹ oder eine ›Sie‹? Hat er/sie noch etwas dabei: ein kleines Kind, einen Hund, ein Schild, ein Musikinstrument?«[1] Dann fragt uns der Psychologe nach unserer eigenen Situation, ob wir in Eile sind oder Zeit haben, und kommt auf unsere inneren Regungen zu sprechen, indem er analysiert, welche Stimmen in uns laut werden: »Der/die peinlich Berührte: ›Wie unangenehm! Muß dieser Mensch mir an diesem schönen Tag das Elend der Welt so drastisch vor Augen führen!? Nicht hinsehen und schnell vorbei!‹ – Der/die Mitleidige: ›Der Arme! Schlimm, daß es bei uns solche Armut gibt! Ich sollte wenigstens stehenbleiben und ein paar Mark beisteuern, wenn ich schon sonst nichts tun kann!‹ – Der/die Hartherzige: ›Selber schuld! Bei uns muß niemand hungern! Die Polizei sollte solche Leute von der Straße jagen – sie beleidigen das Auge eines anständigen Bürgers!‹« Und »der/die Mißtrauische« flüstert: »Macht der nicht auf die Mitleidstour, und ich falle womöglich darauf herein? Schreibt ›Brot‹ und meint ›Schnaps‹? Und ich finanziere ihm dann seinen unseligen Lebenswandel!?« Weitere Stimmen könnten »der/die schuldbewußte Privilegierte«, »der/die Eilige«, »der/die nicht auffallen möchte«, »der/die Leistungsbetonte«, »der/die Systemkritikerin« usw. sein.[2]

Wie werden wir uns verhalten? Wie gehen wir heute mit den Armen und Bettlern um, jeder privat und die Gesellschaft insgesamt? Die imaginierte Situation macht quälend bewußt, daß hier ein innerer Konflikt schwelt, den jeder mit sich und den die Gesellschaft als ganze austrägt oder verdrängt. Die Stimmen sind zum Teil seit

Jahrhunderten die gleichen, andere sind neu hinzugekommen oder einfach nur lauter geworden. So hat die Einführung von Sozialversicherungen seit Ende des 19. Jahrhunderts ein Maß an sozialer Sicherheit geschaffen, das es in der Frühen Neuzeit nicht gab und das die Stimmen der Hartherzigen und Leistungsbewußten vielleicht hat lauter werden lassen. Zugleich ist die Abstraktion der sozialen Beziehungen auf eine neue Stufe getreten. Nachdem in der Versicherung der Anspruch auf Unterstützung juristisch festgeschrieben worden ist, wird das Herausfallen aus *allen* sozialen Netzen immer weniger vorstellbar.

Gerade die Armut hat sich nicht unabhängig von den übrigen gesellschaftlichen Prozessen entwickelt. Die von ihr betroffenen Menschen standen immer in einem dialektischen Prozeß mit der übrigen Gesellschaft und ihren Deutungen. Die sozialen Konflikte fanden Ausdruck in bestimmten Werten und Unwerten, die sich wiederum an bestimmten Verhaltensweisen (zum Beispiel Müßiggang, Unzucht, Kindsmord) oder ganzen Gruppen von Menschen (ledigen Müttern, »falschen« Bettlern, Zigeunern und anderen) kristallisierten. Die unterschiedlichen Diskurse entfernten sich dabei mitunter weit vom realen Leben in der Not, bestimmten es aber nichtsdestoweniger über die Gewährung oder Nichtgewährung von Unterstützung, über Diskriminierungen, Verfolgungen oder Erziehungsprogramme.

Jenseits der öffentlichen Debatten wurden in den sozialen Schichten und zwischen den Schichten verdeckte Diskurse geführt. Armut wurde einerseits von der Oberschicht inszeniert, um sich selbst darzustellen und die bestehende gesellschaftliche Ordnung zu zementieren, andererseits inszenierten sich die Armen selbst als arm, um Sozialkapital und Unterstützung zu aktivieren. Abgrenzungen konnten dazu dienen, den eigenen Status zu bewahren oder Konkurrenz um Arbeit und Ressourcen abzuwehren. Diese Inszenierungen gilt es zu entschlüsseln. Erst indem wir hinter den Vorhang der gesellschaftlichen Vorurteile und Projektionen schauen, werden die individuellen Erfahrungen, Einstellungen und Überlebensstrategien deutlicher, die gesellschaftlichen Diskurse und Mißverständnisse erklärbar. Der Arme erscheint nicht nur als hilfloses Objekt, sondern als historisches Subjekt.

Um die unterschiedlichen Erfahrungsweisen und Deutungen von Wirklichkeit, das Netz aus sozialen Beziehungen, Normen und Institutionen zu verstehen, ist der mikrohistorische Blick auf das Kleine hilfreich. Der Lynchmord an einem Bettler, der nach einem Diebstahl erwischt wurde, führt uns tief hinein in die komplexe Problematik der Unterschichten, der Armut und des Vagantentums der Frühen Neuzeit:

Am 19. Juni 1727 gegen sechs Uhr abends kam ein Bettler in das Dorf Wohlde in Stapelholm, ganz im Süden des Herzogtums Schleswig. Er trug ein rotes Hemd, Leinenhosen und einen Tornister für Lebensmittel und seine wenigen Habseligkeiten. Um diese Zeit arbeiteten die meisten Einwohner noch auf den Feldern oder im Moor. So bot sich dem Bettler eine besondere Gelegenheit: Als er an das Haus eines Tagelöhners kam, fand er die Tür offen und drinnen nur einen gelähmten alten Mann. In seiner Dreistigkeit ging er durch das Haus und fand auf der Rückseite im Garten zum Bleichen ausgelegtes Leinen. Er ergriff es, sprang über den Zaun und lief weg.

Das Unheil nahm seinen Lauf. Die Frau des Gelähmten und seine Schwiegertochter kehrten zurück, der Alte berichtete von dem Diebstahl, die Frauen liefen zu den Nachbarn und schlugen Alarm. Die Leute machten sich auf die Suche nach dem Dieb. Da um diese Zeit viele von der Arbeit heimkehrten, konnte es nicht ausbleiben, daß der Mann schnell gestellt wurde. Er wurde verprügelt, und man nahm ihm das Gestohlene wieder ab. So weit ist der Fall nichts Besonderes: Es geschah ein Diebstahl, man verfolgte den Dieb und stellte die Ordnung wieder her. Da die Obrigkeit weit war, regelte man den Fall schnell und unbürokratisch selbst, indem man ihm eine Abreibung verpaßte, um ihm eine Lektion zu erteilen.

Aber in diesem Fall eskalierte die Situation. Der Dieb wurde immer mehr geschlagen, man trieb ihn mit Knüppeln weiter und hieb auf ihn ein, bis er zusammenbrach. Es gab zwar mäßigende Stimmen, doch einige prügelten weiter, der Mann raffte sich wieder auf, und sie schlugen aufs neue. Besonders taten sich der bestohlene Tagelöhner, der inzwischen ebenfalls von der Arbeit gekommen war, und seine Frau hervor. Man nahm dem Bettler auch seinen Beutel und seinen Rock weg. Schließlich blieb er an einem Damm liegen.

Den Beteiligten wurde allmählich klar, daß sie es übertrieben hatten; in der Nacht versuchte der Tagelöhner, den verletzten Bettler zum Weiterziehen zu bewegen, ja er organisierte sogar einen Wagen für ihn. Aber da war es zu spät: Der Bettler konnte nicht mehr aufstehen.

Anders die Reaktion des Bauervogts, also des Dorfvorstehers. Er ließ das Dorf in dieser Nacht bewachen. Offenbar fürchtete er weitere Diebstähle oder einen Racheakt des Bettlers, vielleicht eine Brandstiftung, wie man sie abgewiesenen Bettlern gern unterstellte.

Am nächsten Morgen war der Bettler tot.[3]

Der Tod des Bettlers war durchaus kein Einzelfall. Gerade in der Zeit kurz nach 1700 kam es wiederholt vor, daß Bettler oder vor allem auch Zigeuner, die bei einem Diebstahl erwischt wurden oder die man irrtümlich für die Schuldigen hielt, gelyncht wurden. Auch wenn diese Fälle eine extreme Form des Umgangs mit Bettlern und Zigeunern darstellen, so werden an ihnen doch die Spannungslinien im Verhältnis zwischen seßhafter Bevölkerung und den Marginalisierten, den Menschen am äußersten Rande der Gesellschaft, die schon fast gar nicht mehr dazugehörten, deutlich.

Ziel dieses Buches ist es, einen Eindruck von den Mechanismen der Armut zu vermitteln. Im Zentrum stehen dabei die Lebenswelten der frühneuzeitlichen Armen. Mit dem Begriff »Lebenswelt« ist, nach der Definition von Rudolf Vierhaus, »die – mehr oder weniger deutlich – wahrgenommene Wirklichkeit gemeint, in der soziale Gruppen und Individuen sich verhalten und durch ihr Denken und Handeln wiederum Wirklichkeit produzieren«.[4]

Die einzelnen Kapitel zeigen jeweils an einer besonderen Gruppe die Unterschiede und Gemeinsamkeiten von Lebenswelten in Armut auf. Auf diese Weise möchte ich die Mechanismen ihrer Entstehung, der Abgrenzung, der gegenseitigen Durchdringung und Beeinflussung veranschaulichen sowie die komplexen Zuschreibungs- und Aneignungsprozesse, die innerhalb der Gesellschaft stattfanden, beleuchten. Viele Wahrnehmungs- und Handlungsweisen, die zum Teil bis heute wirken, werden daraus verständlicher. Die Beschäftigung mit der Armut in der Frühen Neuzeit erlaubt es, die Kategorien, die seitdem entstanden sind und uns prägen, an der historischen Wirklichkeit zu messen, ihre Ursprünge zu verstehen und sie dadurch zu relativieren. Insofern soll die Betrachtung der Vergangenheit helfen, die Gegenwart besser zu verstehen und Handlungsmaximen für die Zukunft zu entwickeln.

Die Gliederung dieses Buches folgt der Stufenleiter der sozialen Not nach unten. Im ersten Kapitel geht es um alle diejenigen Menschen, die von der Verarmung nur bedroht waren. Das zweite Kapitel widme ich den Frauen, die insgesamt der Not stärker ausgesetzt waren als die Männer. Im dritten Kapitel behandele ich die »wahren« Armen. Dort geht es sowohl um Aspekte der Fürsorge als auch um die Bedingungen eines Lebens in Bedürftigkeit und Abhängigkeit von obrigkeitlicher Unterstützung. Davon ausgeschlossen und kriminalisiert wurden zu Beginn der Frühen Neuzeit die fremden Bettler, weshalb im vierten Kapitel auch Formen der Kriminalität bis hin zur organisierten Kriminalität der Diebes- und Räuberbanden in den Blick kommen. Besonders ausgegrenzt und verfolgt wurden als ethnisch abweichende Gruppe die »Zigeuner«[5], die im letzten Kapitel behandelt werden.

Unterschichten und Verarmung

Armut, Bedürftigkeit, Nichtseßhaftigkeit

Armut ist nicht zu allen Zeiten das gleiche gewesen, sondern sie stand stets in einem Verhältnis zur wirtschaftlichen und gesellschaftlichen Entwicklung, und sie wurde immer subjektiv empfunden. Wenn von einer Verschlechterung der Lage der lohnabhängigen Bevölkerung und einer Zunahme der Armut im Verlauf der Frühen Neuzeit gesprochen wird, ist das nur vor dem Hintergrund des gewaltig steigenden Wohlstandes der Eliten zu verstehen. Während eine kleine Schicht, bestehend aus Adel, städtischen und bäuerlichen Eliten, immer größeren Wohlstand erlangte, wuchs zugleich der Abstand zu den Unterschichten. Tatsächlich nahm zum Beispiel in Bordeaux auch in den Unterschichten der materielle Besitz zu: So wurden die Zahl und die Qualität der Betten im 17. Jahrhundert höher. Gab es im 16. Jahrhundert erst in ca. 75 % der Unterschichtshaushalte mit Federn gefüllte Kopfkissen, so fanden sie sich um 1600 zu fast 90 % und 1675 zu 94 %. Das Vorkommen von Bettvorhängen vermehrte sich analog von 47 % über 50 % auf 70 %. Auch Zahl und Qualität etwa der Handtücher nahm zu. Zugleich läßt sich in den Unterschichtshaushalten eine zunehmende Individualisierung erkennen: Die gemeinsame Eßschüssel wurde durch eigene Teller ersetzt, die Bank durch Stühle verdrängt. Haushalte, in denen es diese Gegenstände gab, konnten in normalen Zeiten ohne fremde Hilfe leben. Dennoch waren sie alle in Krisenzeiten oder bei Unglücksfällen weiterhin von Verarmung bedroht.

Zwar nahm der materielle Besitz der kleinen Leute etwas zu, und was ein Armer um 1700 besaß, war meist mehr als das, was ein Armer um 1500 besessen hatte, doch verstärkte sich durch den rasant zunehmenden Wohlstand der Eliten das allgemeine subjektive Bewußtsein wachsender Armut. Dies spiegelt sich einerseits in einer Bedeutungsverschiebung des Begriffs Armut, andererseits in veränderten Wahrnehmungen, zum Beispiel in den Klagen über die Scharen der Bettler und die Zunahme des Bettelns. Die verbreitete Unterstellung, daß viele von ihnen gar keine echten Bettler, sondern Betrüger seien, mag nicht nur eine Verdrängung der sozialen Probleme durch die prosperierende Oberschicht darstellen, sondern auch aus einem allgemeinen Gefühl wachsenden Wohlstands rühren, in dem eine Zunahme der Armut eigentlich der wirtschaftlichen Entwicklung widersprach.

Die Kehrseite des Wohlstandes und hoher Gewinne waren oft steigende Preise, die die kleinen Leute zu zahlen hatten. Neben den vielen Haushalten, in denen es im Verlauf der Frühen Neuzeit immerhin eine geringfügige Besitzvermehrung gab, standen weiterhin diejenigen, die gar nichts hatten und die von einer irgendwie gearteten Unterstützung abhängig waren. Eine Armutsgrenze läßt sich nur im jeweiligen Kontext definieren; gerade in der vorindustriellen Zeit herrschten oft regionale und lokale Bezüge, so daß verallgemeinernde Aussagen kaum möglich sind. Dennoch läßt sich Armut nach dem Grad der Bedürftigkeit in verschiedene Gruppen unterteilen. Als arm muß gelten, wer sich aus eigener Kraft Essen, Kleidung oder Unterkunft nicht leisten konnte; als arm konnte sich aber auch empfinden, wer nicht seinem Stand entsprechend leben konnte. Als weiteres Kriterium kommt die gesellschaftliche Akzeptanz bzw. der Ausschluß von allen Hilfeleistungen hinzu. Auf diese Weise lassen sich auf der Stufenleiter gesellschaftlicher Deklassierung vier Gruppen von Armen erkennen.

Die erste Gruppe umfaßt alle diejenigen, die zwar ohne Unterstützung auskamen, aber doch immer Gefahr liefen, in Bedürftigkeit zu geraten. Wirtschaftliche Veränderungen, plötzliche Teuerungen oder ein persönlicher Schicksalsschlag konnten bewirken, daß sie ihren Lebensunterhalt nicht mehr allein, aus eigener Kraft, sichern konnten. Zu dieser Gruppe gehörten die gesamten Unterschichten, zwischen 60 und 80% der Bevölkerung, die kein Kapital besaßen, das solche Notlagen zu überstehen ermöglichte.

Ärmer als die Bedrohten waren diejenigen, die bereits auf Unterstützung angewiesen waren. Am besten hatten es die sogenannten Hausarmen: Arme, deren Bedürftigkeit gesellschaftlich anerkannt war und die von der städtischen Obrigkeit, der dörflichen Gemeinde, der Kirche oder wohltätigen Stiftungen gelegentliche Almosen oder regelmäßige Unterstützung erhielten. Der Anteil dieser Gruppe variierte stark, in englischen Städten etwa zwischen 5 und 22%, und in Krisenphasen konnte er noch viel höher liegen, große Teile der ersten Gruppe mit erfassen. Während der Pest von 1580 wurden in Genua 57% der Bevölkerung unterstützt.

Eine dritte Gruppe bildeten diejenigen, deren Armut gesellschaftlich nicht anerkannt war und die deshalb auch keine Unterstützung erhielten. Meist glitten sie in die Nichtseßhaftigkeit ab und waren gezwungen, sich irgendwie durchzuschlagen, und sei es auf kriminelle Weise. Diese Gruppe ist sehr schwer zu erfassen. Schätzungen der Vagierenden im Deutschland des 18. Jahrhunderts schwanken zwischen 2 und 10% der Bevölkerung. In Krisenzeiten nahm die Zahl rapide zu, da viele Angehörige der Unterschichten von Obdachlosigkeit und Nichtseßhaftigkeit bedroht waren. Zahl und Wahrnehmung bettelnder Vaganten hingen nicht zuletzt mit dem Ausbau und der Qualität einer flächendeckenden Armenfürsorge zusammen. In England, das in dieser Hinsicht mit dem Alten Armenrecht von 1597/1601 die Vorreiterrolle in Europa übernahm, war seit dem 17. Jahrhundert auch die Zahl der Vaganten geringer als auf dem Kontinent.

Waren diese Menschen aus Armut heimatlos geworden, so waren die Angehörigen der vierten Gruppe schon immer heimatlos gewesen. Die »Zigeuner« und ähnliche umherziehenden Gruppen waren als Fremde nach Europa gekommen, und sie blieben von der Solidarität der Seßhaften ausgeschlossen.

Diese Einteilung zeigt bereits bestimmte Integrations- und Ausschließungsmechanismen der frühneuzeitlichen Gesellschaft in Europa, die sich entlang der Kategorien »fremd« und »nichtseßhaft« bewegten; andere liefen entlang der Kategorien Arbeitsfähigkeit und Arbeitswille. Gesellschaftliche Definitionen spielten eine zentrale Rolle bei der Frage, wer ein »wahrer« Armer, wer ein »falscher« Bettler war, und sie konnten sich im Laufe der Zeit verändern. Daraus ergibt sich die besondere Dynamik der gesellschaftlichen Zuschreibungs- und Aneignungsprozesse, die zur Konstituierung bzw. zum Zerbrechen sozialer Identitäten führten.

Waren die ersten beiden Gruppen, die bedrohten Unterschichten und die unterstützten Bedürftigen, noch gesellschaftlich anerkannt und fanden in der Gesellschaft, wenn auch am unteren Ende der Hierarchie, ihren Platz, so fielen die beiden letzteren Gruppen, die nichtseßhaften Vaganten und die Zigeuner, aus ihr heraus. Sie waren gesellschaftlich oft völlig desintegriert.

Natürlich gab es Übergänge zwischen den Gruppen: halbseßhafte Hausierer, Gelegenheitsbettler oder Zigeuner, die sich integriert hatten. Und nicht jeder verbrachte sein ganzes Leben in Bedürftigkeit; Kinder und Alte wurden häufiger bedürftig als arbeitsfähige Erwachsene. Auch in der ständischen Gesellschaft herrschte zudem eine gewisse soziale Mobilität, wenn auch der Abstieg leichter als der Aufstieg war. Etablierte Gruppen entwickelten bestimmte Techniken, um ihren Status zu erhalten und die Konkurrenz sozial Schwächerer gegebenenfalls zu erschweren.

Auch innerhalb der einzelnen Gruppen unterschied sich das Maß der Armut. Es gab unter den Vaganten Hausierer, die eine Unterkunft bezahlen konnten, und Bettler, die ohne warme Kleidung im Winter erfroren. Die Differenzierung der Armut wird an den Wohnverhältnissen deutlich. Nach den Leipziger Mietleuteverzeichnissen gab es dort in den armen Vierteln Hauptwohnungsmieter, Teilwohnungsmieter, Zimmer- bzw. Kammermieter, Kammerteilmieter und Bettmieter. Man kann sich plastisch die Enge vorstellen, wenn sich mehrere Personen eine Kammer, vielleicht sogar ein Bett teilten. Feuchte, verfallene Bauten, in denen die Armen unterkamen, erhöhten die gesundheitlichen Gefahren; gar nicht zu reden von Läusen, Ratten und ähnlichem Ungeziefer. Nicht erwähnt sind in diesen Verzeichnissen alle diejenigen, die überhaupt kein Dach über dem Kopf hatten, sondern auf Kirchhöfen oder bei den Stadttoren im Freien nächtigten. Seit dem 17. Jahrhundert werden in Leipzig die Ziegelhöfe als Unterschlupf von Bettlern erwähnt. Dort fanden sie wenigstens etwas Wärme und Schutz.

Im folgenden werfe ich zuerst einen Blick auf die strukturellen Ursachen der Armut in der Frühen Neuzeit. Wer die Abhängigkeit von Almosen vor sich sah, suchte unter Umständen einen Ausweg, wie er einem derartigen Schicksal entgehen konnte. Anschließend stelle ich deshalb einige Reaktionen vor, mit denen Angehörige der Unterschichten auf die drohende Verarmung reagierten: die Suche nach besseren Subsistenzmöglichkeiten, die Ab- bzw. Auswanderung, Protest und Kriminalität. Schließlich gehe ich auf die »Kultur« des Mangels ein, die das permanente Leben an den Grenzen der Verarmung hervorbrachte.

Bevölkerungswachstum und Teuerungen

Zu den individuellen Ursachen der Verarmung, die auch schon in der Frühen Neuzeit bekannt waren – nämlich Verlust des Ernährers, Krankheit, Unfall oder Alter –, kommen strukturelle Gründe, die damals entweder unbekannt waren oder verdrängt wurden. Ein zentraler Faktor war das Bevölkerungswachstum. In der ersten Hälfte des 14. Jahrhunderts hatte sich im Abendland bereits eine Stagnation abgezeichnet, bevor der Schwarze Tod 1348–50 zu Bevölkerungsverlusten führte, die erst um 1500 wieder ausgeglichen waren. Zwischen 1500 und 1800 verdoppelte sich dann die europäische Bevölkerung und wuchs von etwa 75 Millionen auf über 150 Millionen an (ohne Rußland). Auch phasenweise auftretende regionale Einbrüche änderten nichts an dieser Entwicklung. So führte der Dreißigjährige Krieg in manchen Gegenden Mitteleuropas zwar zu einem Bevölkerungsverlust von bis zu 80 %, andere Regionen aber blieben verschont. Die Vorkriegsbevölkerung wurde in Deutschland erst über hundert Jahre später wieder erreicht. Ein weiteres Beispiel für regionale Abweichungen ist England, das vom Dreißigjährigen Krieg nicht betroffen war: Dort stagnierte die Bevölkerung allerdings in der zweiten Hälfte des 17. Jahrhunderts.

Phasen des starken Bevölkerungswachstums bewirkten, wenn dieses auf einem Geburtenüberschuß basierte, einen größeren Anteil von Kindern und Jugendlichen an der Gesamtbevölkerung und, da diese besonders bedroht waren, einen potentiell höheren Anteil der Armen. So waren in England 1581 35 % der Bevölkerung unter 15 Jahre alt, während der Stagnation 1676 aber nur 30 %, während der Anteil der über 60jährigen von 8 % auf 10 % angestiegen war. Der Anteil dieser beiden von Armut besonders gefährdeten Gruppen war insgesamt von 43 % auf 40 % zurückgegangen.

Der Großteil der europäischen Bevölkerung lebte weiterhin auf dem Lande. Hatten im Jahre 1500 etwa 15 % in Städten über 2000 Einwohner gelebt, so waren es um 1800 17,5 %. In absoluten Zahlen hatte sich die städtische Bevölkerung in diesen dreihundert Jahren aber von 11,4 Millionen auf 26,6 Millionen mehr als verdoppelt (ohne Rußland). Die Zahl der Städte mit mehr als 100 000 Einwohnern stieg von vier auf zwanzig an. Dabei war die Entwicklung in einzelnen Städten durchaus unterschiedlich. Während sich die Einwohnerzahl Londons von 50 000 auf 948 000 verneunzehnfachte oder Wien um mehr als das Zwölffache von 12 000 auf 247 000 Einwohner anwuchs, verminderte sie sich in Köln, das im Mittelalter die größte Stadt Deutschlands gewesen war, von 45 000 auf 41 000. Ebenso ging die Bevölkerung in Nürnberg, das zwischen 1300 und 1500 von 12 000 auf 38 000 Einwohner angewachsen war, bis 1800 wieder auf 30 000 zurück.

Der Zusammenhang von Bevölkerungszunahme und Armut wird schlaglichtartig durch die Tatsache erhellt, daß Nürnberg in der Zeit seines größten Wachstums im 14. Jahrhundert in der Reglementierung und Reform des Armenwesens vorangegangen ist und bereits um 1370 eine erste Bettelordnung erlassen hat.

Die Armut, die in den Städten sichtbar wurde, war auf dem Lande produziert. Dort führte das Bevölkerungswachstum vor allem zu einem Anwachsen der klein- und unterbäuerlichen Schicht. In Chippenham (Cambridgeshire) nahm der Anteil der landlosen Hausbesitzer seit 1279 von 3,5 % auf 32 % im Jahr 1544 und 63 % im Jahr 1712 zu. In dem Dorf Terling (Essex) nahm die Zahl der Steuerzahler bzw. Haushalte zwischen 1524/25 und 1671 von 76 auf 122 zu. Dabei blieb die Zahl der größeren und mittleren Steuerzahler ungefähr stabil, während sich die der niedrigsten Klasse fast verdreifachte. Im Kirchspiel Großsolt im Herzogtum Schleswig stieg die Einwohnerzahl zwischen 1803 und 1840 von 655 auf 995, eine Zunahme um 51,9 %; zugleich nahm die Zahl der Unterstützungsbedürftigen rasant zu. Hatte es 1783 lediglich drei zeitweise unterstützte Arme gegeben, so lag die Zahl zwischen 1842 und 1846 bei durchschnittlich zehn temporär und mehr als 12 beständig Unterstützten. In englischen Dörfern stieg die Zahl der Unterstützungsbedürftigen seit Ende des 18. Jahrhunderts analog an.

Die langfristige Entwicklung war durch Bevölkerungsdruck und einen geringer werdenden Nahrungsspielraum bestimmt. Waren die Lebensmittelpreise nach der Pest und ihren Bevölkerungsverlusten gesunken, so stiegen sie seit Ende des 15. Jahrhunderts wieder rasant an (allein zwischen 1520 und den 1590er Jahren vervierfachte sich der Weizenpreis), während die Löhne hinter dieser Entwicklung weit zurückblieben. Im 16. Jahrhundert sind durchweg sinkende Reallöhne festgestellt worden, erst im 17. Jahrhundert stiegen sie allmählich wieder auf die Hälfte des Ausgangslohnes an.

Seit dem 16. Jahrhundert kühlte sich zudem das Klima während der sogenannten Kleinen Eiszeit (1560–1630) leicht ab, so daß sich die Lebensbedingungen allgemein verschlechterten. Weitere klimatische Ungunstphasen brachten die Jahre zwischen 1680 und 1720 sowie 1765 bis 1820.

Kriege, marodierende Söldnerbanden und Epidemien taten das Ihrige, um den Prozeß der Pauperisierung voranzutreiben. Der Hunger war während der Frühen Neuzeit für die Mehrheit der europäischen Bevölkerung eine ständige Bedrohung; Feste und große Gelage dienten seiner symbolischen Bewältigung. Nach der Not des 16. Jahrhunderts bewirkte der Bevölkerungsrückgang infolge des Dreißigjährigen Krieges in Mitteleuropa bis in die erste Hälfte des 18. Jahrhunderts eine vorübergehende Entspannung. Während der Wohlstand der Besitzenden wuchs, stagnierte oder sank – zumindest relativ gesehen – derjenige der niederen Schichten. Die Pauperisierung traf vor allem unqualifizierte Lohnarbeiter sowie Frauen und Familien, die von Lohnarbeit abhängig waren. Erst mit der Hochindustrialisierung verschwand seit der zweiten Hälfte des 19. Jahrhunderts allmählich die Verbindung von Bevölkerungswachstum und sinkendem Lebensstandard der Unterschichten.

Regelmäßig kehrten in der vorindustriellen Zeit sogenannte Hungerkrisen wieder. Sie folgten alle ungefähr dem gleichen Muster und lassen sich etwa folgendermaßen beschreiben: Mißernten führten zu steigenden Getreidepreisen, wobei die ohnehin schon hohen Preise häufig noch durch Exporteure und Spekulanten zusätzlich in die Höhe getrieben wurden; Angehörige der Unterschichten konnten die ins Astronomische steigenden Preise nicht bezahlen und bekamen Schwierigkeiten, sich mit Nahrungsmitteln

Abb. 1: Bürgerliche Hilfe in der Hungerkrise: »Im Jahr 1771 ward den Armen zu Winterthur Speise ausgetheilt.« Anonyme Tuschzeichnung mit Aquarell. Stadtbibliothek Winterthur.

zu versorgen. Tagelöhner mußten nun mehr arbeiten, um mehr zu verdienen, und so sanken mit dem Überangebot an Arbeit auch noch die Löhne.

Die Not traf vor allem die Unterschicht. Da die Lebensmittel unerschwinglich teuer waren und zugleich viele Menschen keine Arbeit fanden, konnte sich die Krise, besonders wenn sie bei aufeinanderfolgenden Mißernten lange anhielt, zu einer schweren Hungersnot ausweiten. Kräuter und Wurzeln wurden in solchen Zeiten in das Brot gemischt, um das Getreide zu strecken, und verdorbenes Korn wurde verwendet, auch wenn das zu Krankheit und Tod führen konnte. Ein Schweinfurter Bürger notierte während der Hungersnot von 1770/71, als die Getreidepreise in ganz Mitteleuropa zwischen Lemberg und Straßburg Höchstmarken erreichten, in seinem Tagebuch: »Die Armen auf dem Lande waren gezwungen, Gras und Nesseln zu kochen, um sich des Hungers zu erwehren, der aber doch viele Menschen aufrieb.«[6] Besonders das vom Lebensmittelimport abhängige Sachsen war damals schwer betroffen, aber selbst in überregionalen Getreidemärkten wie Überlingen lebten zwei Drittel der Haushalte nur noch knapp über dem Existenzminimum. In den Städten schliefen die Hungernden während solcher Krisen – so steht es in vielen Berichten – auf dem nackten Pflaster. Meist läßt sich feststellen, daß der Hunger in den Krisenjahren zu einem drastischen Anstieg der Todesfälle führte, während die Zahl der Geburten zurückging. Die geschwächten Menschen wurden von Fieber, Ruhr, Pocken, Mutterkornvergiftung oder vom nackten Hunger dahingerafft.

Viele dieser Hungerkrisen erfaßten ganz Europa, andere blieben regional begrenzt. Oft wurden sie noch durch Kriege oder Epidemien verstärkt. Besonders schwer waren die Krisen der Jahre 1527–34, 1570–74, 1594–97, 1624–25, 1659–62, 1691–93, 1696–99, 1708–12, 1739–41, 1770–74, 1800–1801, 1816–17, 1830–31. Aber auch dazwischen gab es Teuerungsphasen. Als letzte große vorindustrielle Hungerkrise wird diejenige von 1846/47 angesehen, doch brachten auch noch die 1850er Jahre eine lang anhaltende Not.

Sicherlich traf eine Teuerung die lohnabhängige Bevölkerung nicht so, wie sie es heute tun würde. Die frühneuzeitliche Wirtschaft funktionierte noch nicht ausschließlich monetär, sondern zum Lohn gehörten in der Regel Naturalien. Tagelöhner erhielten neben dem Geld auch Verpflegung, Dienstboten außerdem Unterkunft und oft auch Deputate an Stoff und Kleidung. Auf diese Weise waren sie plötzlich steigenden Preisen nicht unmittelbar ausgesetzt. Die Not traf zunächst nur diejenigen, die solche Zuwendungen nicht erhielten. Erst sekundär erreichte sie über einen Mangel an Beschäftigung Tagelöhner, Handwerker und alle diejenigen, die auf einen Zuverdienst angewiesen waren.

Die Hungersnöte führten nicht unmittelbar zur Bedürftigkeit, aber sie waren der Auslöser späterer Verarmung, denn Teile der Unterschicht hatten ihre Mittel verbraucht, die Krise selbst aber noch aus eigener Kraft überstanden. In den folgenden, normalen

Jahren erholten sie sich allerdings nicht wieder, sie verarmten völlig. Bei den späteren Krisen ist dann, besonders im 19. Jahrhundert, nicht einmal mehr ein Verzug von einigen Jahren zu beobachten, bis die Verarmung eintrat. Vielmehr hatten immer mehr Menschen nicht einmal mehr die Mittel, die Krise selbst zu überstehen. Sobald die Preise stiegen, brauchten sie Unterstützung. In Schaffhausen beobachtete das Comité der Hülfsgesellschaft 1820:

»Ungeachtet der ausserordentlich wohlfeilen Preise der meisten Lebensmittel, welche nach jener unvergeßlichen Zeit des drükensten Mangels unter heufiger Entbehrung der nothwendigsten Bedürfnisse in so manchen Haushaltungen, eingetreten sind, zeigen sich thäglich der Beweise nur alzu viele, daß die Folgen u[nd] Wirkungen jener Zeit der Trübsale, auch in oekonomischer Hinsicht, in mancher Haushaltung fortdaure; u[nd] noch lange vielleicht das Aufkommen eines beglükteren, sorgenfreyern Zustandes wo nicht unmöglich machen werden.«[7]

In Basel wurden bereits nach der Teuerung von 1437/38 Kornspeicher gebaut. Verbilligtes Getreide mußte in Bordeaux schon im 16. Jahrhundert ausgegeben werden. Kommunen und Landesherren versuchten in der Frühen Neuzeit der Not zwar mit Ausfuhrverboten, Lagerhaltung, Marktkontrolle, der Festsetzung von Höchstpreisen und Hilfen für die arme Bevölkerung gegenzusteuern, doch meist blieben solche Maßnahmen, die oft noch an den zuwiderlaufenden Interessen der Kornspekulanten oder der Bäcker bzw. den mangelnden Finanzen der Kommunen scheiterten, nur ein Tropfen auf dem heißen Stein. War die zugrundeliegende Armut niedriger, fiel auch die Sterblichkeit in den Hungerkrisen geringer aus, so in England, als sich die Not nach 1630 etwas entspannte.

Bevölkerungswachstum und Hungerkrisen waren nicht der einzige Faktor, der zum Anstieg der Armut führte. Auch die Pest und andere Epidemien ließen die Armut anwachsen, da sie die Wirtschaft zeitweise völlig zum Erliegen brachten, so daß große Teile der Bevölkerung unterstützt werden mußten (in Augsburg erhielt 1627 ein Fünftel der Bevölkerung »Brechhilfe«). Oft brachen die Epidemien in den ärmsten Vierteln aus, wo die Lebensbedingungen am schlimmsten waren. Kriege führten nicht nur zu existenzbedrohenden Zerstörungen, zum Verlust des Ernährers und zu Flüchtlingsströmen, wie sie beispielsweise die Türkenkriege oder die französischen Einfälle in die Pfalz 1688–1697 auslösten, sondern ließen auch entlassene und zum Teil versehrte Soldaten ohne jede Versorgung zurück.

Hinzu kamen wirtschaftliche Strukturveränderungen. Orte und Landschaften, die wirtschaftlich stark von einem bestimmten Produkt abhängig waren, erlebten Phasen der Konjunktur und der Krise entsprechend der Nachfrage. Als sich die salzburgischen Edelmetallvorkommen erschöpften, gerieten die Bergwerkssiedlungen im 17. Jahrhundert in die Krise. Abwanderung und soziales Elend waren die Folge. Auch technische Neuerungen und neue Handelswege konnten den Markt dauerhaft verändern und so den Niedergang einer Region bedingen. Große Not brachte auf diese Weise der Zusammenbruch der Heimindustrie in der ersten Hälfte des 19. Jahrhunderts.

Die arbeitenden Armen

Die Ausdehnung der Landwirtschaft auf bisher ungenutzte Böden brachte wegen deren schlechter Qualität meist nur geringen Ertrag. Ein Beispiel aus Jütland und Norddeutschland ist die Moorkolonisation des 18. Jahrhunderts, wobei die Kolonisten allerdings nicht einmal Einheimische waren, sondern anderswo angeworben wurden. Viele der Kolonistenstellen mußten wegen mangelnder Rentabilität wieder aufgegeben werden. Es blieb für die sich vermehrende einheimische Bevölkerung also nur die Einrichtung weiterer unterbäuerlichen Kleinstellen. Ihre Inhaber konnten freilich nicht von der Landwirtschaft allein leben, sondern blieben auf Zuverdienst durch Tagelohn oder Heimarbeit angewiesen. Die anwachsende Zahl der Landlosen fand nicht mehr genug Arbeit; denn jeder, der hinzukam, nahm denen, die ohnehin schon am Existenzminimum lebten, das Auskommen.

Mit der Zunahme der unterbäuerlichen Bevölkerung wurden die Rechte an der Allmendenutzung auf die Landbesitzenden, insbesondere die Großbauern, beschränkt. Für die landlosen Insten und die Kätner führte man zum Beispiel in schleswigschen Dorfordnungen eine Nutzungsgebühr, das sogenannte »Grasgeld«, ein.[8] Ähnlich wurden auch in England seit etwa 1590 die landlosen *cottager* von der Nutzung des Gemeindelandes zunehmend ausgeschlossen. Fehlende oder unterbezahlte Beschäftigung bewirkte, daß die Mobilität gerade der landlosen Unterschichten relativ hoch war.

Durch die großen Agrarreformen seit der zweiten Hälfte des 18. Jahrhunderts verschlechterte sich die Lage der ländlichen Unterschichten weiter. In englischen Dörfern ist das enorme Ansteigen und die Saisonalisierung der Ausgaben für die Armen Anfang des 19. Jahrhunderts mit den damaligen Einhegungen in Verbindung gebracht worden. Bereits seit Ende des 18. Jahrhunderts verstärkte sich die saisonale Arbeitslosigkeit im Winter. Die Verteilung der Allmenden und die Aufhebung der Feldgemeinschaft gaben den Großbauern auch in Mitteleuropa die Möglichkeit, ihr Land individuell und frei von den Zwängen der Dorfgemeinschaft zu bewirtschaften. Da die Verteilung entsprechend den Anteilen an der Gemeinde erfolgte, erhielten die Großbauern viel, die Kleinbauern wenig. Vor allem für die Landlosen bedeutete die Reform eine Verteuerung des Lebens, denn da mit den Feldern auch Wald und Moor in Privatbesitz übergingen, verloren sie nicht nur gewohnheitsrechtlich noch vorhandene Weiderechte auf Brachen und Außenweiden, sondern mußten jetzt auch Holz und Torf *kaufen*, nachdem sie vorher oft an der Gemeinschaft partizipiert hatten. Obwohl zum Beispiel nach dem Willen Friedrichs II. von Preußen die Interessen der unterbäuerlichen Schicht berücksichtigt werden sollten, erhielten die Ärmeren in der Praxis oft nicht den vorgesehenen »Kuh-Theil« oder mußten darum erst langwierige Prozesse führen. Während sich der Besitz auf der einen Seite konzentrierte, wurden andere völlig davon ausgeschlossen.

Der steigende Wohlstand auf der einen Seite ließ die Not auf der anderen Seite um so stärker auffallen. Bei den bestehenden Besitz- und Lohnverhältnissen vegetierte in der ersten Hälfte des 19. Jahrhunderts ein Großteil der Bevölkerung ständig an der Grenze der totalen Verarmung. Man nannte diese vorindustriellen Arbeitslosen, Unterbeschäftigten und Ausgebeuteten in England plastisch die *labouring poor.* Die arbeitenden Armen konnten sich noch so sehr anstrengen, sie kamen auf keinen grünen Zweig; eine Teuerung, ein Schicksalsschlag, und sie mußten sich an die Armenkasse wenden.

Ein Beispiel ist Großsolt, ein vergleichsweise reiches Kirchspiel im Herzogtum Schleswig. Nachdem steigende Getreidepreise dort bis zur Hungersnot von 1801 überhaupt keinen Einfluß auf die Zahl der Unterstützungsempfänger hatten, setzte die Krise von 1801 die beginnende Massenverarmung in Bewegung. Nach den großen Hungersnöten von 1801 und 1805/06 begann die Zahl der Bedürftigen allmählich anzuwachsen und erreichte 1813 einen ersten Höhepunkt. Bei der Hungerkrise von 1831 schlugen steigende Preise unmittelbar durch, weil in den dazwischenliegenden dreißig Jahren offenbar immer mehr Großsolter ihre krisenunabhängige Basis verloren hatten, so daß sie von jeder Teuerung jetzt sofort getroffen wurden. Während eines halben Jahrhunderts hat sich auf diese Weise die durchschnittliche Zahl der Unterstützungsempfänger verzehnfacht. 1853 und 1855 mußte das Armenkollegium die Hufner nötigen, an einen großen Teil der Unterschicht verbilligten Roggen auszugeben. Damit wurden arme Familien unterstützt, die sonst keine Hilfe aus der Armenkasse bekamen, aber »doch Hilfe brauchen können«.[9] Rechnet man diese Familien zu den regulär Unterstützten hinzu, wird das Ausmaß der allgemeinen Not deutlich.

1835 führte Pastor Holt einige »außerordentliche Umstände« an, »durch welche die Verarmung hier befördert worden« sei: »Die Bauern in der Dorfschaft Großsolt gaben vor 100 Jahren und länger einer Anzahl Käthner jedem ein Stück Land hin, daß er sich darauf ein Haus bauen dürfte, ohne das Land zu bezahlen, wogegen er aber seinem Hufner mit gewissen jährlichen Arbeitstagen verpflichtet bleiben sollte. Diese Kathen mit zugehörigem Lande könnten und können noch die Käthner auf ihre Kinder vererben und auch verkaufen. Diese Lehnskäthner haben seit mehreren Decennien andere kleine, und meist arme Leute, in ihre Häuser zu Miethe genommen; aus dieser Einrichtung erwachsen hier überhaupt die meisten Armen, welche dieses Kirchspiel hat.«[10]

Diese Einlieger – sie wurden in Angeln »Insten« genannt – standen am unteren Ende der dörflichen Sozialstruktur. Sie besaßen kein eigenes Land, sondern lebten vom Tagelohn und wohnten zur Miete in fremden Katen. Die Lohnarbeit aber brachte nicht genug ein, denn seit Ende des 18. Jahrhunderts hinkten die Löhne stets um etwa ein Viertel hinter den Preissteigerungen her. Ein Kätner, der noch eine Kuh und einen Gemüsegarten besaß, konnte mit seiner Familie vom Tagelohn leben – bei den Insten, die diese Grundlage nicht hatten, wurde es schwieriger. Einzelnen gelang es zwar, sich noch mit etlichen Kindern durchzuschlagen, andere aber fielen der Armenkasse anheim. Die Verarmung scheint dabei nicht so sehr an den Kindern gelegen zu haben, denn es gab Tagelöhner, die trotz vieler Kinder ohne Unterstützung auskamen; die Ursache lag eher im Beschäftigungsverhältnis. Kontrakttagelöhner, die vertraglich an einen Hof gebunden waren, hatten sicherere Arbeit und verdienten genug, um davon mit ihren Familien gerade eben durchzukommen. Schwieriger war die Lage der freien Tagelöhner; sie fanden, je stärker die Bevölkerung zunahm, nicht mehr ständig Arbeit. Es herrschte Unterbeschäftigung, und insbesondere saisonale Arbeitslosigkeit breitete sich aus. Im Winter gab es weniger Arbeit, doch Heizkosten fielen an und die Lebensmittelpreise stiegen. Auch Spinnen und Weben, das der Unterschicht zusätzliche Beschäftigung brachte, wurde durch die Industrialisierung zunehmend unrentabel. Besonders in Teuerungszeiten kämpften die Tagelöhner auf verlorenem Posten. Jakob Gülich fand 1847 nicht einmal mehr im Sommer genügend Arbeit, und im Herbst 1855 schrieb Friedrich Hinrichsen: »Die gegenwärtige Theurung aller Lebensmittel macht es mir unmöglich, den bevorstehenden Winter durchzukommen, und werde ich ohne Unterstützung mit meiner Familie vor Hunger umkommen müssen.«[11]

Das Problem der unterbeschäftigten ländlichen Tagelöhner gab es nicht bloß in Großsolt, sondern es war in der Frühen Neuzeit fast überall anzutreffen. In der Grafschaft Ravensberg hatte es um 1550 erst 103 Heuerlingsfamilien gegeben, im Jahr 1672 waren es bereits 3807, 1762 waren es 4295 und 1797 sogar 7064. Im 19. Jahrhundert explodierte die Zahl der landlosen Familien dort weiter und verdoppelte sich im Verhältnis zu den Vollbauern. Die Heuerlinge übten meist mehrere Tätigkeiten aus. Teils arbeiteten sie als

Tagelöhner bei Bauern, teils webten oder spannen sie im Verlagssystem. Einige konnten auch kleine Landstücke pachten und so eigene Landwirtschaft betreiben.

Das Wachstum der landlosen Schicht rührte einerseits daher, daß die Vollbauern oft junge Frauen heirateten und ohne Geburtenbeschränkung viele ihrer Kinder ohne Landbesitz blieben, andererseits daher, daß auch die Landlosen nicht ehe- und kinderlos blieben. Das protoindustrielle Heimgewerbe bot in vielen überbevölkerten Gegenden schon seit dem späten Mittelalter einen Ausweg aus der saisonalen Unterbeschäftigung oder Arbeitslosigkeit. Es brachte aber auch spezifische Gefahren mit sich, denn es war sehr konjunkturabhängig und damit krisenanfällig. Da das Heimgewerbe nach dem Prinzip der Familienwirtschaft funktionierte, war die Mitarbeit der Kinder schon ab etwa dem sechsten Lebensjahr nötig.

Die Heimindustrie, die Manufakturen, später die Fabriken schufen unter Umständen Möglichkeiten für ein anderes Leben, außerhalb der engen Grenzen der ständischen, bäuerlichen oder handwerklichen Welt. Die Selbständigkeit ermöglichte eine Familiengründung, die Mitarbeit der Kinder förderte große Familien. Protoindustrielle Regionen sind deshalb als »demographisches Treibhaus« bezeichnet worden.[12] Zugleich machten der mangelnde Besitz und die fehlende soziale Einbindung die Protoindustrie besonders krisenanfällig. Hungerkrisen wirkten sich besonders heftig aus. Selbstausbeutung war an der Tagesordnung, und sie konnte zu Krankheit und Tod führen.

Die verschärfte Konkurrenz der wachsenden Zahl der Spinner und Weber, dann die Industrialisierung bewirkten im 19. Jahrhundert bei weiter ansteigender Bevölkerung eine allgemeine Pauperisierung. Individuell führte der Verarmungsprozeß über Verschuldung und Pfändungen; Werkzeuge mußten verkauft werden (und wurden dann mitunter wieder gemietet). Seit den 1820er Jahren fielen die Preise für Garn und Leinen, seit den 1830er Jahren begann die Mechanisierung der Flachsspinnerei, seit den 1840ern die der Weberei.

Die strukturellen Ursachen schufen die Möglichkeit der Verarmung; doch sie traf nicht alle Menschen unterschiedslos. Weitere

Faktoren mußten hinzukommen. Alle Angehörigen der Unterschicht, die nicht über genügend Rücklagen verfügten, waren gefährdet, wenn auch nicht in gleichem Maß. Am ehesten waren wenig qualifizierte Berufe von der Armut betroffen: In Basel und Freiburg konzentrierte sie sich im Textilgewerbe, im Bauhandwerk und im städtisch-agrarischen Sektor, in Frankfurt im Transportgewerbe sowie unter unqualifizierten Tagelöhnern und Knechten.

Eine besondere Rolle spielte das Alter. Jüngere Tagelöhner kamen noch am ehesten durch; die Volkszählungslisten zeigen, daß die Verarmungsgrenze zwischen 38 und 45 Jahren lag. Selbst bei später Heirat waren in diesem Alter meist einige Kinder vorhanden, die versorgt werden mußten. Das Überangebot an Arbeit erlaubte es den Großbauern, Jüngere und Kräftigere zu beschäftigen und den Lohn zu drücken. Sie wußten jedoch durchaus, daß der Tagelohn, den sie zahlten, für eine Familie nicht ausreichte, und deshalb sahen sie verheiratete Tagelöhner nicht gerne. Bedurften Tagelöhner über 45 Jahren bei Krankheit, Teuerung oder Unterbeschäftigung mitunter zeitweiser Unterstützung, so benötigten sie mit Anfang 60 oft regelmäßige Unterstützung, da ihre Arbeitskraft nun nicht mehr ausreichte, um sich aus eigener Kraft zu ernähren.

Generell waren Unfälle und Krankheit, die zur Arbeitsunfähigkeit führten, ein Armutsauslöser. Unterschichtshaushalte waren in der Regel auf die Mitarbeit aller Angehörigen angewiesen, und schon wenn ein Verdiener ausfiel, konnte das eine Familie in die Bedürftigkeit stürzen. Kinder und Witwen finden sich deshalb besonders oft unter den Bedürftigen. Genauso waren Blinde oder geistig Behinderte nur wenig arbeitsfähig und daher nur selten in der Lage, für sich selbst zu sorgen. Eine Unterschichtsfamilie konnte sie aber oft nicht mit durchschleppen. Frauen waren in der Frühen Neuzeit generell stärker von der Verarmung bedroht als Männer, da ihnen weniger Erwerbsmöglichkeiten offenstanden, zumal wenn sie allein für Kinder aufkommen mußten. Auf ihre besondere Not werde ich später ausführlich zu sprechen kommen.

Migration

Eine Reaktion auf wirtschaftlichen Niedergang oder drohende Verarmung konnte die Abwanderung sein. Vorindustrielle Städte bedurften wegen der höheren Sterblichkeit, allein um ihre Bevölkerungszahl zu halten, einer gewissen Zuwanderung. Seit dem späten Mittelalter gingen insbesondere viele Unterschichtsangehörige vom Land in die Städte, wo sich in der Folge die sozialen Konflikte ballten. Aus Städten, die durch wirtschaftliche Veränderungen an Bedeutung verloren, zogen aber auch Wohlhabendere in jene urbanen Zentren, die sich im Aufschwung befanden. Während die Abwanderung aus ländlichen Regionen meist in die nächstgelegene Stadt führte, gingen Kaufleute und Handwerker, die durch ihren Beruf ohnehin mobiler waren als andere Gruppen, in entferntere Städte, wo sie sich wirtschaftlich bessere Bedingungen erhofften. So wanderten viele Flensburger, als ihre Stadt nach 1600 an Bedeutung verlor, in andere Städte des dänischen Gesamtstaates ab, vor allem in das expandierende Kopenhagen. Zwischen 1699 und 1797 ließen sich dort 2034 Schleswig-Holsteiner nieder. Allein aus Flensburg kamen 189 Personen, aus Hadersleben 131 Personen, aus Altona 107, aus Sonderburg 88, aus Apenrade 76, aus Tondern 57, aus Rendsburg 54.[13] Und diese Zahlen beziehen sich nur auf diejenigen, die das Bürgerrecht erwarben. Hinzu kommen die Angehörigen der Unterschicht, die das nicht konnten. Die in der Heimatstadt ausgestellten Geburtsbriefe belegen, daß Tagelöhner und Arbeitsleute ebenfalls in die aufstrebende Metropole abwanderten.

Das plötzliche Wachstum prosperierender Städte war nur durch massive Zuwanderung möglich. So kamen in den 1670/80er Jahren jedes Jahr 400 Zuwanderer nach Norwich, ein aufblühendes Zentrum der Wollindustrie, das bis 1700 auf 30000 Einwohner anwuchs. Andere Beispiele sind London oder Amsterdam; in letzterem stammte Ende der 1680er Jahre ein Viertel der Bürger aus Deutschland. Aus dem niederländischen Seefahrerdorf Graft wanderten, als sich die wirtschaftlichen Bedingungen verschlechterten, Ende des 17. Jahrhunderts zuerst die Reicheren, dann erst die Ärmeren ab.

Migration brachte nicht immer den sozialen Aufstieg, ja sie verhinderte nicht einmal den Abstieg. Wirtschaftsstrukturen und soziale Sicherung waren in der Frühen Neuzeit eng an die Familie gebunden. Sie half in Notfällen wie Krankheit, Unfällen oder Arbeitslosigkeit und stellte auch die informellen Wege und Beziehungen zur Verfügung, über die Arbeit und Karriere vermittelt wurden. Wer den Ort seiner Herkunft verließ, verlor auch das soziale Netzwerk, das ihn auffangen konnte.

Unter Sozialkapital ist im Sinne Pierre Bourdieus das soziale Netz zu verstehen, auf das der einzelne zurückgreifen konnte: Pflege durch Angehörige, Nachbarn oder Arbeitgeber, Kredit für medizinische Hilfe, Fürsprache bei obrigkeitlichen Institutionen, Vermittlung von Arbeit usw.

Sozialkapital ließ sich in der Regel nur durch längerfristige Gegenseitigkeit aufbauen, konnte also an einem neuen Aufenthaltsort erst allmählich erworben werden. Bei der Einlösung solcher Verpflichtungen spielte der frühneuzeitliche Ehrbegriff eine große Rolle, weil in ihm der gemeinsame Wertekanon seinen Ausdruck fand. Der Angriff auf die Ehre einer Person oder einer Gruppe bedeutete deshalb auch einen »Angriff auf die soziale Sicherheit des Betroffenen« und löste oft heftige Reaktionen aus.[14]

Um die fehlende Einbindung ein wenig auszugleichen, wandten sich Migranten gern an Orte, wohin bereits früher Verwandte oder Dorfmitglieder ausgewandert waren. Sie bewegten sich also innerhalb eines Netzwerkes, das ihnen nicht nur die Integration am neuen Aufenthaltsort erleichterte, sondern ihnen im Notfall auch Hilfe versprach. Berufe, in denen der Ortswechsel üblich oder sogar verlangt war, hatten sich bereits im Mittelalter institutionalisierten Ersatz geschaffen: Kaufmannsgilden, Handwerkerzünfte und Gesellenbruderschaften boten nicht nur einen Anlaufpunkt für die Neuankömmlinge, sondern in ihren Satzungen war meist auch die Hilfe im Krankheits- oder Todesfall verankert.

Dennoch war das Sozialkapital der Migranten, besonders wenn sie über ein solches Netzwerk nicht verfügten, geringer als das der Einheimischen. Entsprechend waren die Zuwanderer eher als die sozial eingebundenen Einheimischen auf die Institutionen der Armenfürsorge angewiesen. Deutlich sind die Zahlen im Hospital St. André in Bordeaux: In dem Hospital, das sowohl als Krankenhaus als auch als Armenanstalt diente, wurden im Jahre 1620

120 Personen aufgenommen. Von ihnen waren 93% stadtfremd und kamen zum Teil von weither. Insbesondere der Anteil der Jüngeren, die sich noch kein hinreichendes Sozialkapital hatten erwerben können, war sehr groß. Im Tavera Hospital in Toledo war der Anteil zwischen 1559 und 1648 nicht viel niedriger: 78% der Insassen waren stadtfremd, zwei Drittel waren Männer, die meisten zwischen 12 und 25 Jahre alt.

Hatte man im ausgehenden Mittelalter noch bestimmte Zünfte für die armen Zuwanderer offengehalten, zum Beispiel die der Rebleute in Freiburg und Basel oder die der Gärtner in Straßburg, so wurde seit Ende des 15. Jahrhunderts das Einkaufsgeld auch in diesen Zünften drastisch erhöht, um den Zuzug von Armen zu stoppen. Jeder Neuzünftige mußte in Freiburg seit 1497 schwören, innerhalb von fünf Jahren »on mergklich Nodt« nicht betteln zu gehen, sondern »sich mit seiner Armut ze erneren«.[15]

Die Zuwanderung wirkte sich für die Eingesessenen als wirtschaftliche Konkurrenz aus. Deshalb beschwerten sich 1564 Augsburger Gesellen, wegen der »Auslender« müßten sie »und andere unsers gleichen Maurer und Burger diser Statt daneben feyren und sambt unsern Weyb und Kindern, also bey gesundem Leyb, Noth und Mangel leyden«.[16]

Die Dauer, die ein Zuwanderer sich in einem Dorf oder einer Stadt aufhalten mußte, bis man ihn zum Betteln oder zur Armenkasse zuließ, gibt Auskunft über den Zeitraum, den der Aufbau von Sozialkapital in Anspruch nahm. In dem niederländischen Dorf Graft erhielten im 17. Jahrhundert Zuwanderer, wenn sie in Holland geboren waren, frühestens nach zwei oder drei Jahren Unterstützung aus der Armenkasse, Ausländer frühestens nach sieben Jahren.

Schon im Bordeaux des 17. Jahrhunderts starben verarmte Fernimmigranten nicht nur früher als die Ortsansässigen, sondern sie waren auch stärker kriminalitätsgefährdet. Einerseits fehlte ihnen das Sozialkapital, das sie in der Not schützte, andererseits war aber auch die soziale Kontrolle der Zuwanderer, die weder in Familie noch städtische Institutionen eingebunden waren, geringer. Sie mußten weniger Rücksicht auf die herrschenden Normen und einen möglichen Ehrverlust nehmen. Deshalb schlug sich die soziale Entwurzelung der Zuwanderer unmittelbar in der städtischen Kriminalität nieder. Diebstahl konnte für sie zur Überlebensstrategie werden. Es muß also nicht verwundern, daß der Anteil der Immigranten, die wegen Eigentumsdelikten aktenkundig wurden, überproportional hoch war. Im 18. Jahrhundert, wo genauere Zahlen vorliegen, hielten sich in Bordeaux 60 % von ihnen erst weniger als ein Jahr in der Stadt auf, und unter ihnen war der Anteil derjenigen, die von weither zugewandert waren, besonders groß.

Auch auf dem Lande gab es Wanderungsbewegungen. Insbesondere die Dienstboten folgten dem Angebot von Arbeit. Das Dienstbotendasein sollte jedoch nur eine lebenszyklische Durchgangsphase sein, und das Gesinde, das in der Regel ledig bleiben mußte, strebte nach der Übernahme einer landwirtschaftlichen Stelle oder der Ansiedlung als Tagelöhner. Doch ist zu beobachten, daß sich viele Dörfer, als die Bevölkerungszunahme ein gewisses Maß überschritt, insbesondere gegen mittellose Zuwanderer abzuschotten begannen. Meist wurde ein Zuzugsgeld verlangt, welches etwa in badischen Dörfern nach 1730 vielerorts erhöht wurde. Auch in Norddeutschland finden sich ähnliche Einschränkungen.

Aber auch die Städte schlossen sich im 18. Jahrhundert weiter ab, indem sie das Einkaufsgeld für das Bürgerrecht massiv erhöhten. So nahm Schaffhausen zwischen 1728 und 1798 nur noch sieben Personen in das Bürgerrecht auf. Zugleich stieg die Zahl der minderberechtigten Beisassen, hinter denen sich meist die Angehörigen der Unterschicht verbargen, erheblich an. Sie mußten im Falle von Verarmung und Bedürftigkeit mit der Ausweisung rechnen.

Der soziale Aufstieg wurde allgemein dadurch erschwert, daß sich in den Städten die Familien der Handwerksmeister, auf dem Lande die Familien der Großbauern zunehmend sozial abzuschließen begannen. Bei der Auswahl der Ehepartner achteten die Bauern darauf, daß geeigneter Besitz in die Ehe eingebracht wurde. Sowohl in Gebieten mit Realteilung als auch in solchen mit Anerbenrecht (wo in der Regel die übrigen Geschwister abgefunden werden mußten) wären die Höfe ohne solche Besitzergänzungen unwirtschaftlich geworden. Nur in seltenen Fällen war sozialer Aufstieg durch Einheirat in diese Familien möglich. Im Handwerk bot bereits das Lehrgeld, das aufgebracht werden mußte, für die Unterschichten eine soziale Grenze, die nur schwer zu überwinden war. So blieben vor allem unqualifizierte Tätigkeiten als Gehilfe, Diener oder Laufbursche, die kaum einen sozialen Aufstieg erlaubten.

Neben der dauerhaften Migration stand die Saisonarbeit von Wanderarbeitern, die es meist aus ärmeren, häufig bergigen Regionen in Gebiete mit Monokulturen zog. In Europa hatten um 1800 ungefähr zwanzig Gebiete während der Sommermonate erheblichen saisonalen Arbeitskräftebedarf. Die wichtigsten lagen in der Poebene, in Mittelitalien mit Elba und Korsika, in Kastilien, in Katalonien, dem Languedoc und der Provence, im Pariser Becken, in Ostengland sowie an der Nordseeküste zwischen Flandern und Nordfriesland. Seit Anfang des 17. Jahrhunderts strebten jeden Sommer Zehntausende Westfalen und Niedersachsen als »Hollandgänger« in die Niederlande, wo sie beim Torfstechen, Mähen, Flößen, bei der Ziegelherstellung oder als Hausierer Beschäftigung fanden. Die Löhne waren in den Niederlanden viermal höher als in ihren Herkunftsgebieten. Da die Arbeiten meist nur für eine kurze Zeit des Jahres anfielen und auch die Lebenshaltungskosten entsprechend höher waren, lohnte sich dauerhafte Auswanderung aber nicht. Voraussetzung für die Saisonarbeit war eine weitere Erwerbsquelle am Herkunftsort.

Die geringen Verdienstmöglichkeiten im zollernschen Killertal veranlaßten dort seit Mitte des 18. Jahrhunderts immer mehr Menschen, sich als Hausierer zu betätigen. Ein Beispiel ist Paul Müller, der 1784 in Jungingen als jüngstes von neun Kindern geboren wurde. Seine Eltern starben, als er vierzehn war. In der Folge nahmen sich die überlebenden vier älteren Geschwister seiner an. Bereits die Brüder betätigten sich als Hausierhändler; sie führten Paul in das Gewerbe ein und halfen ihm bei seinen ersten Schritten. Seit 1803 betrieb er selbständigen Handel, den er mindestens bis 1828 führte; im Februar 1829 ist er gestorben. Wie die übrigen Junginger Hausierer handelte er ausschließlich mit Textilien, vor allem mit Seidentüchern, die er bei fremden Produzenten einkaufte. Aus den Nachbargemeinden wurde dagegen vor allem der Hausierhandel mit selbstgefertigten Holzartikeln betrieben. Neben dem Handel stand eine schmale Landwirtschaft, die für das Überleben alleine nicht reichte, aber doch ein Existenzminimum garantierte. Die Reisen, die Paul Müller bis in die hoch- und oberrheinischen Gebiete führten, dauerten jedes Jahr etwa von Mitte Oktober bis März, und er folgte einem festen »Strich«. Indem er regelmäßig dieselben Orte und Häuser aufsuchte, konnte er ein entsprechendes Vertrauen seiner Kunden aufbauen. Dieser Handel prägte die Region, da aus dem Killertal ganze Geburtsjahrgänge hausieren gingen. Nach außen sahen sie sich als »Handelsleute« und versuchten sich von dem negativen Geruch der Hausiererei abzugrenzen, indem sie sich einen seriösen Anstrich gaben. Neben das landwirtschaftliche Brauchtum trat in den Killertaler Dörfern allmählich eines der Hausierer. Vor der gemeinsamen Abreise fand eine Messe statt; auch im Zielgebiet reisten die Hausierer gerne in kleineren Gruppen. Den Kontakt nach Hause und untereinander hielten sie über Briefe aufrecht. Mit Hilfe seiner Brüder konnte sich Paul Müller auf diese Weise eine Existenz aufbauen, er baute sich ein Haus, heiratete 1809, doch reich wurde er nie; der Wanderhandel verhinderte lediglich den Niedergang einer ganzen Region. Um 1850 war immerhin fast ein Siebtel der erwachsenen Bevölkerung des Killertals auf diesem Sektor tätig.[17]

Auswanderung nach Übersee

In Anbetracht der wirtschaftlichen Not und der geringen Aufstiegschancen im eigenen Land bot die weiträumige Auswanderung eine Alternative. Am bekanntesten ist die überseeische Emigration insbesondere nach Nordamerika. Aus Deutschland gab es aber auch eine starke Auswanderung nach Südosteuropa und nach Rußland.

Rund 600000 Siedler kamen im 17. Jahrhundert nach Nordamerika, weitere 450000 zwischen 1700 und 1783. Dabei wechselten die Herkunftsländer. Am stärksten war die Auswanderung während der Frühen Neuzeit von den Britischen Inseln. Allein zwischen 1630 und 1693 verließen über 544000 Menschen England, 70% in Richtung Neue Welt. Im 18. Jahrhundert ging der Anteil der Engländer zurück, während die Zahl der Schotten und Iren, die ihre Heimat verließen, zunahm. Zwischen 1780 und 1844 verließen 1,75 Millionen Menschen Irland, wovon zwei Fünftel nach Großbritannien, der Rest nach Nordamerika gingen. Während oder unmittelbar nach der Hungersnot von 1845–48 kehrten mindestens eine Million Menschen der Insel den Rücken.

Deutschland war nach dem Dreißigjährigen Krieg zunächst selbst noch ein Einwanderungsland. Schweizer, Italiener, Böhmen und Franzosen (Hugenotten) kamen im 17. Jahrhundert in großer Zahl ins Reich. Im 18. Jahrhundert wendete sich dann das Blatt. Die deutsche Auswanderung begann im südwestdeutschen Raum zwischen Hessen und der Schweiz. Es waren dies Gebiete mit Realerbteilung, wo ein stärkeres Bevölkerungswachstum stattgefunden hatte und die zu klein gewordenen landwirtschaftlichen Stellen ihre Inhaber oft kaum noch ernährten. Dort gab es einen ersten Auswanderungshöhepunkt um 1750, dem ein allgemeines Ansteigen in der ersten Hälfte des 19. Jahrhunderts folgte. Nicht viel weniger Menschen gingen aus diesen Regionen im 18. Jahrhundert auch nach Südosteuropa. Aus Norddeutschland, wo das Anerbenrecht vorherrschte, wanderten zwar auch schon Menschen aus, doch fand eine Auswanderung in großem Stil erst seit Mitte des 19. Jahrhunderts, besonders aber nach 1870 statt. Die verbesserten Verkehrsbedingungen begünstigten im 19. Jahrhundert den Massenexodus.

Die Auswanderung erfolgte bereits im 18. Jahrhundert in Schüben, die auf wirtschaftliche Krisen folgten. In Deutschland und der Schweiz, wo die Zahl der Auswanderer im 18. Jahrhundert – nicht zuletzt infolge von obrigkeitlichen Behinderungen – noch relativ niedrig war (Zahlen zwischen 100 000 und 500 000 werden angegeben), wird der Zusammenhang von Not und Auswanderung besonders nach den Hungerkrisen deutlich. Bereits die erste Auswanderungswelle aus der Pfalz folgte 1709 auf eine Mißernte und einen extremen Winter. Die großen Hungerkrisen von 1816/17 und 1847 setzten dann eine Massenbewegung in Gang. Allein in den späten 1840er Jahren verließen über 300 000 Menschen ihre Heimat in Richtung Amerika. Auf den Niedergang des Heimgewerbes reagierten die Heuerlinge in vielen protoindustriellen Regionen mit massenhafter Auswanderung.

Die Auswanderung brachte allerdings zunächst nur eine geringe demographische Entlastung. Obwohl zwischen 1733 und 1754 aus der Markgrafschaft Baden-Durlach nicht weniger als 5% der Bevölkerung nach Pennsylvania auswanderten, konnte die Emigration damals nur 15 bis 20% des Geburtenüberschusses absorbieren. In Württemberg sind die Zahlen ähnlich. Im 19. Jahrhundert zehrte die (gesamte) Abwanderung in manchen Kreisen aber zwischen 50 und 70% des Geburtenüberschusses auf.

Die Auswanderer waren nicht der Abschaum, sondern der mobilere Teil der Bevölkerung, der sich anderswo verbessern wollte. Entsprechend waren sie oft höher gebildet als der Durchschnitt der Zurückbleibenden. Die meisten deutschen Auswanderer waren im 18. Jahrhundert unter- oder kleinstbäuerliche bzw. handwerkliche Randexistenzen. Insbesondere die überbesetzten Handwerke zog es in die Ferne; unter den badischen Auswanderern waren besonders die Leinenweber vertreten. 35% der Auswanderer aus Baden müssen mit einem Vermögen von unter 50 Gulden als arm gelten, aber auch weitere 45% hatten nur ein Vermögen von 50–200 Gulden, sind also ebenfalls noch zu den Unterschichten zu rechnen. Es gab natürlich auch besser bemittelte Auswanderer; die dörflichen Führungsschichten blieben allerdings in der Regel zu Hause. Gerade in Krisenzeiten wanderten, wie sich in Württemberg zeigt, nicht nur besonders viele Menschen ab, sondern sie waren im Durchschnitt auch ärmer als in den dazwischenliegenden Zeiten.

Ungefähr drei Viertel der Auswanderer, die England zwischen 1650 und 1780 in Richtung Kolonien verließen, waren zwischen 15 und 24 Jahre alt; diese jungen Leute (nur ein Fünftel von ihnen Frauen) machten zwischen der Hälfte und zwei Drittel der weißen Siedler in den amerikanischen Kolonien aus. Aus Deutschland wanderten im 18. Jahrhundert meist geschlossene Familienverbände aus, wobei sich häufig Verwandte und Nachbarn zusammentaten. Im Laufe des Jahrhunderts nahm aber der Anteil der ledigen jungen Einzelauswanderer zu, wobei in Baden der Anteil der Männer doppelt so hoch war wie der der Frauen; letztere waren mit durchschnittlich 26,1 Jahren auch erkennbar älter als die Männer, die im Durchschnitt nur 23,3 Jahre alt waren. Häufig folgte die Auswanderung in den Dörfern dem gleichen Muster: Zuerst zog eine relativ kleine Gruppe von Familien weg. Nachdem sie sich in Übersee etabliert hatte, folgte eine zweite größere nach. Durch den Zusammenschluß zu Auswanderergruppen schufen sich die Menschen ein Netzwerk, das nicht nur emotionale Bindungen bewahrte, sondern auch während der Auswanderung eine gewisse Stabilität und Sicherheit gewährte. Daß die späteren Auswanderer Ziele wählten, wo sich bereits Verwandte oder Bekannte niedergelassen hatten, hatte den gleichen Zweck. Für deutsche Auswanderer war oft das 1683 in Pennsylvania gegründete Germantown ein Anlaufpunkt.

Auswanderung war ein Geschäft, von dem auf beiden Seiten des Atlantiks Kaufleute, Werber, Reeder und Kapitäne profitierten. Englische Kaufleute finanzierten im 18. Jahrhundert ein Werbe- und Schleppersystem, das Auswanderer aus Süddeutschland und dem Rheinland über Rotterdam nach Philadelphia brachte. In Deutschland verdienten holländische Kapitäne an einer Familie oft 200 bis 300 Gulden (und stellten noch heraus, daß sie dabei kaum ihr Risiko deckten). Als Schlepper waren insbesondere sogenannte »Neuländer« tätig, nach Amerika ausgewanderte Deutsche, die für jeden angeworbenen Auswanderer ein Kopfgeld erhielten. Sie operierten mit geschönten Erzählungen über das Zielland, das sie ja aus eigener Anschauung kannten, sie warben mit gefälschten Briefen oder mit Flugschriften. Dabei gingen sie auf die Bedürfnisse der jeweils Angesprochenen gezielt ein und vermittelten ihnen ein verklärtes Amerikabild. Die Not machte offenbar gutgläubig, denn viele Auswanderer fielen auf übertriebene Versprechungen herein und wiegten sich, wie ein in Pennsylvania ansässiger Pastor schrieb, in der Hoffnung, daß »Brod und Kleider ohne Arbeit von selber wachsen und Ströme des Wohllebens fließen sollen«.[18]

Unter denen, die fortgingen, waren viele, die sich die Überfahrt nicht leisten konnten. Bereits Anfang des 17. Jahrhunderts wurden deshalb arme Leute von den Britischen Inseln nach Maryland und Virginia gebracht, um dort als unfreie Arbeiter die Kosten der Überfahrt abzuarbeiten. Aus solchen Anfängen entwickelte sich die *indentured servitude*, ein spezielles Transport- und Arbeitssystem, mit dessen Hilfe Unterschichtsangehörige auswandern konnten. Sie mußten im voraus ihre Dienste vertraglich für vier bis fünf Jahre verdingen. Gerade nach Pennsylvania kam in den ersten beiden Jahrzehnten der Kolonie ein Drittel der Einwanderer unter solchen Bedingungen.

Ein etwas anderes System war das der *Redemptioner.* Insbesondere viele Deutsche mußten die Überfahrt ohne feste Verträge abarbeiten. Unerfahrene und der Sprache nicht mächtige Auswanderer wurden dabei leicht über den Tisch gezogen. Der württembergische Tischlergeselle Heinrich Sangmeister berichtet in seinen Erinnerungen:

»Nach einer Reise von 6 Wochen und etlichen Tagen kamen wir von England in Philadelphia an, da dann der Kaufmann vom Schif seine Augen auf mich warf und mir durch einen Neuländer, der ein Dollmetscher auf dem Schif war, keine Ruhe ließ, bis ich einwilligte, 4 Jahr für meine Fracht, welche 7 Duplonen war, zu serven, da ich wohl für die Hälfte Zeit hätte können freikommen, wenn man mich nicht so viel weis gemacht und angeführt, und zu meinem Handwerk gelassen hätte.«[19]

In diesem Fall wurde nicht einmal ein schriftlicher Vertrag geschlossen, was einem Herrn die Möglichkeit gab, die Dienstzeit zu strecken, da die tatsächlich vereinbarte Dauer schwer zu beweisen war. Im schlimmsten Fall rührten daraus zehn oder zwölf Jahre Dienstknechtschaft. Später wurde dieses System auch bei britischen Einwanderern angewendet.

Manche Auswanderer durften das Schiff nicht verlassen, ehe sich nicht ein »Käufer« gefunden hatte, bei dem sie die Kosten der Überfahrt abarbeiten konnten. Mitunter wurden Auswanderern die Kosten verstorbener Angehöriger aufgebürdet, für die sie dann auch noch arbeiten mußten; Familien wurden getrennt. Aber es gab auch Emigrantenfamilien, die ihre Kinder »verkauften«, um ihre Kosten zu decken. Andere waren in der naiven Vorstellung an Bord gegangen, Verwandte oder Bekannte in Amerika würden für ihre Überfahrt aufkommen. Der in Pennsylvania ansässige Pastor H. M. Mühlenberg beklagte sich 1755 in einem Brief: »Die Einbekker nenneten mich alle Vetter und meineten, ich wäre etliche Tausende reich, daß [ich] sie alle frei machen, mich für sie verbürgen und sie auf freien Fuß stellen könte.«[20]

Die Bedingungen der Überfahrt waren hart. Die Auswanderer

wurden wie Vieh behandelt, sie wurden auf engen Zwischendecks transportiert, die dafür kaum geeignet waren. Es mangelte an Trinkwasser, und die hygienischen Bedingungen waren katastrophal. Nachdem 1752 23 Insassen des Hamburger Spinnhauses entlassen worden waren, um nach Amerika auszuwandern, berichteten sie nach Hause, einer von ihnen sei bereits auf der Überfahrt gestorben, zwei weitere auf der Reede vor Philadelphia und zwei bald darauf an Land: »Sind also 5 tod, die andern alle aber sind in der Stad und auf dem Lande in Dienste gegangen.«[21]

Während des folgenden Dienstes durften sie das Haus ihres Herrn nur mit dessen Erlaubnis verlassen, erhielten kaum Lohn und durften nicht heiraten. Die harten Bedingungen, Enttäuschungen und Unzufriedenheit veranlaßten manchen *Servant*, seinem Herrn zu entlaufen, andere begingen Selbstmord, wie jene junge Pfälzerin, die sich im November 1750 in New York von einem Anleger stürzte, nachdem »ihr Dienstherr [...] sie erst einige Tage vorher für eine beträchtliche Summe gekauft« hatte.[22]

In Pennsylvania erhielten sie nach Ende ihres Dienstes immerhin eine Erstausstattung, bestehend aus zwei Anzügen, einer Axt und einigen Ackergeräten. Konnten sich die frühen badischen Einwanderer der Jahre 1733–38 dort relativ gut etablieren, fiel es den späteren der Jahre 1749–54 bereits schwerer, denn das Land war inzwischen knapper geworden. Nicht wenige hatten sich selbst 1771 noch nicht als Farmer niederlassen können.

Als man 1820 das Redemptionssystem abschaffte, wurde es für die Ärmsten gerade in der Zeit des größten Pauperismus schwierig auszuwandern. Mitunter übernahmen jetzt aber die Gemeinden oder Angehörige, die sonst für die Unterstützung hätten aufkommen müssen, die Kosten der Überfahrt.

Typisches Beispiel für einen Auswanderer im 19. Jahrhundert ist Heinrich Wetterau (1812–1885). Auch bei ihm spielten die Netzwerke, die die Heimat und Amerika verbanden, noch eine große Rolle. Zwar strebte er, wie viele Auswanderer, nach eigenem Landbesitz und dem Erwerb einer Farm, doch war überall in Amerika, wo er hinkam, das beste Land schon vergeben.

Nachdem in Hessen-Kassel 1831 die Auswanderung freigegeben worden war, verließ Wetterau 1838 sein Heimatdorf Blankenbach.

Wie schlecht die Perspektiven in dem hessischen Dorf waren, zeigt sich daran, daß Wetterau zwar aus einer der grundbesitzenden Familien stammte; als jüngerer Sohn hatte er aber keine Chance, den elterlichen Hof zu übernehmen, der zu klein war, um weitere Teilungen zu verkraften. Er hätte also nur Knecht bei seinem Bruder oder Tagelöhner werden können. Bereits in den vorausgehenden Jahren waren zwei Cousins nach Amerika ausgewandert. Gemeinsam mit drei anderen jungen Männern aus seinem Heimatdorf schiffte er sich deshalb in Bremen ebenfalls nach New York ein. Über die nächsten fünf Jahre ist nichts bekannt. 1843 heiratete er dann in Boston (Massachusetts) eine Marie Elisabeth Simons. Sie war fünf Jahre älter, stammte ebenfalls aus Blankenbach und war die Tochter eines Tagelöhners. 1843/44 siedelten sie gemeinsam mit anderen ihnen bekannten deutschen Familien nach Wisconsin über, wo sie eine kleine Farm erwarben. Das beste Land war dort freilich längst vergeben und auch schlechter Boden nur noch relativ teuer zu haben. Hier wurden in den folgenden Jahren die ersten drei Kinder geboren.

Nach dem Tod seiner ersten Frau, die nach der Geburt des dritten Kindes starb, heiratete Wetterau dort 1848 die neunzehn Jahre jüngere Anna Maria Schein. Auch sie stammte aus dem Heimatdorf Blankenbach und war die Nichte der ersten Frau. Aus dieser Ehe stammten weitere sechs Kinder, die aber offenbar nicht alle überlebten. In den folgenden Jahren ging die Familie noch weiter nach Westen, nach Minnesota, wo Wetterau erneut eine kleine Farm erwarb. Er besaß dort um 1870 rund acht Hektar gerodetes und ca. 24 Hektar ungerodetes Land, auf denen er zwei Milchkühe, zwei Arbeitsochsen, zwei weitere Rinder, sechs Schafe und ein Schwein hielt, zudem Weizen und Kartoffeln anbaute. Wohlstand erreichte er freilich nie. In 15 Jahren gelang es ihm nur, ein Viertel des Bodens zu roden. Bereits in den 1860er Jahren war er auf die finanzielle Unterstützung eines seiner Söhne angewiesen. Nachdem dieser im Bürgerkrieg an Malaria gestorben war, bezog er für ihn eine Hinterbliebenenrente. Ende der 1870er Jahre verlor er die Farm und lebte seine letzten Jahre als Gärtner in einem benachbarten Ort in ärmlicher Umgebung. Dort starb er 1885 im Alter von fast 73 Jahren.[23]

Neben den freiwilligen Auswanderern standen aber auch Deportierte. Kriminelle und Bettler wurden aus England seit Elisabeth I. zwangsweise in die Kolonien befördert. Genauso gab es aus Frankreich im 18. Jahrhundert Deportationen nach Louisiana. Deutsche Kommunen bezahlten Armen die Überfahrt, damit sie der Armenkasse nicht mehr zur Last fielen. Auf diese Weise gelangten 1752 auch die erwähnten Insassen des Hamburger Spinnhauses nach Philadelphia.

Diebstahl und Revolten

Die Verarmung konnte bei den Betroffenen zu einem Zerbrechen der sozialen Normen führen. Wer sich trotz aller Bemühungen nicht mehr aus eigener Kraft ernähren konnte, nahm sich unter Umständen bei denen, die genug hatten, was ihm mangelte. Gerade während der Hungerkrisen ist oft ein Ansteigen der Eigentumskriminalität beobachtet worden.

Ein Beispiel ist der landlose Einlieger Drawe aus Remmighausen in der Grafschaft Lippe. Während der Hungerkrise von 1772 beging er bei dem Großkötter Niemann einen Einbruch und stahl aus dem Keller fünf oder sechs Brote, einen Messingtopf, einen Kessel, ein Schneidemesser und acht Rt Flachs. Er begründete den Diebstahl später damit, daß »er in 3 Wochen für seine Frau und 5 unmündige Kinder fast kein Brodt gehabt, so sey er auf die böse Gedancken gekommen, seinem Schwager Niemann etwas zu entwenden«. Er habe seinen Schwager um Brot gebeten, dieser »habe ihn aber damit nicht, auch nicht einmahl mit einem Brodt für Geld aus der Noth helfen wollen«.[24] An dem Fall ist zum einen typisch, daß der Geschädigte dem Täter bekannt war (was dazu führte, daß der Verdacht sofort auf ihn fiel), zum anderen, daß die Hungerkrise die traditionellen Formen der Familiensolidarität zerstörte. Hilfe wurde verweigert.

Der Zusammenhang von Armut und Eigentumskriminalität war auch den Zeitgenossen durchaus bekannt. Bereits 1764 stellte der italienische Strafrechtsreformer Cesare Beccaria in seinem Werk

Dei delitti e delle pene fest, daß Diebstähle vorwiegend aus Elend und Verzweiflung heraus geschähen.

Opfer von Diebstählen wurden – was nicht zu verwundern braucht – eher die Reicheren. Mitunter traf es aber auch die Angehörigen der eigenen sozialen Gruppe, und für sie war der Verlust viel schwerer zu verschmerzen, ja er konnte sie in tiefste Not stürzen. Auffallend ist, daß gerade die reicheren Bauern eher zur Gewalt neigten, und damit schützten sie nicht nur ihre Ehre, sondern auch ihren Besitz, denn oft kamen kleinere Diebstähle nie vor ein Gericht; um die Kosten zu sparen, wurde vielmehr dem Täter, wenn man ihn denn erwischte, sofort eine Tracht Prügel verabreicht.

In der Grafschaft Lippe wurde bereits von den Zeitgenossen beobachtet, daß die landlosen Tagelöhner weniger zu Diebstählen neigten als die landarmen Straßenkötter. Letztere waren ebenfalls von Teuerungen und Unterbeschäftigung bedroht, aber schwerer zu kontrollieren als die landlosen Einlieger, denen man die Wohnung kündigen konnte und die daher unter einer stärkeren sozialen Kontrolle standen. Entsprechend neigten, wie wir bereits gesehen haben, auch in den Städten die sozial isolierten Zuwanderer eher zur Eigentumskriminalität als die Ortsansässigen oder die bereits integrierten Immigranten.

Auf dem Lande waren bei den Unterschichten vor allen drei Arten der Eigentumskriminalität verbreitet: Holzdiebstahl, kleinere Diebstähle von Lebensmitteln, Werkzeug und Kleidung sowie Feld- und Gartendiebstähle. Sie tauchen nicht nur in den Gerichtsakten am häufigsten auf, sondern auch in den lokalen Dorfordnungen wurden oft empfindliche Geldstrafen für diese Delikte angedroht. Offensichtlich versuchten die Dorfgemeinden, derartige Vergehen zunächst intern zu regeln. In Notzeiten waren sie dazu aber oft nicht mehr in der Lage, so daß die landesherrliche Obrigkeit mit härteren Maßnahmen gegen Diebstähle vorging. Jetzt wurden Zuchthausstrafen verhängt. In der Folge ging zum Beispiel in der Grafschaft Lippe die Eigentumskriminalität, die an die Gerichte gelangte, trotz sich verschärfender wirtschaftlicher Lage nach einem Höhepunkt in den 1730er Jahren wieder zurück. Zugleich wurden aber auch die obrigkeitlichen Kornspeicher zur Versorgung der Unterschichten genutzt.

Der wirtschaftliche Druck, der auf den Unterschichten lastete, verschärfte sich im Verlauf des 18. Jahrhunderts. Alte Gewohnheitsrechte wurden aufgehoben. Dies gilt etwa für das Nachharken der abgeernteten Felder, das in England immerhin 4,1 % des Gesamteinkommens einer Familie ausmachen konnte, oder auch für die Mitbenutzung der Gemeinweiden, die auch den Landlosen die Haltung einer Ziege oder einer Milchkuh ermöglicht hatte. Nun mußten sie dafür bezahlen, und die Übertretung der neuen Bestimmungen, die oft in lokalen Dorfordnungen schriftlich niedergelegt wurden, zog Bestrafung nach sich.

Der Holzdiebstahl, der sich im 19. Jahrhundert zu einem Massendelikt entwickelte, war gleichermaßen eine Ausdrucksweise der grundherrlich-bäuerlichen Konflikte wie ein Protest gegen die agrarische Modernisierung; oft war er aber auch rein durch die Not bedingte Selbsthilfe. Dann war er vor allem eine individuelle Reaktion auf die persönliche Ausweglosigkeit. Insofern ist der Widerstandsgeist, der sich in der Kriminalität zeigt, in der Literatur wohl eher überschätzt worden.

Vielen Diebstählen lag ein konservatives Beharren auf Rechten zugrunde. Dienstboten stahlen, weil ihnen der Lohn vorenthalten wurde; sie nahmen sich also, was ihnen nach ihrer Meinung ohnehin zustand. Mitunter spielte Rache eine Rolle, zum Beispiel bei Nachbarschaftsstreitigkeiten oder wenn Dienstboten sich für schlechte Behandlung durch einen Diebstahl rächten. Oft spielte soziale Überforderung eine Rolle. Es stahlen Waisen, die nie ein soziales Umfeld kennengelernt hatten, das sie unterstützte. Einerseits suchten Diebinnen wie jene Magdalena Rems, die mit zwölf zu stehlen anfing, menschliche Beziehungen, doch dann bestahl sie gerade das Mitgesinde und diejenige Dienstherrin, die sie gut behandelte. Solche Diebstähle geschahen »auch durch die innere Erwartung, sich auf Beziehungen nicht dauerhaft verlassen zu können. Vertrauen mußte, wo es existierte, so immer wieder gebrochen werden. Veruntreuungen rächten den einst zugefügten Schmerz«.[25] Andere stahlen aber auch einfach, um ihren Lebensstandard zu verbessern oder um für die Zukunft (etwa eine Aussteuer) zu sparen. Gerade am unteren sozialen Rand gehörten Diebstähle zur Ökonomie des Mangels.

Immerhin war die Angst gerade vor Diebstählen so groß, daß in Großsolt der Armenvogt darauf achten sollte, »ob irgendwo Verbrechen begangen werden«,[26] und sie wuchs in Notzeiten. In den Hungerwintern 1846/47 und 1847/48 stellte die Dorfschaft Kleinsolt extra einen Nachtwächter an, und ähnlich bezahlte das Großsolter Armenkollegium im Winter 1862/63 einen Mann zur »Polizeiaufsicht«.

Nicht jedes Delikt kam in der Frühen Neuzeit vor Gericht. Erst wenn die informellen Wege der Konfliktlösung gescheitert waren oder nicht ausreichten, wurden Gerichte bemüht. Generell wurden Fremde, Arme und Ledige, Menschen mit geringem Sozialkapital, in der Frühen Neuzeit härter bestraft als sozial integrierte Personen, die durch Fürbitten ihrer Freunde und Angehörigen eher die Milderung oder Aufhebung einer Strafe erlangten. In der Selektivität der Bestrafung zeigte sich einerseits eine Form der Resozialisierung; denn bei dem sozial eingebundenen Täter war die Wiederholung weniger zu erwarten als bei dem desintegrierten. Andererseits ließ sich an dem armen Verbrecher ohne größere soziale Kosten zur Abschreckung ein Exempel statuieren.

Die Angst der Besitzenden entwuchs nicht zuletzt einem geheimen Unrechtsgefühl, das sie selbst auf die Armen projizierten, denen sie Umsturzgelüste und die Mißachtung der Besitzverhältnisse unterstellten. Tatsächlich strebten gerade die Armen nicht nach einer gewaltsamen Änderung der Verhältnisse, sondern nahmen ihre Armut eher apathisch hin. Die Unterschichtsrevolten, die es während der gesamten Frühen Neuzeit gegeben hat, wurden nicht von den bereits Verarmten getragen, sondern von Gruppen, die ihr soziales Absinken erst befürchteten und ihre Verarmung durch einen Aufstand zu verhindern trachteten. Der Unterschichtsprotest war also kein revolutionäres Aufbegehren der Armen, sondern ein konservativer Protest gegen Spekulanten oder Beamte, um überkommene Rechte und Privilegien zu schützen oder die Einhaltung königlicher Verordnungen zu erzwingen. Ebenso war der »Trotz«, den die Armen bisweilen zeigten, wenn man ihnen die Unterstützung beschnitt oder verweigerte, kein Zeichen von Umsturzgelüsten, sondern ein Beharren auf angestammten Rechten.

Unterschichtsrevolten hat es während der gesamten Frühen

Neuzeit besonders oft in England und Frankreich gegeben. In Bordeaux gab es zwischen 1600 und 1648 nicht weniger als 17 Aufstände, weitere 21 zwischen 1653 und 1725. Sowohl Steuer- als auch Getreidepreiserhöhungen, durch die sich die Bevölkerung in ihrer materiellen Basis bedroht sah, konnten der Auslöser sein; mitunter reichte das bloße Gerücht. Die aufbrechenden Existenzängste konnten dann schnell beispielsweise in die gewaltsame Entladung von ankommenden Schiffen einmünden. Wenn es der städtischen Obrigkeit nicht gelang, die aufgeputschten Emotionen durch rasche, meist nur symbolische Maßnahmen wieder unter Kontrolle zu bringen, kam es auch zu Geiselnahmen, dem Sturm auf das Rathaus, Brandstiftung im Stadtarchiv oder Plünderungen des Steuerbüros. Bei solchen Unruhen spielten mitunter auch Interessen der Oberschichten eine Rolle, die nicht selten ihre Klientelbeziehungen nutzten, um Unruhen zu schüren. In England kam es während der Teuerungen von 1586, 1594–97, 1622 und 1629–31 besonders in protoindustriell geprägten Regionen zu Unruhen. Die Mehrzahl der ländlichen Revolten richtete sich im 16. und 17. Jahrhundert aber gegen die Einhegung von Gemeindeländereien und die Einschränkung von alten Nutzungsrechten oder die Erhöhung von Diensten, Abgaben und Steuern. Getragen wurden solche Unruhen meist von den besitzenden Bauern. In Deutschland traten Unterschichtsproteste erst nach 1790 häufiger auf. Berühmt wurde der Aufstand der schlesischen Weber von 1844. Bei den Oberschichten verstärkten die Unruhen die latente Angst vor den unberechenbaren, manipulierbaren Unterschichten.

In der Frühen Neuzeit verhinderten die unterschiedlichen Erfahrungswelten und Lebensweisen von Gesellen, ländlichem Gesinde, Tagelöhnern, Soldaten, Heimarbeitern und anderen eine Solidarisierung dieser Gruppen, so daß es nicht zu gemeinsamen Aktionen kommen konnte. Der Mangel und die Begrenztheit der Ressourcen bewirkten, daß selbst gegenüber nur geringfügig schlechter Gestellten ein Standesbewußtsein entwickelt wurde. Aktionen und Proteste der Gesellen blieben auf die Gesellen, möglicherweise bloß einer einzelnen Zunft, beschränkt. Ein gelernter Geselle grenzte sich über einen spezifischen Ehrbegriff vom ungelernten Arbeiter ab und sicherte dadurch seine soziale Existenz. Rituale gaben in wirtschaftlich unsicherer Zeit äußere Stabilität (Gesellen-, Gesindebrauchtum). Mit solchen Mechanismen gewährte die Ständegesellschaft dem einzelnen sowohl innergesellschaftlich einen festen Platz als auch innerpsychisch Stabilität. Erst im 19. Jahrhundert hatten sich die alten Strukturen so weit aufgelöst, war die Pauperisierung so weit fortgeschritten, daß die gemeinsame Erfahrung der Bedrohtheit und des Mangels Solidarisierungen der Unterschicht insgesamt möglich machte und eine Klasse entstehen konnte, die sich über die ökonomische Stellung ihrer Mitglieder, gemeinsame Interessen und ein entsprechendes Bewußtsein definierte. Die Klassenbildung war ein komplexer Prozeß von Zuschreibungen und Aneignungen, zu dem alle gesellschaftlichen Schichten beitrugen.

Seit dem 18. Jahrhundert wandte sich der Unterschichtenprotest wegen der drohenden Arbeitslosigkeit verstärkt auch gegen die Konkurrenz der Manufakturen und Fabriken. 1777 stürmten die Nadlergesellen in Iserlohn die Waisenhausmanufaktur und zerstörten Werkzeuge und Maschinen. Der Niedergang des Heimgewerbes, insbesondere der Weber, durch die Industrialisierung und der drohende soziale Abstieg der Betroffenen führten in der ersten Hälfte des 19. Jahrhunderts verstärkt zur Maschinenstürmerei. Der steigende Wohlstand der Oberschicht hinterließ in Anbetracht der eigenen wachsenden Not in weiten Kreisen der Unterschicht ein tiefes Gefühl der Verbitterung. Die Bewußtwerdung der Gemeinsamkeiten fand schließlich ihren Niederschlag in der Entstehung der Arbeiterbewegung.

Die »Kultur« des Mangels

Die Kultur der Unterschichten war in der Frühen Neuzeit von einer Ökonomie knapper Güter bestimmt. Es gab wenig Kleidung zum Wechseln, fast nie eine vollständige Zweitgarnitur. Abgetragene Sachen wurden geflickt, umgearbeitet, weiterverwendet. Kinderkleidung ging von den älteren Kindern auf die jüngeren über. Das materielle Ziel mochte der »Besitz eines Hauses, eine spärlich eingerichtete Wohnung, gute Ausstattung mit langlebigen Gütern und ausreichende Kleidung« sein. Doch kontrastierte dieses Ideal mit dem »Mangel am Lebensnotwendigen wie Kleidung, Nahrung oder einer bezahlbaren Wohnung und Lebensmittelreserven«.[27] Die Signalfunktion mangelhafter Kleidung stempelte schon die Kinder zu Außenseitern, ließ sie von klein auf internalisieren, daß die anderen die »Besseren« waren.

Der Engländer Thomas Robert Malthus (1766–1834) führte in seinem berühmten Buch *An Essay on the Principle of Population* (1798) die Zunahme der Armut auf die wachsende Bevölkerung zurück. Er trug damit zu einem Bewußtseinswandel und zu einer veränderten Wahrnehmung von Armut bei. In der ersten Hälfte des 19. Jahrhunderts trat die Armut, nicht zuletzt durch seine Schrift, in das allgemeine Bewußtsein. Bereits damals begann man vom »Pauperismus« zu sprechen (von lateinisch *pauper* = arm), und dieser Terminus wurde bald ein Synonym jener Epoche. Eine anschwellende Literatur, die sogenannte Pauperismusliteratur, beschäftigte sich mit den Ursachen und den Heilmitteln der Armut. Wenn sich insbesondere Pastoren, Ärzte und Beamte in aufklärerischem oder reaktionärem Geist berufen fühlten, die Situation der Armen zu bessern, dann führten alle im großen und ganzen die gleichen Gründe für die zunehmende Verarmung an. Immer wieder wurden Alkoholmißbrauch, Lotteriespiele, Tanzfeste, das frühe Heiraten, ein Sinken der Volksreligiosität, aber auch schlicht und einfach Faulheit genannt. Die Wirkung dieser Literatur war breit. Die unmittelbar mit dem Armenwesen Befaßten kannten diesen Diskurs und hatten manche Werke selbst gelesen.

Selbst der Großsolter Pastor Holt führte Argumente aus solchen Schriften an. 1835 schrieb er in einem Bericht: »Für die ärmere Klasse gehört hierher vorzüglich der Kaffe[e]; es ist zum Erstaunen, wie der Genuß dieses ausländischen Getränkes den Armen zur Gewohnheit geworden ist, sie opfern ihre nothwendigsten Bedürfnisse auf um seinetwillen.« Dann räsonierte er weiter über die verlotternden Sitten: »Die wichtigste und folgenreichste aller Verbindungen, die Ehe, darf man eingehen im Knabenalter, in den Jahren der Unerfahrenheit und des Leichtsinnes, ohne Rücksicht auf bisheriges Betragen, ohne Brod zu haben, bey der gewissen Aussicht darauf, nach einem oder zwey Jahren ein Pensionist der Armenkasse zu seyn. Ja wenn man schon auf der Armenkasse ist, darf man heyrathen, wie ich neulich einen Mann trauen mußte, der öffentliche Unterstützung genoß und genießt: Solange diese zu ausgedehnte Freiheit für Arme bleibt, wird an Armen kein Mangel seyn.«[28]

Einen Grund für den Sittenverfall sah der Pastor – und nicht er allein – auch in den zwangsweise erhobenen Beiträgen zur Armenkasse. Er schrieb: »Denn diese Einrichtung erzeugt bey der leichtsinnigen Jugend und bey den meisten Verarmenden die Meinung, daß der Arme *von Rechts wegen* zu fordern hat, und daraus gehen hervor Leichtsinn, Sorglosigkeit, Faulheit und Trotz. – Wäre es Gesetz, daß der Arme nur auf die freye Mildthätigkeit seiner Mitmenschen zu hoffen hätte, so würden, wenigstens in hiesiger Gegend, ¾ von den Unterstützung erhaltenden Armen verschwinden.«[29] Schon Holts Vorgänger war 1824 der Ansicht gewesen, die Sorglosigkeit der Armen wachse durch die »Hofnung, daß die Kommüne sie unterstützen muß, wenn sie verarmen«.[30] Demnach resultierte die Armut aus der Großzügigkeit des »sozialen Systems« und war gar nicht echt.

Bei den zeitgenössischen Erklärungen fällt auf, daß die Faktoren, die der Sozialhistoriker als die strukturellen Ursachen der Verarmung ansehen würde, kaum wahrgenommen wurden. Statt dessen führte man das frühe Heiraten der Armen, ihren Luxus und ihre Faulheit an, *moralische* Gründe also, die die Mittellosen diskreditierten und die Gesellschaft von der Verantwortung befreiten. Der Tenor aller Erklärungen war auch im 19. Jahrhundert noch: Die Armen sind selber schuld an ihrer Armut, weil sie sie durch ihr Verhalten selbst verursachen. Negative wirtschaftliche Entwicklungen, Bevölkerungswachstum, ungünstige Besitzverhältnisse und ähnliches drangen nicht in das Bewußtsein der Menschen, bzw. diese wollten sie nicht sehen. Pastor Holt war sich zwar bewußt, daß die meisten Armen in seinem Kirchspiel aus der Schicht der landlosen Tagelöhner kamen, aber er fand auch dafür eine einleuchtende Erklärung: die (Un-)Moral der Armen.

Schließlich meinte Pastor Holt: »Hier ist auch für gesunde Leute immer genug zu verdienen, dies bezeugen alle hierselbst.«[31] – Und das ist nicht die einzige Äußerung, daß es eigentlich keine Armut gebe, sondern nur falsche Arme. Die moralischen Erklärungen der Verarmung stießen, je mehr die traditionelle Ordnung aus dem Gleichgewicht geriet, desto mehr auf Resonanz. In Großsolt führte Pastor Wolff sie zuerst 1821 an. Sie wuchsen aber nicht aus einer rationalen Erklärung der sich ändernden Verhältnisse, sondern aus Abwehr und Angst, den Wurzeln aller Vorurteile. Die Massenarmut wurde als etwas Fremdes und Unbekanntes, als etwas Drohendes erlebt, sie stellte die hergebrachte Ordnung in Frage. Unter diesen Umständen ließen sich die moralischen Verfehlungen der Verarmten noch am ehesten bekämpfen, waren leichter verständlich und daher nicht so bedrohlich wie die wirtschaftlichen und sozialen Veränderungen, die sich jeder Voraussage und jeder Kontrolle entzogen.

Welche Wirkungen aber mußten solche Ansichten auf die Betroffenen und ihr Selbstverständnis haben? Wie wirkte sich der Vorwurf moralischer Verfehlung auf einen Mann aus, der trotz härtester Arbeit seine Familie nicht ernähren konnte?

Das Verhalten der Armen war vor allem von den kargen Umständen, von dem permanenten Leben am Existenzminimum erzwungen. Es folgte unfreiwillig den wenigen Möglichkeiten, die sich ihnen boten, wobei sich gewisse Formen herausbildeten, die von Generation zu Generation weitergegeben und weiterentwikkelt wurden. Aber es waren keine bewußt alternativen Formen, sondern aus dem Mangel geboren; denn der Arme wünschte sich in der Regel nichts mehr, als den Normen der übrigen Gesellschaft zu folgen, sich zu integrieren, nicht arm zu scheinen, und entsprechend handelte er – häufig in Widerspruch zu seiner materiellen Not. So haben die typischen Verhaltensweisen der Armen in der Literatur die Vorstellung einer richtigen Kultur, oder besser Subkultur der Armen entstehen lassen, die sich durch eigene Gewohnheiten und Normen, ja sogar eine eigene Sachkultur ausgezeichnet habe.

Die völlige materielle und rechtliche Abhängigkeit, die aus der Annahme von Unterstützung erwuchs, kam nicht völlig abrupt. Wer in die totale Armut, in die Unterstützungsbedürftigkeit absank, war mit der Not und den Vorurteilen, mit denen die Gesellschaft den Armen begegnete, längst vertraut, denn bereits die von der Verarmung erst Bedrohten entwickelten Verhaltensweisen, in denen sie die Not antizipierten und die Bedürftigkeit innerlich vorwegnahmen. Je größer die sozialen Unterschiede wurden, desto weniger konnte ein großer Teil der Unterschicht die Werte und Normen, die der bürgerlichen Ordnung zugrunde lagen, und die daraus erwachsenden Erwartungen der Gesellschaft erfüllen, so daß das Verhalten einer immer breiteren Schicht von der drohenden Verarmung geprägt wurde. In einer auf den Moment bezogenen Moral führten sie selbst die Armut manchmal geradezu herbei.

Die »Subkultur der Armut« umfaßte weniger die eigentlichen Armen, die Unterstützung empfingen, als vielmehr die gesamte Unterschicht, die meisten Tagelöhner, Dienstboten, alle, die von der Verarmung bedroht waren. »Sorglosigkeit« und »Leichtsinn«, also übertriebener Luxus (Kaffeetrinken) und frühes Heiraten, konnten zwar ein individueller Protest gegen die beengten Verhältnisse sein, ein Ausbrechen aus der Not, das den Armen dann noch tiefer in sie hineinstürzte; vor allem aber dürften sie der Versuch gewesen sein, sich überhaupt etwas Lebensqualität zu verschaffen, sich die Hoffnung zu erhalten (daher beispielsweise die vielbeklagte Lotterieleidenschaft). Das Grundproblem war das dauernde Leben unter dem Existenzminimum, und daraus erwuchs auch die andere Moral der Unterschicht.

Deren Kritiker, die Armenvorsteher, Pastoren und die bürgerlichen Moralisten, lebten alle, gemessen an den Armen, in wirtschaftlichem Wohlstand. Das Leben am Rande oder unterhalb des Existenzminimums kannte keiner von ihnen aus eigener Anschauung. Wenn sie sparten und sich zum Beispiel den Kaffee abknapsten (was sie im übrigen gar nicht brauchten), so taten sie das nur zeitweise, um etwas anderes zu erreichen, was den momentanen Verzicht wieder aufwog. Für große Teile der Unterschicht aber bedeutete dieser Verzicht: nie Kaffee, überhaupt keine Lebensqualität. Und deshalb nahmen die Verarmenden das Risiko in Kauf, handelten gegen jede Vernunft, der Verdienst wurde sofort (»leichtfertig«) verlebt. Das gab ihnen unmittelbar etwas Lebensfreude, etwas Hoffnung, und so wurde der triste Alltag überhaupt erträglich. Natürlich lag darin eine Verdrängung ihrer tatsächlichen Situation. Die Not brachte eine andere, unbürgerliche, proletarische Logik hervor, weil der Unterschicht die materielle Basis für ein »normales« Leben fehlte.

Da die Utopie der Unterschicht ein gesellschaftlich anerkanntes Leben jenseits der Not blieb, strebte sie einerseits dem Vorbild der Oberschicht und deren Statussymbolen (Kaffeetrinken) nach. Die Heuerlinge wollten damit ihre Selbständigkeit demonstrieren, auch wenn sie sich das eigentlich nicht leisten konnten. Andererseits internalisierten sie die anerkannte und von der Oberschicht gewünschte Moral, soweit es unter den gegebenen Umständen möglich war. Die Heuerlinge genossen ihren Kaffee freilich nur aus Zichorien und mit einigen wenigen echten Kaffeebohnen, während die Bauern echten Kaffee, stark und mit viel Zucker, tranken. Für den kurzen Augenblick des Genusses eigneten sich die Heuerlinge dennoch den sozialen Status der Bauern an – und diese fürchteten in dem Kaffeetrinken der Unterschichten wohl weniger deren drohende Verarmung als den Angriff auf ihre eigenen sozialen Privilegien.

Die »Subkultur der Armut« erweist sich deshalb als ein Zerrbild der Herrschaftskultur, die sie nachahmen wollte, aber nicht erreichen konnte (und auch nicht erreichen sollte, denn das hätte ja die bestehende Ordnung verändert und die sozialen Schichten nivelliert); sie gibt sich als ein Produkt von gegenseitigen Aneignungsprozessen zu erkennen. Um unter den erschwerten Bedingungen der Armut zurechtzukommen, versuchte die bedrohte Unterschicht dabei, das System für sich einzusetzen (wobei sie dem Beispiel der Oberschicht folgte, die das Armenwesen ebenfalls in ihrem Interesse instrumentalisierte). Die Ausbeutung des Systems mußte in Anbetracht der Not ein Ergebnis der Sozialisation werden und war mit Repression nicht zu ändern, sondern höchstens zu befördern. Die Armenunterstützung bot einen letzten Auffang, man wußte, daß man sich notfalls an die Armenbehörden wenden konnte – insofern »schuf« das Armenwesen durch sein Vorhandensein wirklich Armut.

Während die Arbeiter durch die gemeinsame Erfahrung der Not im 19. Jahrhundert einen Klassenbildungsprozeß durchmachten, der durch die industrielle Revolution forciert wurde, grenzten sich die Besitzenden von ihnen ab. Auch diejenigen, die Armensteuer zahlten, entwickelten gegenüber denjenigen, die sie empfingen, ein Klassenbewußtsein, das von der Angst vor Müßiggang und Verschwendung geprägt war und soziale Kontrolle hervorbrachte.

Die »Subkultur der Armut«, die realisierten kleinen Träume kompensierten die Not, aber sie gerieten in Widerspruch zu den Erwartungen, die die Gesellschaft an den einzelnen stellte. Wir haben gesehen, daß die Großsolter Pastoren die Zunahme der Armut vor allem moralisch erklärten, die Gesellschaft also mit Negativerwartungen, mit Vorurteilen gegen die Moral der Verarmenden reagierte. Da der Kätner oder Tagelöhner in seiner materiellen Lage von Angst beherrscht war – der Angst vor der Verarmung, der Angst vor dem sozialen Absinken, davor, das letzte bißchen Status zu verlieren –, konnte die moralische Erklärung der Armut sogar eine integrierende Wirkung entfalten, denn sie bot ihm ein Mittel, die Angst von sich fernzuhalten: Er brauchte sich von der Verarmung nicht mehr bedroht zu fühlen, solange er nicht zu früh heiratete, keinen Luxus trieb und immer fleißig war. Die Verdrängung der wirklichen Ursachen der Massenarmut konnte die Unterschicht vom Alpdruck der drohenden eigenen Not befreien.

Die Angst war freilich weiter im Unbewußten vorhanden und suchte sich ein ungefährlicheres Ersatzobjekt, eine Projektion: die »schamlosen« Armen. Die öffentliche Meinung verband die Kinder von (älteren) Tagelöhnern mit den Einzelfällen von frühen Heiraten, sie verknüpfte eigentlich nichtzusammenhängende Dinge, verallgemeinerte Einzelfälle, und heraus kam – das Vorurteil von den frühen Heiraten. »Übertriebener Luxus« (Kaffee), »Sorglosigkeit« (frühes Heiraten), »Faulheit« (Arbeitslosigkeit): alle diese Vorwürfe, in einzelnen Fällen sicherlich begründet, fügten sich zusammen zu einem allgemeinen sozialen Vorurteil, das die Besitzenden und die sozialen Verhältnisse von jeder Mitschuld freisprach. Die Armen konnten sich nicht dagegen wehren, zumal jede Schwäche eines einzelnen die allgemeine Voreingenommenheit bestärken mußte. Opfer der Vorurteile wurden diejenigen Armen, die Unterstützung annahmen und damit ihre Armut »schamlos« eingestanden. Gerade wenn sie an ihrem Schicksal unschuldig waren, stellten sie eine Bedrohung dar. Die unbewältigte Angst vor der eigenen Verarmung verwandelte sich in Aggression. Denn wenn man unschuldig verarmen konnte, machte diese Tatsache alle Bemühungen, die Angst durch Verzicht und Selbstkontrolle beherrschen zu wollen, zunichte; dann war alle Selbstverleugnung umsonst gewesen. Also *mußten* die Armen doch für ihr Schicksal selbst verantwortlich sein; jede andere Wahrheit wäre zu schrecklich gewesen, als daß man sie hätte ertragen können. Weil die Armen aber nur als Ersatzobjekt dienten, blieb die Angst weiter unbewältigt und schwelend.

Von der Armut besonders bedroht waren die Frauen. Auch wenn die Gründe dafür in gesellschaftlichen und ökonomischen Zusammenhängen zu suchen sind, wurde die Erklärung in der Frühen Neuzeit doch eher in den äußerlichen, körperlichen Unterschieden gesucht. Deshalb zogen die Frauen Ängste und Unterdrückung gerade durch ihre äußere Weiblichkeit, das heißt ihre Sexualität, auf sich.

Frauen in Not

Verdienstmöglichkeiten von Frauen

Das frühneuzeitliche Wirtschafts- und Gesellschaftssystem bot alleinstehenden Frauen nur wenig Möglichkeiten, ihr Auskommen zu finden. Frauen waren in der Regel von den Zünften und der selbständigen Führung eines Betriebes ausgeschlossen. Nach dem Tod ihres Ehemannes gelang es zwar einzelnen Kaufmanns-, Handwerker- oder Bauernfrauen, den Betrieb weiterzuführen, doch handelte es sich hier um Frauen der Mittel- oder Oberschicht. Für Frauen der Unterschicht gab es Verdienstmöglichkeiten im wesentlichen nur als Dienstbotinnen oder Tagelöhnerinnen, als Näherinnen oder Weberinnen, als Wäscherinnen oder Hökerinnen. Diese Tätigkeiten waren stets schlechter bezahlt als vergleichbare Arbeit von Männern. Meist verdienten Frauen 30 bis 50 % weniger. Gerade die Näherinnen wurden von den Zünften als Konkurrenz hart bekämpft. Entscheidend war das Fehlen eigener Korporationen, die ihre Interessen vertreten hätten. Selbständig in der Protoindustrie tätige Frauen wurden im 17. Jahrhundert in Württemberg mitunter sogar durch Haussuchungen aufgespürt und mit der Ausweisung bedroht.

Im 18. Jahrhundert nahm in den Städten die Zahl der weiblichen Dienstboten im Verhältnis zu den männlichen gewaltig zu, zum Teil machten sie bis zu 80 % der Dienstboten aus. Ihre materielle Existenz blieb oft zeitlebens prekär. Für Mary Ashford, die aus der unteren Mittelschicht stammte, bedeutete das Dienstmädchendasein einen sozialen Abstieg. Aber ihre Eltern starben, als sie 13 Jahre alt war, und so hatte sie keine andere Wahl. In den folgenden Jahren Anfang des 19. Jahrhunderts war sie nacheinander in zwölf verschiedenen Londoner Haushalten beschäftigt, wo sie teils gut, teils schlecht behandelt wurde. In 13 Jahren konnte sie ganze neun Pfund sparen, ehe sie 30jährig einen verwitweten Schuhmacher

Abb. 2: Harte Arbeit und wenig Verdienst für Frauen: Die Wäscherin, Gemälde von Jean Baptiste Simeon Chardin.

heiratete. Dieser starb kurz nach der Geburt ihres sechsten Kindes. 15 Monate später heiratete sie einen fast 70jährigen Militärschneider. Als sich dessen Gesundheitszustand 1836 verschlechterte, gelang es ihr durch eine Petition an Königin Adelaide, wenigstens eine Pension zu erlangen.[32]

Unverheiratete Mägde – in Schwäbisch Hall blieb im 17. Jahrhundert immerhin jede siebte Magd unverheiratet – wurden bei Krankheit oder im Alter entgegen der Vorstellung vom »Ganzen Haus« von ihren Dienstherren oftmals nicht in gegenseitiger Verpflichtung versorgt, sondern vielmehr entlassen. Apollonie Wegelin aus Hessental, die 1645 in Schwäbisch Hall starb, hatte »an underschiedlichen, theils vornehmen Orthen in der Stadt« gedient, sich, wie der Pfarrer notierte, »auch aufrecht und ehrlich« verhalten;

dennoch mußte sie vor ihrem Tod »etlich Jahr wegen Unpäßlichkeit für sich selbsten« leben und sich »mit Spinnen« ernähren.[33] Manche zogen zu ihren Verwandten oder ins Spital bzw. Armenhaus. Das erworbene Sozialkapital reichte dann gerade für eine Empfehlung, die ihnen den Eintritt ermöglichte.

Während Witwen auch auf dem Lande ein Auskommen fanden (in England lebten sie im 18./19. Jahrhundert oft bei Verwandten oder mit anderen Menschen in einem eigenen Haushalt), war die Lage ledig gebliebener Frauen dort schwieriger. In Dänemark wanderten sie meist in die Städte ab, und nur wenige blieben in den Dörfern. Von den Einwohnern über 60 Jahren waren 1787 in den ländlichen Regionen nur 52,9 % Frauen, in Kopenhagen immerhin 58,8 %, in den Provinzstädten sogar 61,5 %. Entsprechend hoch war ihre Bedürftigkeit.

Bereits Anfang des 15. Jahrhunderts fanden sich in Basel in der ärmsten Bevölkerungsschicht 66 % Frauen. Und auch unter den Almosenempfängern gab es stets mehr Frauen als Männer. Wurden im Straßburger Armenprotokoll 1523 69 % Frauen aufgeführt, so machten sie in Toledo 1558 in einzelnen Pfarrbezirken bis zu 73 % der Unterstützungsempfänger aus, in Luzern 1579 unter den Empfängern städtischer Almosen sogar nicht weniger als 85 %. Dieser große Frauenanteil veränderte sich während der Frühen Neuzeit nicht. Noch in der ersten Hälfte des 19. Jahrhunderts befanden sich zum Beispiel in Schaffhausen 75 % Frauen unter den Unterstützungsempfängern. Die Zahlen kommen zwar auch dadurch zustande, daß Frauen eher als Arme anerkannt wurden als Männer, welche als arbeitsfähige Arme von der Unterstützung ausgeschlossen wurden. Doch reflektiert selbst diese Tatsache die grundsätzlich schlechtere wirtschaftliche Lage der Frauen; denn wenn sie eher als »wahre« Arme akzeptiert wurden, so geschah das, weil ihre ungünstigeren Verdienstmöglichkeiten allgemein bekannt waren.

Für Frauen war besonders der Verlust des Ehemanns oder Versorgers ein Armutsrisiko. Als bedürftig anerkannt wurden nicht alle armen Frauen, sondern meist nur Waisen, Witwen, verlassene Ehefrauen, kranke, alte und schwache Frauen. Arbeitsfähige Frauen mußten genauso wie die Männer für ihren Unterhalt selbst aufkommen, und das konnte unter den gegebenen Umständen für sie schwieriger sein. In das *St. Martin in the Fields Workhouse* in London traten 1817 mehr als doppelt so viele Frauen zwischen 16 und 44 Jahren ein als Männer. Das Durchschnittsalter der erwachsenen Frauen lag mit 37 Jahren stets deutlich unter dem der Männer (44 Jahre). Da Mädchen dort eine geringere Ausbildung als Jungen erhielten, wurden ihre schlechteren Chancen von Generation zu Generation reproduziert.

Im folgenden behandele ich geschlechtsspezifische Gefährdungen, die für Frauen aus der Armut erwuchsen. Zunächst geht es um spezifische psychische Verarbeitungsweisen, mit denen Frauen auf Verarmung reagierten. Dann veranschaulicht ein Beispiel die Gefährdungen einer armen Greisin; die Lebensweise einiger nichtseßhafter Jüdinnen zeigt die Überlebensstrategien von Frauen am Rande. Da sich die gesellschaftliche Wahrnehmung der armen Frauen stark an ihrer Sexualität festmachte, geht es in den weiteren Abschnitten dieses Kapitels um Gefahren und Verhaltensweisen, die damit in Zusammenhang stehen: um Prostitution, uneheliche Kinder, Abtreibung, Kindsmord und Kindesaussetzung.

Verarmung und Psychose

Der soziale Abstieg war nicht leicht zu verarbeiten. Wenn bei dem Bruch mit der alten sozialen Identität die neue Lage als Armer nicht integriert wurde, konnte die Persönlichkeit insgesamt zerbrechen. Verzweiflung und Hoffnungslosigkeit konnten in die Psychose führen. Während Selbstmord schon in der Frühen Neuzeit eine typisch männliche Reaktion war (zwei Drittel bis drei Viertel aller Selbstmorde und Selbstmordversuche gingen auf das Konto von Männern),[34] reagierten Frauen in der Frühen Neuzeit mit psychischen Problemen. Zwei Drittel der entsprechenden Patienten des englischen Heilers Richard Napier (1559–1634) waren Frauen. 80% dieser Patienten stammten aus der Unterschicht, und nicht wenige gaben explizit ökonomische Probleme und die Angst vor Verarmung an. Auch hier waren es viermal soviel Frauen wie Männer. Die psychische Krankheit bediente sich dabei der Formen, die die

Frühe Neuzeit für sie bereithielt: Magie und Hexenglauben boten Erklärungsmuster, die gerade in den Unterschichten auch im 18. Jahrhundert noch weit verbreitet waren.

Ein Beispiel ist Abel Glashoff. Sie war 1734 im Königsmoor in Holstein als Tochter eines Kätners geboren worden. Die Eltern besaßen eine Kate mit einem kleinen Stück Land. Sie heiratete mit 21 Jahren den Tagelöhner Peter Glashoff. Auch er war erst 22 Jahre alt. Der Eheschluß erfolgte also für die damaligen Verhältnisse sehr früh, denn das durchschnittliche Heiratsalter lag bei 27/28 Jahren. Peter Glashoff stammte aus schlechteren Verhältnissen als Abel. Seine Eltern waren Tagelöhner ohne Haus- oder Landbesitz. Entsprechend ihrer Jugend hatten sich die beiden Partner auch noch keinen ausreichenden finanziellen Grundstock erwirtschaften können. Erst 1767, zwölf Jahre nach ihrer Heirat, gelang es ihnen, eine eigene Kate zu erwerben.

Sie konnten aber auch weiterhin nur existieren, wenn beide arbeiteten. Obwohl zur Unterschicht gehörig, verstand sich Abel in ihrer Selbsteinschätzung als »Bauersfrau«. Sie orientierte sich an der Schicht der reichen Bauern, und »man habe alles nach seinem Stande in Genüge gehabt«.[35] Als Ausdruck ihres Wohlstandes führte sie ihre Kleidung an: fünf Garnituren in bunt und zwei Garnituren in schwarz. Diese Angaben täuschen aber darüber hinweg, daß das Paar offenbar seit langem wirtschaftliche Probleme hatte, die auch innerhalb der Ehe zunehmenden Konfliktstoff boten. Sie warf ihrem Mann vor, er habe ihr Vermögen durchgebracht. Er hielt ihr entgegen, daß sie nicht genug arbeite. Belastend scheint für sie auch ihre Kinderlosigkeit gewesen zu sein, die ihr zwar erlaubte, Tagelöhnerarbeiten außer Haus anzunehmen, die in der ländlichen Gesellschaft aber auch ihrer Ehre und ihrem Selbstbild als Ehefrau abträglich war.

Da sie sich an der Schicht der reichen Bauern orientierte, lebte Abel in Konflikt mit der rauhen Wirklichkeit der Tagelöhner, die dem geringer werdenden Arbeitsangebot, sinkenden Löhnen und steigenden Preisen ausgesetzt waren. Um ihr Selbstbild nicht verändern zu müssen, suchte sie äußere Ursachen für ihre Verarmung. Sie glaubte, verhext zu sein. Da Zaubereivorwürfe in der Frühen Neuzeit ernst genommen wurden, eigneten sie sich auch, um das eigene Leiden zu artikulieren. Abel verbrannte nun Kleidungsstücke oder warf sie ins Wasser. Das verstand sie als magische Heilhandlungen, da Feuer und Wasser als reinigend galten. Auf diese Weise wollte sie das Leid ausmerzen. Auch zog sie einen Hexenbanner hinzu. Sie geriet damit in einen verhängnisvollen Kreislauf, weil die Zerstörung ihres ohnehin geringen materiellen Besitzes und die Kosten für den Hexenbanner die Verarmung weitertrieben. In einer Zeit der beginnenden Aufklärung begann ihre Umwelt, sie zunehmend als wahnsinnig anzusehen, zumal ihr unkonformes Handeln diesen Eindruck verstärkte. Abel erschien immer mehr als eine Gefahr für sich und ihre Umwelt.

Schließlich befand sich Abel in einem so zerrütteten Gemütszustand, daß ihr Mann bat, sie ins Tollhaus nach Glückstadt zu bringen. Nach einer Untersuchung ihres Zustandes geschah dies zum ersten Mal im Juli 1775. Bereits im August konnte sie wieder entlassen werden und kehrte zu ihrem Mann zurück. Um Weihnachten verließ sie ihn, im Mai verlangte sie beim Münsterdorfer Konsistorium die Scheidung. Ihre Ängste und Aggressionen konzentrierten sich nun ganz auf den Ehemann. Sie warf Peter Ehebruch und Mißhandlung vor, durchaus erfolgversprechende Scheidungsgründe, die sie allerdings nicht beweisen konnte. Ja, sie erschien nicht einmal zur Verhandlung vor dem Konsistorium. Peter Glashoff hielt trotz aller Anschuldigungen an der Ehe fest. Er beklagte sich nur über den Unterhalt, den er ihr zahlen mußte. Beide Seiten machten sich gegenseitig für ihren Zustand verantwortlich.

In jenem Jahr sah sich Peter Glashoff genötigt, die Kate zu verkaufen. Von den 600 Mark, die er dafür erhielt, blieben allerdings nur 25 übrig; der Rest ging für die Bezahlung von Schulden drauf. Abel Glashoff sah jetzt auch ihre Kuratoren und den Amtmann als schuldig an ihrem Zustand an, da sie den Verkauf der Kate nicht verhindert und ihr übel mitgespielt hätten. Als sie sich nicht mehr an soziale Hierarchien hielt und diese weit über ihr stehenden Personen zu schlagen drohte, mußte sie vollends als wahnsinnig erscheinen. Im Jahre 1777 lebte Abel bereits als Vagantin, hielt sich »bald hie, bald da« auf.[36] Sie übernachtete häufig in Scheunen, machte auch Schulden, für die ihr Mann aufkommen mußte. Nach der Entlassung aus dem Tollhaus fand sie kaum noch Arbeit, sie war durch Umherziehen und Tollhaus stigmatisiert, ihre Umgebung hatte Angst vor ihr und mied sie. So verschlechterte sich ihr Zustand weiter. Im Sommer 1777 wurde erneut ein Verfahren zur Einweisung ins Tollhaus eingeleitet. Auch im folgenden Jahr gab es Anklagen und Forderungen von ihr; sie war aber nicht mehr in der Lage, ihre Interessen irgendwie konsequent zu verfolgen.

Dann verlieren sich ihre Spuren. 1781 wurde sie auf Kosten der Armenkasse »in die Kost« gegeben,[37] am 14. Oktober jenes Jahres ist sie gestorben. Peter Glashoff gelang ein neuer Anfang. Im folgenden Jahr heiratete er erneut, und seine Tochter nannte er nach seiner ersten Frau, die er nicht aus seinem Leben verdrängen wollte, Abel.

Der Fall der Abel Glashoff zeigt deutlich einen Abwärtssog, der aus dem sozialen Abstieg erwuchs und diesen beschleunigte. Er ging bei ihr einher mit selbstzerstörerischen Handlungen, sie erschien ihrer Umwelt zunehmend als bedrohlich und unberechenbar, sie verlor ihre Einbindung in die dörfliche Gesellschaft. So geriet sie immer mehr an den Rand, und die wirklichen Ursachen ihrer Not verschwanden hinter einer Psychose, aus der sie keinen Ausweg mehr fand. Alle Bemühungen ihres Umfeldes wies sie zurück, bis sie von fast allen gemieden wurde und schließlich völlig zerrüttet starb.

Mit der Verarmung ging eine Brutalisierung des familiären Lebens einher. Opfer der Gewalt wurden meist Ehefrau und Kinder, die Menschen, mit denen der Arme die Not teilte und an denen er sich rieb. Vor allem aber waren sie in der bestehenden Ordnung als einzige schwächer, sie konnten sich am wenigsten wehren, und so konnte sich der sozial schwache Mann wenigstens ihnen gegenüber stark fühlen. 1846 hatte Gottfried Wegner in Kleinsolt 4 m Armengeld erhalten, 1847 5 m 4 $^1/_2$ ß. Dieser Gottfried Wegner war, wie Pastor Holt im Armenprotokoll notierte, »2 Male früher wegen der entsetzlichsten Völlerei und Mishandlung seiner Frau im Amtsgefängniß oder bei Wasser und Brod gewesen. [...] Nach der ersten Gefängnisstrafe wäre er $^1/_4$ Jahr ordentlich und gut gewesen, aber nach der zweiten Bestrafung durch Gefängniß wäre er fort ärger geworden als jemals«. Er riß »die Federn aus dem Bett«, schleuderte »das Feuer vom Herde rund herum und auf die Kinder« und schließlich machte er »einen Jungen von 10 Jahren durch häufiges Schlagen aufs Ohr schwerhörig«.[38]

Physische Gewalt gegen schwächere Familienmitglieder war vor allem eine Reaktion der Männer, Frauen reagierten weniger unmittelbar und für die damalige Gesellschaft oft völlig unverständlich. Dies belegt ein Beispiel aus dem Jahre 1864: »Es war dem Director durch den Hauswirth des Peter Petersen (›Böttcher‹) in Bistoftholz angezeigt worden, daß letzterer durch die Schwachsinnigkeit und Unordentlichkeit seiner Frau in die äußerste Armuth gerathen und mit seinen 3 Kindern von aller Leib- und Bettwäsche entblößt sei, so daß die ganze Familie sich nicht mehr rein zu halten vermöge und zu befürchten stehe, es werden die Kinder wegen Unreinlichkeit die Schule verlaßen müßen.«

Wieso paßte die Frau nicht besser auf die Wäsche auf? Stellt man sich die harten Lebensbedingungen dieser Tagelöhnerfamilie vor, die stets an den Grenzen der völligen Verarmung lebte, so war der Verlust der Wäsche für die Familie existenzbedrohend. Und genau darin liegt die mögliche Erklärung: Die Frau wollte die materiellen Zwänge einfach nicht mehr wahrnehmen. Sie verschloß sich vor der Realität und rebellierte gegen die Not, indem sie ihre Pflichten negierte. Statt die Wäsche zum tausendsten Mal zu reinigen und instandzusetzen, ließ sie sie verderben. Also eine hysterische Gegenreaktion. Ihre »Schwachsinnigkeit« mußte natürlich die bereits bestehenden Vorurteile bestärken, und entsprechend hart war die Reaktion. Man versuchte, die Kinder, wenn auch vergeblich, »bei guten Leuten umsonst unterzubringen«, also den Eltern zu entziehen.[39]

Wenn Leichtsinn, verschämte Anpassung, Trotzigkeit und Neurosen Reaktionen auf soziale Überforderung sein konnten, wenn die totale Verschließung in dieser Welt der letzte Ausweg aus allen Zwängen und einer erzwungenen Ordentlichkeit war, so versuchten andere Frauen doch, aus ihrer kärglichen Lage das beste zu machen.

Eine alte Frau

Im Herbst 1686 wurde Karn Jorstes der Zauberei verdächtigt. Sie war eine mittellose alte Frau. Ihr Anwalt führte später nicht nur ihr »hohes Alter«, sondern auch ihren »gantz kümmerlichen Zustand« als Milderungsgrund an.[40] Als alleinstehende und betagte Frau hatte Karn Jorstes nur geringe Möglichkeiten, sich in der ländlichen Gesellschaft des 17. Jahrhunderts ein Auskommen zu verdienen. Über Besitz und Rücklagen, auf die sie im Notfall hätte zurückgreifen können, verfügte sie offenbar nicht. Sie ist eine klassische Unterschichtsangehörige, die sich nur mit Gelegenheitsarbeiten, ihren Heil- und Zauberkünsten und notfalls auch Betteln irgendwie durchschlagen konnte. Ein plötzlicher Schicksalsschlag – in ihrem Fall der Hexenprozeß, in den sie verwickelt wurde – mußte diese fragile Existenz endgültig zerstören.

Über ihr Leben – und das anderer Frauen in ähnlicher Lage – ist nur das bekannt, was protokolliert wurde. Sie betätigte sich unter anderem als Heilerin, indem sie einen Segen sprach, den sie »vor langer Zeit von einem Bettelweibe erlernet« habe, als sie selber krank war.[41] Später habe sie sich auch selbst so kuriert. Sie erhielt für ihre Hilfe etwas Grütze und Brot, einmal eine Schürze. Diese Gaben wurden ihr um »Gottes willen« gegeben, das heißt, sie verstand sie als Almosen. Auch sonst bat sie an den Türen »offen um Almosen«.[42]

Der Fall zeigt einerseits die Möglichkeiten einer armen alten Frau, in der dörflichen Gesellschaft zu überleben. In einer Welt, in der es keine Ärzte und Apotheker gab und sich viele deren Dienste auch gar nicht hätten leisten können, bestand Bedarf nach Heilung, und hier konnte sie eine Nische finden. Sie hatte nicht nur volksmedizinische Kenntnisse, kannte Rezepte und Kräuter, sondern sie setzte zum Heilen auch magische Praktiken und Segenssprüche ein. Sie glaubte auch an die Macht der Unterirdischen; denn sie habe gesehen, »wie sie einsten ein Kind genommen«.[43] Magisches Denken war verbreitet, und offenbar stellte niemand die Zauberei als solche in Frage. Bettlern und Zigeunern wurden besondere Fähigkeiten im Bereich von Heilung und Magie zugeschrieben, und in der Tat behauptete Karn Jorstes ja, ihre Kenntnisse von einer Bettlerin gelernt zu haben.

Karn Jorstes war nicht eine »befreite« Frau mit medizinischem und magischem Wissen, sondern bloß eine arme alte Frau, die überleben wollte und der die dörfliche Gesellschaft einen Platz am Rande anbot, der ausgefüllt werden mußte. Sie war aber auch nicht nur passives Opfer einer ungerechten Gesellschaft, sondern sie nahm den angebotenen Platz zugleich aktiv an.

Karn Jorstes scheint sich im wesentlichen auf Heilzauber und Segnungen beschränkt zu haben. Ein Unrechtsbewußtsein fehlte, obwohl im Herzogtum Schleswig durch die Polizeiordnung von 1636 nicht nur das »Wicken« (Zaubern), sondern auch das »Böten«, das Heilen durch Beschwören der bösen Geister, die die Krankheit verursacht hatten, verboten worden war. In solchen Verordnungen kam der Anspruch der Obrigkeit zum Ausdruck, immer weitere Gebiete des täglichen Lebens zu kontrollieren, ohne aber eine andere medizinische Versorgung anbieten zu können. So blieb die dörfliche Bevölkerung weitgehend auf die alten Methoden angewiesen, nur daß diese jetzt kriminalisiert waren und der Obrigkeit die Möglichkeit zum Eingreifen boten. Tatsächlich sind die Hexenprozesse, gerade im Bereich der adligen Güter, als sozialdisziplinierende Maßnahmen der Obrigkeit gedeutet worden. Auch wenn solche Generalisierungen auf dem lokalen Gebiet kaum zum Verständnis der konkreten Situation beitragen, läßt sich doch erkennen, daß herrschaftliche Interessen eine Rolle spielten.

Die Fähigkeiten der alten Frau waren »auß dem gemeinen Gerüchte« bekannt; man sah in ihr »eine Meisterin zu helffen«.[44] Ihr Ansehen rührte daher, daß sie zwei Jahre zuvor in Rabenholz einen stummen Knaben geheilt hatte. Weitere Heilungen von kranken Menschen und auch von Vieh wurden angeführt. In Nadelhöft hatte sie ein Mädchen gesegnet und zugleich auch den Pferden geholfen – wobei aber auch bemerkt wurde, daß dafür die gesunden Pferde des Nachbarn erkrankt und vier von ihnen gestorben seien.

Da die Menge des möglichen Heils ebenso wie die des Besitzes in der Vorstellung der Bauern jener Zeit begrenzt war, konnte die Heilung der einen Pferde nur auf Kosten der anderen geschehen. Dies mußte Konflikte innerhalb der Nachbarschaft zur Folge haben. Karn Jorstes konnte ihrer Tätigkeit nur so lange ungestört nachgehen, bis sie in einen nachbarschaftlichen oder innerfamiliären Konflikt verwickelt wurde. Und wer heilen konnte, der konnte auch schaden. Deshalb holte Heilcke Claußen Karn, als sie Johan Buntzen – aus welchen Gründen auch immer – seiner Männlichkeit berauben wollte. Die arme Frau konnte sich solchem Ansinnen in ihrer Not kaum entziehen.

Neben die horizontalen Konfliktlinien in der ländlichen Gesellschaft traten die vertikalen zwischen Dorf, lokaler Obrigkeit und Landesherr. Was für die ländliche Bevölkerung Heilen und Helfen war, galt der Obrigkeit »ohne Zweiffel« als »teufflische Mittel«.[45] Hier wird ein gegenseitiges Nichtverstehen sichtbar, eine unterschiedliche Sprache von Volk und Elite, die zur Vermutung unterschiedlicher Kulturen geführt hat,[46] eher aber nur auf die verschiedenen Lebenswelten von studierten Juristen, die die Fragenkataloge für den Hexenprozeß entwarfen, und den wenig gebildeten Verhörten zurückzuführen ist. Im Umgang mit der Obrigkeit lauerten Gefahren, die gerade die Angehörigen der Unterschicht zur Vorsicht mahnten. Herrschaft war im Mittelalter vielfach die nackte Gewalt gegen die Untertanen. In der Frühen Neuzeit konnten die besitzenden Schichten zwar ihre Interessen einbringen und einen Konsens herstellen; die Unterschichten mußten sich aber diesem Interessenausgleich von dörflicher Oberschicht, Guts- und Landesherrschaft beugen. Die Angeschuldigten in einem Hexenprozeß waren dem Druck des Verhörs, eventuell der Folter ausgesetzt und so gezwungen, sich auf die Denkweisen der Oberschicht einzulassen – umgekehrt gab es keine Veranlassung dazu.

Zunächst bestritt Karn Jorstes die ihr zur Last gelegten Zaubereien: daß sie Johan Buntzen verhext und »daß Glück von Claus Hennings wehligen und mutigen Pferden auf [...] der Lenecken Pferden gebracht« habe.[47] Nicht aber leugnete sie die Heilung des kranken Kindes. Sie »habe dasselbe gesegnet und dabey einige ärgerliche Wörter außgesprochen«.[48]

Die adligen Güter gelten in Schleswig-Holstein als »Keimzellen« der Hexenverfolgung.[49] Gerade in jenen Jahren eskalierten auf einigen holsteinischen Gütern Hexenprozesse. Die Gutsherren hielten sich dabei mitunter nicht an die vorgeschriebenen Verfahren, was zum Einschreiten des Landesherrn führte. Das Verfahren gegen Karn Jorstes wurde dagegen erstaunlich korrekt geführt.

Henning Rumohr holte, wie es die Peinliche Halsgerichtsordnung Kaiser Karls V. vorschrieb, eine Rechtsbelehrung der Universität Kiel ein, und er folgte ihr. Diese Überkorrektheit ist auffallend, denn die *Carolina* konnte im Herzogtum Schleswig, das nicht zum Deutschen Reich gehörte, eigentlich gar nicht gelten. Die korrekte Durchführung eines so schwierigen Verfahrens, wie es ein hochformalisierter Hexenprozeß erforderte, hatte vor allem den Zweck, die Zuständigkeit des Gutsherrn als Obrigkeit unter Beweis zu stellen. Ein Hexenprozeß war stets aufsehenerregend und bot nicht nur die Möglichkeit, die Herrschaft gegenüber den Untertanen zu inszenieren, sondern sollte auch dem absolutistischen Landesherrn, der danach trachtete, die Befugnisse des Adels zu beschränken, beweisen, daß der Gutsherr durchaus in der Lage war, einen so komplizierten Prozeß korrekt zu führen. Deshalb mußte am Ende auch nicht unbedingt der Scheiterhaufen stehen. Karn Jorstes wurde zu einer Stunde Halseisen verurteilt und aus dem Herzogtum verwiesen.

Die Landesverweisung in Hexenprozessen, die nicht zu einem Todesurteil führten, hatte mehrere Seiten. Einerseits entfernte sie einen potentiellen Störfaktor aus der engen dörflichen Welt und konnte damit die Ordnung wiederherstellen. Zugleich befreite sie den Gutsherrn von der Fürsorgepflicht gegenüber der armen alten Frau. Ein Hexenprozeß traf stets eher eine randständige Frau wie Karn Jorstes als eine besser situierte. Auf Fehmarn wurde eine Prozeßserie eingestellt, als auch die Reicheren besagt wurden.

Andererseits wurde Karn Jorstes aus ihrem sozialen Umfeld gerissen. Hatte sie bislang noch zur seßhaften Unterschicht gehört und durch irgendwelche Arbeiten, durch Betteln, Segnen und Heilen ein schlechtes Auskommen gefunden, so verlor sie den Kontext der Beziehungen und des Gerüchts, der ihr das Überleben garantiert hatte. Es mußte, gerade aufgrund des Prozesses, schwierig für sie werden, irgendwo ein neues soziales Umfeld zu finden. Wahrscheinlicher war ein Schicksal auf der Straße, als vagierende Bettlerin. Hatte sie vorher schon ganz am Rande der dörflichen Gesellschaft gelebt, so waren jetzt auch noch diese wenigen Bindungen gekappt worden. Für die alte Frau öffnete sich ein noch tieferer sozialer Abgrund.

Frauen auf der Straße

Nicht wenige Frauen mußten sich am Rande der Gesellschaft, halb- oder gar nicht mehr seßhaft, mit Handarbeiten oder Hausieren irgendwie ernähren. Besonders schwer hatten es jüdische Frauen wie jene vier, deren Männer 1764 bis 1768 in Flensburg in einen Prozeß verwickelt wurden. Die Männer waren entweder als Hausierer unterwegs gewesen oder saßen wegen Diebstählen im Gefängnis; so mußten Sara, Ester, Thobe und Hanna sich die meiste Zeit allein durchschlagen.

Auch die jüdischen Gemeinden versorgten im 18. Jahrhundert nur noch ihre ortsansässigen Armen; fremde wurden maximal eine Nacht beherbergt und erhielten ein Zehrgeld. Bevölkerungswachstum und Vertreibungen aus Osteuropa ließen im 18. Jahrhundert die Zahl der Juden sich zum Beispiel in Deutschland verdreifachen. 10 bis 25 % von ihnen lebten ohne festen Wohnsitz. Aufgrund der vielen Beschränkungen, die ihnen auferlegt waren, bewegten sie sich schon als Hausierer meist in der Illegalität. In vielen Regionen gab es nicht einmal genug Juden, um überhaupt feste Gemeinden aufzubauen. Ein Beispiel ist Flensburg, wo ein soziales Netzwerk fehlte und die Juden eine Lebensweise entwickeln mußten, welche »losgelöst von festen Bindungen an eine jüdische Umgebung« funktionierte.[50] Wenn das familiale Umfeld ebenfalls keine Absicherung bot, wurden die Kontakte zum nichtjüdischen Umfeld um so wichtiger.

Das Leben wurde zwar durch die Restriktionen beschränkt, die es für Juden gab, doch machten sich diese nur indirekt über die Strukturen bemerkbar. Die jüdische Herkunft dieser Frauen spielte kaum noch eine Rolle, weder für die Menschen, mit denen sie konkret umgingen, noch für sie selbst, da sie die Regeln einer »bürgerlichen«, integrierten Gesellschaft ohnehin nicht einhalten konnten. Sie orientierten sich wie ihr Umfeld an christlichen Feiertagen.

Um auf der Straße zu überleben, war ein Netz von Beziehungen besonders wichtig, und um dieses aufzubauen, spielte wiederum der eigene Leumund eine nicht unwichtige Rolle. Indem die Hausiererin über Jahre bei den gleichen Kundinnen verkaufte, entstanden informelle Beziehungen speziell zu Frauen, und so ließen sich die gesetzlichen Beschränkungen des weiblichen Hausierhandels umgehen. Das gleiche gilt für Gelegenheits- und Saisonarbeiten, aber auch für das Betteln, das das Einkommen vagierender Frauen unter Umständen ergänzte. Geld gewann gerade für die Ärmsten eine besondere Bedeutung, im konkreten und im symbolischen Sinn. Die württembergische Hausiererin Anna Maria Blocher schuf kurz nach 1800 durch das Verleihen von Geld Abhängigkeiten, die ihr eine Art soziales Netz bildeten. Leute, die ihr Geld schuldeten, nahmen sie im Winter oder bei Krankheit auf. Das Geld, mit dem sie unterwegs für Unterkunft und Aufnahme zahlte, machte sie zudem auch als eigentlich randständige Vagantin »sozial akzeptabel«.[51] Eine andere Vagantin sicherte sich mit Hilfe der Verfügungsgewalt über das Geld ihre Position gegenüber den erwachsenen Töchtern. Die 25jährige Tochter durfte zwar Geld und Nahrungsmittel beschaffen, aber nicht mitbestimmen.

Drei Arten des Erwerbs scheinen bei den vier Flensburger Jüdinnen vor allem zum Unterhalt beigetragen zu haben: das Hausieren, das Verpfänden von Kleidungsstücken und das Borgen von Geld. Die Herkunft der verpfändeten oder verkauften Gegenstände bleibt dabei oft im dunkeln. Wenn sie sie nicht selbst gestohlen hatten, so waren Hausieren und Verpfänden doch ein einfacher Weg der Hehlerei, und sowohl die Jüdinnen als auch die anderen Beteiligten konnten von solchen Geschäften profitieren (weshalb letztere die Jüdinnen in den Prozessen denn auch meist deckten).

Zur Ökonomie der knappen Güter gehörte das Verpfänden von Kleidungsstücken. Nicht nur für die Juden, sondern auch für die einheimische Bevölkerung scheint die Pfandleihe ein einträgliches Geschäft gewesen zu sein. Auf diese Weise konnte man sich nicht nur Bargeld verschaffen, sondern auch Besitz während des Umherziehens zwischenlagern. Dies konnte bei professionellen Pfandleihern passieren, es konnte aber auch informell geschehen, indem zum Beispiel bei der Abreise in einem Wirtshaus als Sicherheit für eine offenstehende Rechnung ein Teekessel und eine Kaffeekanne zurückgelassen wurden. Während professionelle oder nebengewerbliche Pfandleiher auf ein Gleichgewicht des Gebens und Nehmens achteteten, wurden Bekanntschaften oft einseitig ausgenutzt; denn zum Überleben mußten auch die alltäglichen Kontakte materiell genutzt werden. Für Vagantinnen ließen sich Bekanntschaften gerade zu Frauen der Unterschicht leicht knüpfen, und oft ließen sich diese Frauen erstaunlich schnell dazu bringen, Dienstleistungen zu verrichten (etwa Strümpfe zu stricken) oder Geld zu leihen. Man stieg unterwegs in Krügen oder bei Bekannten ab, die selbst nur zur Miete wohnten. Offensichtlich war es relativ leicht, hinreichend Vertrauen aufzubauen. Bitten und Versprechungen reichten dann aus. Mitunter wurde zur Herstellung von Vertrauen erst ein Pfand gegeben, dieses später wieder zurückgelockt, so daß dem geliehenen Betrag kein Gegenwert mehr gegenüberstand. Vielleicht wurde auch ein Teil des Geldes bezahlt, immer blieb aber ein Rückstand, zuweilen konnte man sogar noch mehr leihen.

Man fragt sich, ob die »ausgenutzten« Frauen so naiv waren, daß sie mit einer Rückzahlung ernsthaft rechneten oder sich gar einen Gewinn versprachen. Genauso kann Mitleid eine Rolle gespielt haben oder Bewunderung für Frauen, die sich so ganz ohne soziales Netz allein durchschlagen mußten. Es blieb für die Jüdinnen aber immer auch das Risiko der Denunziation, wenn sich eine Frau zu sehr übervorteilt fühlte.

Für die Jüdinnen, die in ihrer Lage von Hilfe abhängig waren, hatte das Auswirkungen auf ihren Umgang mit anderen Menschen. Einerseits waren sie frei in der Wahl ihrer Beziehungen, andererseits wurde der Kontakt jedoch leicht von der Suche nach materiellem Vorteil bestimmt, und daraus konnten Loyalitätskonflikte erwachsen, die letztlich ein Hindernis für wirkliche Freundschaften bildeten. Immer mußte bei ihrem Gegenüber ein Vorbehalt bestehenbleiben angesichts der Furcht, übervorteilt zu werden.

Das Leben dieser Unterschichtsfrauen war von den äußeren Bedingungen bestimmt. Sie waren auf Improvisationen angewiesen. Der vielleicht positiven Ungebundenheit stand der Mangel an Geborgenheit gegenüber. Die Härte des Lebens wurde aber wettgemacht durch manche kleinen Freuden des Augenblicks, die um so mehr genossen wurden: das geglückte Geschäft, das beschaffte Stück Fleisch, die Kaffeebohnen. Sara sprach durchaus von dem »Spaß«, den sie gehabt habe.[52] In dieser Form war das Leben allerdings nur ohne Kinder möglich. Geburten erfolgten unterwegs unter provisorischen Bedingungen, so unvorbereitet und so verborgen, daß man sich fragen kann, ob der Tod der Neugeborenen nicht bewußt einkalkuliert war.

Der sozialen Absteigerin, die die Tricks noch nicht kannte oder sie ablehnte, fiel ein Leben unter diesen Bedingungen schwerer als denen, die bereits in sie hineingeboren waren. Häufig erscheinen vagierende Frauen freilich ökonomisch unabhängiger und selbständiger als bäuerliche oder bürgerliche Frauen. Ihr Leben auf der Straße war aber auch bedrohter. Oft bildeten zwei Frauen deshalb eine Kleingruppe, oder sie lebten zu ihrem Schutz mit einem Mann zusammen. Da kein Besitz oder Status zu sichern war, galten auch die sozialen Faktoren nicht, die das generative Verhalten der Seßhaften bestimmten. So waren nichtseßhafte Frauen bei der Geburt ihres ersten Kindes vier bis sechs Jahre jünger als seßhafte. Außerdem hatten sie doppelt so viele Geburten während der Zeit ihrer Fruchtbarkeit. Diese abweichende Lebensweise war ein Grund, warum fahrende Frauen pauschal der Prostitution verdächtigt wurden. Aber Betteln und Prostitution lagen in der Tat dicht beieinander.

Prostitution

Schon von den Zeitgenossen wurde Armut immer wieder als die wichtigste Ursache dafür genannt, daß Frauen sich verkauften. Aber weitere Faktoren mußten hinzukommen. Die Mädchen waren meistens alleinstehend und schutzlos, in der Regel jung. So betrug das durchschnittliche Einstiegsalter der Prostituierten in Dijon 17 Jahre. Da Zuhälter und Frauenwirte immer einen Mangel an Frauen hatten, wurden naive oder in Not geratene Mädchen mitunter gewaltsam verschleppt. Junge Frauen vom Lande wurden mit dem Versprechen auf eine Anstellung als Dienstmädchen in die Stadt gelockt, dann aber in ein Bordell verkauft. Solche Fälle sind zum Beispiel bereits für das Jahr 1400 aus Straßburg überliefert. Auch nutzten Arbeitgeber die Not arbeitsloser Frauen aus. Als Margaretha Neugruberin 1586 auf dem Heumarkt in Nürnberg eine Stelle antreten wollte, machte der Wirt sie so betrunken, daß sie später nicht mehr anzugeben vermochte, »wie offt er aber mit ir zu thun gehabt«.[53] Als sie schwanger wurde, bestritt er die Vaterschaft mit dem Argument, daß sie keine Jungfrau mehr gewesen sei.

Mit Zwang oder Tricks oder einfach durch Armut wurden die Frauen dazu gebracht, sich zu prostituieren. Zugleich wurden wirtschaftliche Abhängigkeiten hergestellt, so daß sie sich dem Zuhälter nicht mehr entziehen konnten. In Nördlingen führten 1513 zwei Frauen ein Mädchen ins Frauenhaus, spiegelten ihr vor, es sei ein redlicher Ort, erklärten, daß sie auf den Markt gehen wollten, kehrten aber nicht zurück. Als das Mädchen fortgehen wollte, erklärte ihr der Frauenwirt, er habe den Frauen drei Gulden geliehen, und er ließ sie nicht fortgehen, ehe sie dieses Geld »abgearbeitet« hatte: »Sie bezalte im dann dieselben, unnd het sie also lanng behalten und darzu gepracht, das sie einem jeden seins Willens wie annder gepflegt hat.«[54] Die niedere Rechtsstellung der Prostituierten, ihre zunehmende Marginalisierung und Kriminalisierung verwehrte ihnen zumeist die Hilfe der Obrigkeit.

Auch blühte der Frauenhandel. So »lieferte« 1480 der Zuhälter Endris Hofstetter Frauen nicht nur nach Augsburg, sondern auch nach Lauingen. Besonders wenn Frauen aus dem Bordell zu fliehen versuchten oder die Obrigkeit einschalteten, wurden sie von den Frauenwirten gewaltsam in andere Häuser verbracht.

In der Frühen Neuzeit begegnen uns im wesentlichen vier Typen von Prostituierten: die Gelegenheitsprostituierten, die sich nur in Zeiten der Not oder bei besonderen Gelegenheiten verkauften; die freien professionellen Prostituierten, die sich in bestimmten Vierteln der Städte auf den Straßen oder in Wirtshäusern anboten; die vagierenden Prostituierten, die den Märkten, Messen und Heeren folgten; schließlich die Prostituierten, die in privaten oder städtischen Bordellen tätig waren.

Die Übergänge waren allerdings fließend. Margaretha Neugruberin verbrachte 1586 nur eine Nacht für Geld mit einem Mann, weshalb die Obrigkeit bereits befand, sie habe »mit anders nichts als nur Hurerey sich erneret«.[55] Oft führte der Weg über die Gelegenheitsprostitution in die professionelle Prostitution und ins Bordell.

Anna Bachmairin war 1528 zwei Jahre als Gelegenheitsprostituierte in Augsburg tätig gewesen. Zunächst war sie einem Mann für einen sehr hohen Betrag zu Willen gewesen, später ließ sie sich von einem Knecht oder auch anderen Frauen Freier zuführen. Auch wurde sie von einer Bekannten an einen Bauern vermittelt, der ihr den ganzen Tag dörfliche Freier zuführte. Eine Frau stellte ihr Haus zur Verfügung, wo Anna Männer empfing, mit ihnen trank und mit ihnen schlief. Von solchen Treffen profitierten auch die Kupplerinnen. »Was sy mit ain ander gehanndelt, das wiß sy nit«, sagte die Hausbesitzerin aus. Anna betrieb die Prostitution in ihrer Heimatstadt, ohne daß selbst ihre Eltern davon erfuhren, »dan es sey nymanndt zu ir in irs Vaters Haws komen«.[56]

Erfolgreiche Geheimhaltung war aber schwierig. Voraussetzung und Folge der Prostitution war die Lösung aus den Familienverbänden, die eine strenge soziale Kontrolle boten. Entsprechend konnte die Prostitution mit dem Aufblühen der Städte seit dem Hohen Mittelalter ebenfalls einen Aufschwung nehmen, und sie blieb immer eher ein Problem der Städte als der ländlichen Gebiete. Die meisten Prostituierten stammten aber nicht aus den Städten selbst, sondern aus der näheren Umgebung, manchmal auch aus entfernteren Gegenden. Im französischen Dijon waren unter 146 Prostituierten nur 38 einheimische Frauen. Von 48 Augsburger Prostituierten stammte aber die Hälfte aus der Stadt selbst.

Versteht man heute unter Prostitution sexuellen Verkehr, der zur Deckung des Lebensunterhalts betrieben wird, so reichte in Mittelalter und Früher Neuzeit bereits Promiskuität, um als Prostituierte zu gelten. Als die Pestzüge seit Mitte des 14. Jahrhunderts die hergebrachte Ordnung durcheinanderbrachten, versuchte man den äußeren Erschütterungen innere Stabilität entgegenzusetzen, und man suchte die Mißstände, die den Zorn Gottes hervorgerufen hatten. Seit dem 14., besonders aber im 15. Jahrhundert versuchten die Städte in Deutschland, Frankreich, Italien, Spanien, seltener auch in England, die Prostitution dadurch zu kontrollieren, daß sie sie in städtischen Bordellen, den sogenannten Frauenhäusern, monopolisierten. Aber auch hier war die Prostitution nie wirklich in die städtische Gesellschaft integriert, sondern sie war gerade noch geduldet, dabei aber auch verachtet. Besonders um 1400 gab es in Süddeutschland, Frankreich und Italien eine Gründungswelle. Insgesamt lassen sich im deutschsprachigen Raum in nicht weniger als 107 Orten Frauenhäuser in städtischem Besitz nachweisen, meist gab es nur eines in der Stadt. Lediglich der Norden Deutschlands blieb davon weitgehend ausgenommen; hier gab es überhaupt nur in Hamburg, Lübeck und Greifswald städtische Frauenhäuser.

Die Monopolisierungsversuche waren aber nicht allzu erfolgreich. Ein Großteil der Prostitution spielte sich weiterhin außerhalb der Frauenhäuser ab. Nach einer Aufstellung der Stadt Straßburg gab es dort im Jahre 1469 insgesamt 70 Prostituierte, davon lebten aber nur sechs im städtischen Frauenhaus; 41 »arbeiteten« in 14 Privatbordellen und 23 weitere »wellent nit offen Huren sind«, waren also Gelegenheits- oder freie Prostituierte.[57] Hinzu kamen noch die vagierenden Prostituierten, die in solchen Aufstellungen nicht enthalten sind. In Nürnberg und Regensburg war der Anteil der Frauenhausprostituierten immerhin etwas höher; aber auch in Nürnberg sollen 1492 zwischen 65 und 71 Frauen in elf privaten Bordellen tätig gewesen sein.

Daß die Prostitution selbst in den städtischen Bordellen den Weg vom Regen in die Traufe bedeutete, veranschaulicht die Aussage einer Prostituierten aus Nördlingen. Anna von Ulm beschrieb darin die Lebensbedingungen im Frauenhaus. Die Frauen waren in der Regel dem städtischen Bordellpächter (»Frauenwirt«) gegenüber so verschuldet bzw. wurden von ihm über Schulden gezielt dermaßen in Abhängigkeit gebracht, daß ihnen weder irgendein Gewinn verblieb noch sie das Bordell wieder verlassen konnten. So schuldete Anna dem Frauenwirt bereits 23 Gulden. Kleidung mußte sie bei ihm zu völlig überhöhten Preisen kaufen: »Es sey Gewand oder anders, das einen halben Gulden oder ainen Gulden wertt sey, so geb er ihnen das umb zwey, drey oder vier Gulden.« Die Frauen in den Bordellen mußten grundsätzlich ein Drittel ihrer Einkünfte abgeben, vom Rest auch Wäsche und Bad bezahlen. Zusätzliche Einnahmen von großzügigen Freiern mußte Anna ganz abgeben. Selbst während der Menstruation oder an Feiertagen wurden die Frauen in Nördlingen gezwungen, Freier zu empfangen, weigerten sie sich, »so werden sie übel gehandelt«. Der Ausgang, selbst zum Kirchgang, wurde ihnen verweigert, »damit das sie ihre Narung nit gewinnen können«. Auch erhielten sie nur unzureichende Kleidung, damit sie nicht fortlaufen konnten. Die mitgebrachte Kleidung war Anna abgenommen und bei einem jüdischen Trödler versetzt worden. Sie beklagte, daß sie »kain Unterhemd« habe und ihr die Wirtin auch keins geben wolle, weshalb »sie sich schwer kann bedecken«. Wer sich dem nicht fügte, den schlug der Frauenwirt »mit ain Farrenzagel« (Ochsenziemer).[58]

Das geschilderte Beispiel ist kein Einzelfall. »Trotz vielerorts verbrieftem Recht auf Freizügigkeit und Schutz vor Übergriffen gegen ihre Person waren die Prostituierten des Frauenhauses in der Regel dem Frauenwirt ausgeliefert und standen in einem sklavenartigen Abhängigkeitsverhältnis«, konstatiert Peter Schuster.[59]

Ein sozialer Aufstieg war über die Prostitution nur in den seltensten Fällen möglich. Wenn wir die Prostituierten in den Vermögenssteuerlisten der Städte finden (was nur selten überhaupt der Fall ist), so gehörten sie wie zum Beispiel in Basel 1454 der untersten Steuerklasse an. Ein Entweichen aus den Bordellen war schwierig. Oft mußten die völlig unbemittelten Frauen auf städtische Kosten eingekleidet und zunächst auch beköstigt werden. Im Alter drohte ihnen Armut. Selbst wenn sie heiraten konnten, so entkamen sie zwar der Prostitution, blieben aufgrund ihrer Vergangenheit aber doch stets in den niederen Bereichen der Unterschicht. Gerade die Zünfte, die unter dem Begriff der »Ehre« seit dem Spätmittelalter ein eigenständiges Wertesystem entwickelten, verhinderten die Heirat mit ehemaligen Prostituierten. Potentielle Ehemänner waren meist nur Knechte oder Gesellen, die selbst am Rande der Gesellschaft lebten, wie etwa der Nürnberger Nadler Simon Sendler, der 1489 berichtete, er habe »ain gemain Fraw uß dem Haus genommen«, bald darauf aber wegen einer Gewalttat aus der Stadt verwiesen wurde und sich nun mit seiner Frau als Vagant auf der Straße durchschlagen mußte.[60]

Auch wurde ehemaligen Prostituierten meist das Bürgerrecht verweigert. Einige Frauen schafften es immerhin, selber Leiterin eines Privatbordells zu werden. In Köln gelang Ende des 16. Jahrhunderts dem Dienstmädchen Ursula Judin der Aufstieg von der ledigen Mutter über die selbständige Straßenhure zur Kupplerin und schließlich zur fast ehrbaren Hausbesitzerin. In Hamburg hinterließ 1467 eine Prostituierte nicht weniger als 124 Pfund – soviel wie alle städtischen Einnahmen aus den Hamburger Bordellen in vierzehn Jahren.

Wie die Almosen im Spätmittelalter zum eigenen Seelenheil beitrugen und dem Bettler deshalb eine wichtige gesellschaftliche Funktion zukam, so auch der Prostituierten, die die Triebe der unverheirateten Männer kanalisierte und von den verheirateten Frauen fernhielt. Dafür erhielten die im Frauenhaus lebenden Prostituierten als gesellschaftliche Wiedergutmachung zum Beispiel auf Hochzeiten Speisen und Getränke. Auf diese Weise erkannte die Gesellschaft ihre Funktion an und machte die soziale Ächtung zumindest symbolisch wieder gut. Die Gaben zeigen zudem, daß man ihre Not durchaus kannte.

Wie im Umgang mit Bettelei und Armut findet sich ein erster Bruch in der zweiten Hälfte des 14. Jahrhunderts. Die Monopolisierung und Kontrolle der Prostitution verlief im wesentlichen parallel zu den ersten Bettelordnungen und der Gründung eines ersten Irrenhauses, der Hamburger Tollkiste (1375). In Luzern wurde bereits 1318 ein städtisches Frauenhaus eingerichtet, in Venedig 1360 das »Castelletto«, in Tarascon wird 1374 ein Frauenhaus erwähnt, in Toulouse wurde eines zwischen 1363 und 1372 in Betrieb genommen, in Nürnberg 1381, in Dijon 1385. Zugleich setzte eine verstärkte Stigmatisierung und Marginalisierung der Prostituierten ein. So wurden seit dem 14. Jahrhundert auch spezielle Kleidervorschriften für Prostituierte erlassen. Meist enthielten sie das Verbot, ehrbare Kleidung oder Schmuck zu tragen, oft war auch Seide verboten. Dabei wurde ihnen vielerorts vorgeschrieben, einen gelben Streifen oder Schleier zu tragen (zum Beispiel in Hamburg 1445), oder der Schleier hatte rot zu sein, wie etwa in Köln 1389.

Das Verbot von Luxuskleidung und Schmuck wies den Prostituierten äußerlich sichtbar ihren Platz am unteren Ende der Gesellschaft zu, die gelbe Farbe war als Judenfarbe besonders infamierend und rückte sie sozial vollends ins Abseits. Die Häufung derartiger Verordnungen besonders in der zweiten Hälfte des 15. Jahrhunderts spiegelt nicht eine Zunahme der Prostitution, die Kleidervorschriften intendierten vielmehr eine »Verfestigung der vertikalen Struktur der Gesellschaft«,[61] die durch soziale Veränderungen in Bewegung geraten war. Das Bild der Dirne wandelte sich in dieser Zeit von der Verführten hin zur geldgierigen Verführerin. Da gerade die besondere Bekleidung und die Kennzeichnung der Prostituierten ihnen auch den Kontakt zu potentiellen Kunden erleichterten, verloren diese Stigmata bald wieder an Bedeutung.

Ein zweiter Bruch im Umgang mit der Prostitution findet sich kurz nach 1500. Die Politik suchte eine Ursache der demographischen und wirtschaftlichen Krisensymptome, und sie fand sie in der Unmoral. Gerade die Prostituierten erschienen jetzt als Repräsentantinnen der Sündhaftigkeit. Hatten sich die Frauenwirte der städtischen Bordelle bereits Ende des 15. Jahrhunderts öfter über die freie Konkurrenz beschwert und sich dazu oft moralisierender Argumente bedient, so gab es jetzt in vielen Städten Razzien, die darauf zielten, die freie Prostitution ganz zu unterbinden. Anfang des 16. Jahrhunderts hoben in Nürnberg die Prostituierten des Frauenhauses mit Genehmigung des Rates ein Privatbordell aus, 1538 führten sie freie Prostituierte mit Gewalt ins Frauenhaus. Während sich die Frauenwirte auf diese Weise lästiger Konkurrenz entledigten und auch die Ankaufkosten für Prostituierte sparten, ging es der Obrigkeit vor allem darum, Jungfrauen, Bürgertöchter und Ehefrauen vor gewaltsamer Verführung zu schützen. Indem Trinkstuben, Wirtshäuser oder Festveranstaltungen für die Prostitution verboten wurden, sollten die vagierenden Prostituierten aus dem Stadtbild vertrieben werden.

Schließlich gerieten aber die Frauenhäuser selbst in den Sog der Entwicklung. Es kam zu gewaltsamen Übergriffen der Bevölkerung gegen diese Einrichtungen. So mußte die Stadt München 1498 46 Tage lang 35 Wächter aufbieten, um das Frauenhaus zu schützen. 1507 kam es in Überlingen zu Zwischenfällen, 1524 in Konstanz, 1519, 1522, 1524/25 in Würzburg, wo »etlich Hoker und Metzler« das Frauenhaus stürmten und die Prostituierten und übrigen Anwesenden systematisch verprügelten.[62]

Reformation und Gegenreformation bewirkten schließlich das Ende der Frauenhäuser. Wie die Bettler als Müßiggänger galten, »die andere zur Faulheit anstifteten«, so sah man in den Prostituierten nun vor allem »Anstifterinnen zur Ausschweifung«. Die Nördlinger Zuchtordnungen befürchteten, daß die Laster der Menschen Gott veranlassen würden, »das er die Welt durch seinen grausamen Zorn zum Tail vertilgen« werde.[63] Verheiratete Frauen befürchteten, wenn sie sich in Eingaben über Prostituierte beschwerten, viel praktischer, daß die Ausschweifungen ihrer Männer die ganze Familie in Armut stürzten. Zuerst wurden, ausgehend von den reformierten Städten, zwischen ca. 1520 und 1591 sämtliche Frauenhäuser im deutschsprachigen Raum geschlossen; Italien und Südfrankreich folgten seit Beginn der zweiten Jahrhunderthälfte, zuletzt seit 1623 auch Spanien. In der Regel zeigte die Obrigkeit bei solchen Maßnahmen aber wenig Eigeninitiative, sondern sie reagierte mit ihren Verordnungen auf Beschwerden, denen oft bestimmte Interessen zugrunde lagen, oder auf lokale Ereignisse. So führte in Nürnberg 1562 ein Pestzug zur Verschärfung der Sittengesetzgebung, und in diesem Zusammenhang wurde dort auch das Frauenhaus geschlossen.

Besonders zwischen 1550 und 1700 verschärfte sich die sexuelle Repression. Die bestehende Nachfrage bewirkte freilich, daß es weiterhin freie Prostitution und Privatbordelle gab – nur daß sie jetzt kriminalisiert und kaum noch zu kontrollieren waren. So soll es in Wien nach der Schließung der Frauenhäuser in der zweiten Hälfte des 16. Jahrhunderts über fünfzig Privatbordelle gegeben haben. In Köln gingen Frauen auf der Domtreppe und unter den Bögen am Kloster St. Mariengarden auf den Strich, oder sie boten sich zum Beispiel in der Herberge »Zum Buck« an. Peter Hansen Hajstrup berichtet, wie er 1644 von einem Kameraden in Amsterdam in eine Herberge geführt wurde, die sich dann als »Hurhauß« erwies.[64] Auf dem Lande blühte die Prostitution der Fahrenden. Bei Graft in den Niederlanden wurden 1676 sechs Personen festgenommen: ein Zuhälter und fünf Frauen zwischen 18 und 23 Jahren, die für ihn anschafften. In der Regel stiegen sie zu diesem Zweck auf bestimmten Höfen, in Hirtenhäusern oder Wirtshäusern ab, deren Besitzer von diesem Geschäft nicht wenig profitierten.

In Norddeutschland ging man bereits im 16. Jahrhundert mit Schandstrafen gegen Prostituierte vor, man stellte sie zuerst 1537 in Hamburg öffentlich am Pranger zur Schau, später führte man auch Auspeitschungen und Brandmarkungen ein. Im 17. Jahrhundert breitete sich diese Vorgehensweise auch nach Süddeutschland aus.

Hurerei gehörte in den Städten zu den am häufigsten bestraften Vergehen. Einmal aus der Stadt ausgewiesen, blieb den Frauen oft nur noch das Leben auf der Straße, wobei umherziehende Frauen jetzt pauschal als »Huren« angesehen wurden.

Mit der Kriminalisierung von Prostitution und Unzucht ging auch eine verschärfte Diskriminierung lediger Mütter und unehelicher Kinder einher. Seit dem 15. Jahrhundert setzten die städtischen Räte die Verbindlichkeit der Ehe durch, und seit Ende des 15. Jahrhunderts wurden alle außer- und vorehelichen Beziehungen unter Strafe gestellt. Weibliche Ehre wurde zunehmend sexuell definiert. Dabei war das Gerücht von entscheidender Bedeutung. Wenn eine Frau in schlechten Ruf geriet, konnte das ihre Heiratschancen genauso minimieren wie die Chance, ein gebrochenes Heiratsversprechen einzuklagen.

Illegitimität

War die Lage einer alleinstehenden Frau schwierig, so bot die Heirat einen Ausweg, der nicht nur sozial anerkannt war, sondern auch wirtschaftliche Sicherheit versprach. Ein Problem war dabei, daß es während der Frühen Neuzeit einen strukturellen Frauenüberschuß, also weniger Männer gab. Um den sozialen Status zu bewahren, mußten beide Partner einen ihrer Schicht entsprechenden Besitz in die Ehe einbringen, was die Partnerwahl entsprechend eingrenzte.

In Europa westlich der Linie St. Petersburg – Triest war die Heirat erst mit der Gründung eines eigenen Haushalts möglich. Frauen heirateten erst ab Mitte Zwanzig. In wirtschaftlich ungünstigen Zeiten stieg das Heiratsalter oft noch weiter an. Viele fruchtbare Jahre fielen auf diese Weise aus, so daß sich die Zahl der möglichen ehelichen Kinder reduzierte. Gerade Angehörige der Unterschicht blieben lange oder ganz von der Eheschließung ausgeschlossen. So durften Dienstboten und Soldaten entweder gar nicht oder nur mit besonderer Erlaubnis heiraten. Im Handwerk herrschte die Regel, daß man erst heiraten konnte, wenn man Meister wurde und den

Betrieb übernahm. Die relativ lange Phase zwischen Geschlechtsreife und Verheiratung war eine Ursache unehelicher Geburten, eine Ursache der Illegitimität.

Im ausgehenden 16. Jahrhundert war der Anteil der unehelichen Kinder am höchsten, sank dann auf einen Tiefststand im 17. und zu Anfang des 18. Jahrhunderts ab. Im letzten Drittel des 18. Jahrhunderts nahm die Illegitimität im ganzen Abendland dann plötzlich rapide zu. In Würzburg hatte das Verhältnis von unehelichen zu ehelichen Kindern im ersten Viertel des 18. Jahrhunderts noch 1:37 betragen und selbst im dritten Viertel lag es bei 1:28,3; im letzten Viertel stieg der Anteil dann auf 1:13,5. In anderen Regionen war die Entwicklung nicht anders. Im Herzogtum Schleswig stieg das Verhältnis von unehelichen zu ehelichen Kindern zwischen 1787 und 1815 von 1:33 bis 1:40 auf 1:18, in Holstein von 1:24 auf fast 1:13.

Seit Beginn der Frühen Neuzeit war das Problem der illegitimen Schwangerschaften auf das Problem der Sittlichkeit reduziert worden. Die Ordnung wurde für das Dorf wiederhergestellt, indem geklärt wurde, wer der Vater des Kindes war. Der Obrigkeit reichte dies jedoch nicht mehr aus, sondern sie kriminalisierte nichteheliche Sexualität mit Schand- und Geldstrafen. Besonders arme Frauen, die sich nicht mit Geld oder Fürbitten dieser Schande entziehen konnten, wurden noch im 18. Jahrhundert mit Pranger und Halseisen bestraft. Seit den 1750er Jahren gab es nur noch Gefängnisstrafen, erst Ende des Jahrhunderts ließ das Verfolgungsinteresse nach. Die Ehebeschränkungen, die zunächst nur für bestimmte Bevölkerungsgruppen wie Soldaten oder Dienstboten gegolten hatten, wurden seit Ende des 18. Jahrhunderts auf immer weitere Bevölkerungsgruppen ausgedehnt. Sie sollten die Vermehrung der Unterschichten eindämmen, führten aber statt dessen zu einer weiteren Zunahme der Illegitimität. Die Eigentumslosigkeit immer breiterer Schichten, instabile Beschäftigungsmöglichkeiten, eine zunehmende regionale Mobilität, aber auch fehlende soziale Protektion ließen die Zahl vorehelicher Beziehungen anwachsen, denen zugleich aber auch die Chance der Legalisierung genommen wurde. Gerade am unteren Ende der Gesellschaft entstanden auf diese Weise im 19. Jahrhundert immer mehr instabile Beziehungen.

Abb. 3: Sünde und Stigmatisierung armer Frauen: Der Pranger: Auspeitschung lediger Mütter. David Chodowiecki, 1782.

Die Konsequenzen waren für die ledigen Mütter hart, zumal wenn sie der Unterschicht entstammten. In den frühneuzeitlichen Städten wurden Mägde bei Unzuchtsfällen mit Schandstrafen oder Landesverweis besonders streng bestraft. Handwerksgesellen heirateten die geschwängerte Magd oft nicht, weil die Zunftordnungen ihnen dann einen Aufstieg zum Meister versagt hätten. Da die Magd im Gegensatz zu Frauen der Mittel- und Oberschichten den Ehrverlust durch die Schwängerung nicht durch Mitgift oder soziale Stellung ausgleichen konnte, schwand für sie nicht nur die Hoffnung auf Heirat, sondern oft führte der Weg sie sogar in die Nichtseßhaftigkeit. Da das Verhalten der Gesellen bekannt war, gab sie sich entweder falschen Hoffnungen hin, oder sie handelte, wenn sie sich einem Gesellen hingab, unüberlegt aus der Situation heraus. Vielleicht begehrte sie bewußt oder unbewußt gegen den eigenen Stand auf, wollte aus der festen Ordnung des »Ganzen Hauses« ausbrechen. Ebenso hatte eine ländliche Magd kaum Chancen, einen Hoferben oder Bauern zu heiraten, da dieser für die Erhaltung des Hofes und seines dörflichen Ansehens auf eine sozial adäquate Heirat mit der entsprechenden Mitgift angewiesen war. Katastrophal wirkte sich für eine Magd das Verhältnis zu einem verheirateten Dienstherrn aus, da sie – selbst bei einer Vergewaltigung – wegen Ehebruchs bestraft wurde und nicht einmal Alimente einklagen konnte. Zudem galten solche Verhältnisse für die Frauen als besonders ehrmindernd, und vor Gericht wurde schnell der Täter zum Opfer, das Opfer zur Täterin.

Voreheliche Sexualität war trotz der neuen Sittenzucht besonders in der ländlichen Gesellschaft weiterhin verbreitet. Sie stellte eine Art Tauschgeschäft dar, wobei die Jungfräulichkeit gegen die Aussicht auf künftige Versorgung stand. Gerade im ländlichen Bereich begünstigte die räumliche Nähe sexuelle Kontakte zwischen Knechten und Mägden (wenn sie auch nicht so oft vorkamen, wie es aus heutiger Sicht zu erwarten wäre). In der Altmark machten solche Paare im 18. Jahrhundert zwei Fünftel aller unehelichen Eltern aus. Ein weiteres Fünftel bildeten Verhältnisse von Mägden und dem Sohn bzw. Bruder des Hofhalters. Die Anbahnung war in der Regel Sache des Mannes; die Frau war, wenn sie nicht ihren

Ruf verlieren wollte, auf die passive Rolle verwiesen. Gerade Frauen der Unterschicht konnten dabei leicht auf ein männliches Versprechen hereinfallen (und sie sind unter den ledigen Müttern stark überrepräsentiert). Hielt der Mann sein Versprechen nicht, standen sie mit einem unehelichen Kind da, wodurch nicht nur ihr Ansehen vollends sank, sondern auch ihre künftigen Chancen minimiert wurden, wenn es ihnen nicht gelang, durch innerdörfliche Regelung oder Prozeß eine Alimentation zu erlangen und damit ihre weibliche Ehre wiederherzustellen. Der Mann entzog sich leicht seinen Verpflichtungen – oft mit Hinweis auf die »Liederlichkeit« der Frau, die es mit vielen treibe. Wenn die Frau ihre finanziellen Ansprüche nicht durchsetzen konnte, war sie unmittelbar von Armut bedroht.

Der Gesindedienst stand nur ledigen Frauen offen. Der Dienstherr mußte die geschwängerte Magd entlassen, um jeden Verdacht von sich und seinem Haus fernzuhalten; die Gemeinde wollte teure Ansprüche an die Armenkasse abwehren. Für die Mutter blieb oft nur das Spinnen, Viehhüten oder der Dienst als Amme. In der Regel mußten die Kinder irgendwo in Pflege gegeben werden. Meist reichte das Einkommen dafür aber nicht aus, so daß die Mütter unterstützungsabhängig wurden. So verdiente Christina Dorothea Hansen 1865 40 m (nebst Naturalleistungen), hatte aber 60 m Kostgeld für ihr uneheliches Kind zu bezahlen. Zudem wurde im 18. und vor allem im 19. Jahrhundert auch von den ledigen Müttern eine den bürgerlichen Normen entsprechende Betreuung der Kinder erwartet – die aber mit den Erwerbsmöglichkeiten unvereinbar war. Oft mußte deshalb der weibliche Umgang mit der Armut den bürgerlichen Familienvorstellungen diametral widersprechen, und viele innere wie äußere Konflikte entstanden daraus.

Die Frauen erlitten soziale Stigmatisierung und zusätzliche Not, während die Männer von der Verantwortung entlastet wurden. Oft wurden die Mütter unehelicher Kinder als selbstverschuldete Arme von der Unterstützung ausgeschlossen. Wenn sie keine Arbeit als Dienstbotinnen fanden, glitten sie dann auf der Suche nach Beschäftigung leicht in die Nichtseßhaftigkeit, die unterste Stufe der Not, ab. Armut bedeutete für Frauen oft auch den Verlust der sexuellen Integrität. Auf der Straße waren sie ganz der Gewalt der

Männer ausgesetzt. Vergewaltigungen und der endgültige Verlust der Ehre waren die Folge.

Gerade das Gesinde war mit der Möglichkeit, den Dienst zu verlassen, geringerer moralischer Kontrolle unterworfen, damit aber auch Verdächtigungen ausgesetzt. Ursache und Wirkung wurden in der öffentlichen Meinung häufig vertauscht. Man sah die scheinbare Freiheit dieses Lebens, projizierte auch eigene Wünsche; weniger trat die Not ins Bewußtsein, durch die dieses Leben erst verursacht wurde. So sah Johann Jakob Vogt, ein ehemaliger Verwalter der Zwangsarbeitsanstalt Thorberg im Kanton Bern, Mitte des 19. Jahrhunderts nicht den Mangel an landwirtschaftlicher Arbeit in der Schweiz, sondern beklagte bloß, »daß häufig und immer häufiger junge starke Weibsbilder in Bettel und Vagantität sich herumtreiben, sonder Scham und Scheu dem schlechten Leben fröhnen und die Früchte desselben im Lande herumschleppen, oder aber sich ihrer auf verbrecherische Weise zu erwehren oder zu entledigen suchen«.[65] Die Massenarmut wurde als selbstverschuldete Not einer Bevölkerungsklasse abgetan, die sich durch besondere Merkmale der Schlechtigkeit auszeichnete. Besonders die Frau, die Unterstützung annehmen mußte, widersprach dem Bild, das die bürgerliche Welt sich davon machte, wie eine Frau zu sein hatte. Vogt beklagte sich wiederholt über die »gänzliche Schamlosigkeit«, über das »gänzliche Verleugnen alles weiblichen Zartgefühls«, ja über »grossthuerische, ohne alles Gefühl für Ehre zur Schau getragene Schlechtigkeit« inhaftierter Frauen.[66]

Dabei nutzten manche Frauen die Moralvorstellungen der besseren Schichten durchaus in ihrem Sinne aus. In Schwäbisch Hall fand von 1824 bis 1826 ein Prozeß wegen Prostitution und Erpressung statt. Frauen der Unterschicht hatten sich gezielt in den zahlungskräftigen Schichten »Opfer« gesucht, deren Ruf und soziale Stellung sich bedrohen ließ. Indem sie Freiern etwa drohten, die Ehefrau zu informieren, erpreßten sie erhebliche Summen. Sie selbst sahen dieses Verhalten durchaus als legitim an. Das bürgerliche Konstrukt einer »weiblichen Ehre« galt für diese Frauen nicht mehr; andere, ökonomische Zwänge waren vorherrschend. Sexualität gewann einen festen Tauschwert, der sich »an den üblichen Entschädigungssummen für eine uneheliche Schwangerschaft in

›ehrbaren‹ Umständen, also nach einem förmlichen Eheversprechen des Mannes«, orientierte.[67] Formen der vorindustriellen Eheanbahnung wurden auf diese Weise ihrer alten Bedeutung entkleidet und gewannen eine neue Funktion, indem sie innerhalb einer unterschichtsspezifischen Moral der Not materiell instrumentalisiert wurden. Dabei wurde immer noch ein Konsens unterstellt, nach dem den Frauen für das soziale Kapital Sexualität eine materielle Entschädigung (nicht: Bezahlung) zustand. Die Erpressung wurde als »außergerichtliche Form des Einklagens« verstanden.[68]

Abtreibung, Kindsmord, Kindesaussetzung

Die meisten ledigen Mütter fanden einen Weg, mit ihrer Notlage umzugehen. Mitunter halfen die Eltern (wenn sie konnten), und es existierten auch Möglichkeiten, als Amme, Näherin, Spinnerin oder landwirtschaftliche Saisonarbeiterin ein Auskommen zu finden. In Nürnberg gab es, wie sich 1576 bei einer Untersuchung herausstellte, durchaus aufnahmebereite Einwohner, die unehelich schwangere Frauen beherbergten und zum Teil davon lebten; die Kontakte wurden unter anderem von den Hebammen hergestellt. In jedem Fall war der Weg einer ledigen Mutter schwerer und die Aussicht auf eine künftige Heirat geringer. Die Sterblichkeit unehelicher Kinder lag wesentlich höher als die ehelicher Kinder, nicht nur weil die materiellen Bedingungen schlechter waren, sondern auch weil die Zuwendung geringer ausfiel, wenn die Mutter arbeitete und ihr Kind in Pflege geben mußte. An vielen Orten gab es aber auch Pflegemütter, die dafür bekannt waren, daß die Kinder bei ihnen nicht überlebten. 1791 verbot die Würzburger Regierung einer Frau, weiterhin uneheliche Kinder anzunehmen, weil ihr innerhalb von 15 Jahren 77 Kinder gestorben seien und nur vier überlebt hätten.

Unter diesen Umständen braucht es nicht zu verwundern, daß ledige Frauen, die ihre Schwangerschaft entdeckten, mitunter nach anderen, scheinbar leichteren Wegen suchten. Abtreibung, Kindesaussetzung und Kindsmord waren mögliche Reaktionen. Das Motiv für solche Taten waren jedoch offenbar weniger Armut und Schande, sondern die zunichte gemachten Chancen, anstelle von Heirat und Aufstieg das soziale Absinken, ein zerstörter Lebensentwurf.

Sämtliche Frauen, die wegen einer Abtreibung vor Gericht kamen, waren in Schleswig-Holstein unverheiratet, bis auf zwei waren sie alle Dienstbotinnen in einem fremden Haushalt. Die betroffenen Frauen hatten gemeinsam, daß Chancen für eine Heirat kaum gegeben waren.

Eine Abtreibung war eine aktive Angelegenheit, die die Frau (oder auch jemand anders) selbst in die Hand nehmen mußte. Meist wurden vertrauenswürdige Personen einbezogen: der Schwängerer, die Eltern, mitunter auch andere Personen des Umfeldes, in der Regel Frauen. Von ihnen erhoffte sich die Schwangere Rat und Hilfe. Abtreibende Mittel waren bekannt (wenn auch häufig gefährlich), oder von den Befragten kannte jemand eine Heilerin oder Hebamme, an die man sich wenden konnte. Am bekanntesten war der Sadebaum, den man besonders auf Friedhöfen fand. In den Kräuterbüchern von Otto Brunfels (1489–1534) oder Hieronymus Bock (1498–1554) fanden sich jeweils etwa 30 Abortivpflanzen (wobei in den deutschen Fassungen meist entsprechende Warnhinweise angebracht waren). Auch magische Mittel wie das Tragen eines Gürtels aus Schlangenhaut wurden empfohlen. Mitunter wurde versucht, die Frucht durch äußere Gewalteinwirkung abzutreiben.

Abtreibungen ließen sich schwer nachweisen, zumal nicht einmal die Schwangerschaft selbst eindeutig zu diagnostizieren war. Außerdem gab es meist ein geheimes Einverständnis der Beteiligten. Deshalb ist die Dunkelziffer groß und die Zahl der Verurteilungen relativ gering. In Schleswig-Holstein sind zwischen 1700 und 1810 nur etwa 20 Abtreibungen bekannt, dagegen aber rund 330 Fälle von Kindsmord. In Nürnberg stehen im 18. Jahrhundert zehn Abtreibungen 88 Kindsmorden gegenüber; ähnlich ist das Verhältnis in anderen Regionen. Die Obrigkeit verschärfte dafür die Aufsicht über das Hebammen- und Apothekerwesen.

Manche Frauen verleugneten ihre Notlage vor sich und anderen. Sie schoben die Entscheidung vor sich her, verdrängten ihre

Schwangerschaft und hielten sie geheim. Der Kindsmord, der in der Regel gleich bei oder unmittelbar nach der Geburt begangen wurde, gilt als ein Verbrechen lediger Dienstmägde. Nur 10% der Täterinnen waren verheiratet oder verwitwet. Im Gegensatz zur Abtreibung ist die Dunkelziffer als gering einzuschätzen. Bei der Auffindung eines toten Kindes entstand schnell ein Verdacht, zumal die Leichen meist in der Nähe der Wohnung der Mutter gefunden wurden, auf dem Misthaufen, im Brunnen oder einem nahen Gewässer. Da der Kindsmord auch von der Bevölkerung mißbilligt wurde, kam häufig auch ohne Leiche bereits ein Verdacht auf, der zum Eingreifen der Obrigkeit führte. Der Zustand einer Schwangeren ließ sich wegen des engen Zusammenlebens nur schwer verheimlichen, und so gingen schnell Gerüchte um. Oft behaupteten beschuldigte Frauen zu ihrer Rechtfertigung, das Kind habe keinerlei Lebenszeichen gezeigt.

Die *Carolina*, die Peinliche Halsgerichtsordnung Kaiser Karls V. aus dem Jahre 1532, sah den Kindsmord als eines der schwersten Verbrechen an und belegte ihn mit der Todesstrafe. Bei Frauen war er das Verbrechen, das am häufigsten entsprechend geahndet wurde, häufiger noch als Hexerei. Die rigideren Moralvorstellungen erhöhten seit dem 16. Jahrhundert nicht nur die Zahl der Hinrichtungen für dieses Delikt, sondern trieben die Zahl der Kindsmorde insgesamt hoch. Ende des 17./Anfang des 18. Jahrhunderts gab es einen Höhepunkt.

Da Gott erzürnt worden war, konnte eine Bestrafung des gesamten Gemeinwesens nur dadurch abgewendet werden, daß die Täterin die Tötung des Kindes selbst mit dem Tod sühnte. Als in Nürnberg 1733 zwei Säuglingsleichen entdeckt wurden, suchte man nach den Täterinnen, »damit von dieser Stadt und Land die Blutschulden abgekehrt werden können«. Als ein ausgesetzter Säugling auf der Gemeindemark tot aufgefunden wurde, bemerkte ein Bürger: »Der Allmächtige gebe nur, daß die Unschuldigen allhier nicht damit einbüßen und es der ganze Ort nicht entgelten müsse.«[69]

Die harte Bestrafung diente der Abschreckung, warnte vor unzüchtigem Verhalten und sollte Moral und Ehe stärken. In Norddeutschland wurde bis Mitte des 18. Jahrhunderts in drei Vierteln der Fälle die Todesstrafe verhängt; danach setzten sich Zuchthausstrafen durch, da häufig mildernde Umstände angeführt wurden und das Urteil nicht auf Kindstötung, sondern auf »Schuld am Tod des Kindes«, »Verwahrlosung der Leibesfrucht«, »Fahrlässigkeit vor, bei und nach der Geburt« oder ähnlich lautete.

Nur eine Minderheit der ledigen Mütter ging einen so extremen Weg. Der Kindsmord blieb, auch wenn er seit Ende des 18. Jahrhunderts besondere Beachtung fand, die Ausnahme und wurde nur unter spezifischen Umständen begangen. Soziale Isolation konnte eine Rolle spielen, wenn die Mutter nicht nur vom Vater des Kindes, sondern auch von ihrem sonstigen Umfeld alleingelassen wurde, die Angehörigen nur die Schande der unehelichen Schwangerschaft sahen und jede Hilfe verweigerten. Mitunter halfen sogar Angehörige bei der Durchführung, sei es um öffentliches Aufsehen zu vermeiden, sei es aus Solidarität mit der Schwangeren. Meist aber waren die Kindsmörderinnen im Augenblick der Geburt allein. Unwissenheit und Verdrängung der Existenz des Kindes vermischten sich, Schmerzen und Verwirrung kamen hinzu. Jedenfalls belegen die Art der Durchführung und die schnelle Auffindung der Täterinnen, daß es sich nur selten um geplante Taten handelte. Oft scheint ein unbewußtes Gefühl der Sündhaftigkeit mit der Tat einhergegangen zu sein; denn so schlecht, wie viele Frauen die Leichen versteckten, entsteht manchmal geradezu der Eindruck, daß sie entdeckt und bestraft werden *wollten.*

Viel häufiger als der Kindsmord war die Kindesaussetzung. Seit dem Mittelalter entstanden deshalb vielerorts Findelhäuser. Im 15./16. Jahrhundert gab es noch mal einen Schub und dann besonders im 18. Jahrhundert. Die *Inclusa* in Madrid nahm zwischen 1586 und 1700 nicht weniger als 55 420 Findelkinder auf. Waren in Paris bis in die 1660er Jahre ca. 500 Kinder jährlich ausgesetzt worden, stieg die Zahl bis 1700 auf über 2000 an, in den 1770er Jahren erreichte sie 7000 im Jahr. In den meisten anderen Städten begann erst in der zweiten Hälfte des 18. Jahrhunderts der Anstieg. Besonders hoch sind die Zahlen in Mailand. Dort trafen zwischen 1659 und 1843 insgesamt nicht weniger als 181 169 Kinder im Findelhaus ein, bis Ende des 19. Jahrhunderts weitere 162 237. Auf diese Weise wurden somit nicht weniger als ein Viertel bis ein Drittel aller in der Stadt geborenen Kinder weggegeben. Mitte des 19. Jahrhunderts lebten in den Findelhäusern über ganz Europa mehr als 460 000 Pfleglinge.

Wurden Kinder bereits in Antike und Mittelalter meist so ausgesetzt, daß sie gefunden und gerettet werden konnten, so wurden sie im 18. Jahrhundert von den Eltern gerne direkt den Findelhäusern übergeben. In den meisten katholischen Ländern waren dort Drehladen installiert worden, die eine anonyme Abgabe erlaubten. Auch wurden Säuglinge vor der Tür oder in der Nähe von Waisenhäusern abgelegt; in Toledo war der traditionelle Aussetzungsort die Kathedrale. Entsprechend war die Kindesaussetzung ein städtisches Phänomen, das sich an Orten konzentrierte, wo es entsprechende Institutionen gab. In Kastilien waren das vor allem die Städte Sevilla, Madrid, Valladolid, Salamanca, Córdoba, Santiago de Compostela und Toledo. Dort wurden dann auch Findelkinder aus dem weiteren Umland abgegeben. Oft forderten die Eltern die Findelkinder nach einigen Jahren wieder zurück. Um eine Identifikation zu ermöglichen, wurden die Kinder, die meist in den ersten Tagen nach der Geburt ausgesetzt wurden, mit einem Erkennungszeichen versehen.

Kindesaussetzungen waren besonders in den katholisch-romanischen Ländern und in Rußland üblich, wesentlich seltener in den protestantischen Ländern und im katholischen Süddeutschland. Generell läßt sich eine Verbindung zwischen dem Vorhandensein von Findelhäusern und der mehr oder weniger restriktiven Aufnahmepraxis erkennen. Wo solche Häuser vorhanden waren und die Aufnahmepraxis großzügig gehandhabt wurde, schwoll die Zahl der Findlinge rapide an; bei Einschränkungen, wie sie nach einer kurzfristigen Liberalisierung 1760 in London durchgeführt wurden, ging sie ebenso drastisch wieder zurück. Die verstärkte Fürsorge war somit nicht nur eine Reaktion auf die gestiegene Zahl von Aussetzungen, sondern sie rief diese zugleich hervor. Die höhere Zahl in den meisten katholischen Ländern hängt nicht zuletzt damit zusammen, daß dort nach der Vater- oder Mutterschaft in der Regel nicht geforscht wurde. Im protestantischen Deutschland gab es zwar im Gegensatz zum Kindsmord durchaus eine Akzeptanz der Aussetzung, doch blieben die Zahlen viel niedriger, weil die Anonymität der Eltern nicht gewahrt wurde, sondern im Ge-

genteil die Behörden sie möglichst herauszufinden suchten. Ziel war weniger eine Bestrafung, die, wenn sie überhaupt stattfand, gemessen an anderen Delikten milde ausfiel, als vielmehr die Kosten von der Allgemeinheit abzuwälzen. Überhaupt hing die frühneuzeitliche Kriminalisierung vorehelicher Sexualität nicht zuletzt mit den daraus entstehenden Kosten zusammen.

Nicht nur uneheliche Kinder wurden indes den Findelhäusern übergeben, sondern genauso auch eheliche. In den größeren italienischen Städten machten sie im 19. Jahrhundert sogar die Hälfte bis zwei Drittel der Findelkinder aus. Bereits Andrea Buffini kam 1841 zu dem Schluß, »daß die Armut die erste Ursache für die Aussetzung ehelicher Kinder ist«.[70] In Krisenjahren wurden manchmal drei- bis fünfmal mehr Kinder weggegeben. Dies läßt sich in Paris und Lyon 1694 erkennen, in Sevilla 1709, in Neapel 1764. Später verwischte sich dann der unmittelbare Zusammenhang, und die permanente Not ließ die Kindesaussetzung zu einer Gewohnheit werden. In Mailand läßt sich dieses Phänomen schon im 18. Jahrhundert erkennen.

Daß die Weggabe der Kinder nicht aus mangelnder Mutterliebe oder Indifferenz den Kindern gegenüber erfolgte, sondern aus der schieren Not, belegen viele Aussagen. Teresa Quaresi, eine dreißigjährige Frau, die 1836 ihr drittes Kind im Hospiz von Brescia aussetzte, schildert ihre Beweggründe so:

»Mein Mann Bartolomeo Ambrosini ist vor etwa einem Jahr zum Militär gegangen und hat mich hier im Zustand der Schwangerschaft mit der Last von zwei Kindern, nämlich Giuseppe und Adelaide, zurückgelassen. Bei seiner Abreise hinterließ er mir ein Kapital von hundert Talern, das in kurzer Zeit aufgebraucht war, und als er jüngst in Brescia wiederauftauchte, hat er meine Bettwäsche verkauft und selbst die Matratze. In dieser Weise aller Mittel beraubt und verlassen und mit den zwei genannten Kindern beschwert, wuchs meine Not noch mehr, als der dritte Sohn Luigi Giuseppe auf die Welt kam, den ich, von der Not gedrängt, nachdem ich ihn hatte taufen lassen, in die Casa degli Esposti fortgeben mußte. Der erste Sohn, also Giuseppe, starb kurz vor Weihnachten; obgleich ich nun mit Adelaide allein war, erlaubte es mir meine notdürftige Lage so lange nicht, den genannten Sohn aus dem Findelhaus zurückzuholen, bis die Stillzeit beendet wäre, also nicht früher als in zwei Jahren; ihn nämlich sofort zurückzunehmen, liefe darauf hinaus, ihn hungers sterben zu sehen.«[71]

Die Eltern der ausgesetzten Kinder entstammten in Mailand, soweit identifizierbar, im wesentlichen der arbeitenden Unterschicht. Die Väter waren Schuster, Zimmerleute, Weber oder Schneider, im zweiten Beruf oft Pförtner oder Lastträger. Die Frauen waren Näherinnen, Dienstbotinnen, Weberinnen oder Schneiderinnen. Gerade die Stillzeit war für lohnabhängige Frauen ein Problem, weil sich Erwerbstätigkeit und das Aufziehen der Kinder meist nicht vereinbaren ließen. So blieb ihnen dann oft nur die Möglichkeit, das Kind für Bezahlung an eine Landamme zu geben oder, wenn das Geld dafür nicht reichte, am Findelhaus auszusetzen. Dabei wurden geradezu Strategien der Aussetzung entwickelt. Während manche Eltern ihre Kinder nur in einer akuten Notlage aussetzten, zogen andere ihre älteren Kinder selbst auf und setzten erst die jüngeren aus, um auf diese Weise die Familie in einer finanzierbaren Größe zu halten. Viele gaben ihr Kind auch nur für eine Zeitlang weg und versuchten, es zurückzuholen, nachdem es der ständigen Fürsorge entwachsen war. Schließlich gab es aber auch solche Eltern, denen ein Kind einfach nur lästig war.

Die Findelhäuser entlasteten die Mütter vom Tod ihrer Kinder. Obwohl sie den Kindsmord verhindern sollten, boten die Einrichtungen den meisten Kindern keine Rettung. In Madrid starben im 18. Jahrhundert 58 % der Kinder noch in der *Inclusa*. Von den Kindern, die die *Inclusa* Ammen übergab, starben 88 %.

Das Zusammenspiel von gesellschaftlicher Wahrnehmung und dem Verhalten der Armen, das sich an Kindesaussetzungen und Findelhäusern gezeigt hat, führt uns zu einer näheren Untersuchung des Verhältnisses von Fürsorge und Bedürftigen.

Die »wahren« Armen

Müßiggang

In der mittelalterlichen Welt hatte ein durch die personale Herrschaft bestimmter Armutsbegriff geherrscht. Arm war, wer sich rechtlich bzw. ständisch in der Position der Untergebenheit befand, der Arme *(pauper)* im Gegensatz zum Mächtigen *(potens)*. Armut bezeichnete Schutz- und Rechtlosigkeit genauso wie den Mangel an sozialem Ansehen und die Hilfsbedürftigkeit. Der Allgegenwart der Armut stand keine planvolle Verteilung von Almosen gegenüber, sondern Kirchen und Klöster verteilten an festgelegten Tagen unabhängig vom Maß der Bedürftigkeit ein bestimmtes Quantum, solange die Vorräte reichten.

Die Stadt bildete in der feudalen Welt eine rechtliche und wirtschaftliche Insel. Eigenes Bürgerrecht, zunehmende Monetarisierung und die Spezialisierung der Gewerbe erlaubten nicht nur neue Formen der Vermögensbildung, sondern machten auch den Beruf statusbestimmend. Dort entstand im Gegensatz zu der herrschaftlichen Definition der Armut ein ökonomisch-sozialer, durch den materiellen Besitz definierter Armutsbegriff.

Bevölkerungswachstum, eine erhöhte Mobilität, der Aufschwung von Handel und gewerblicher Produktion führten im ausgehenden Mittelalter in den Städten zu einer stärkeren sozialen Differenzierung. Die Unterschiede wurden größer. War die vermögendste Schicht in Bordeaux um 1520/25 etwa zwanzigmal reicher als die ärmste, so hatte sich der Abstand bis ca. 1640 auf das Neunzigfache vergrößert. Da es auf den Dörfern meist keinerlei organisierte Fürsorge gab, strebten alle diejenigen in die Städte, die auf dem Lande keine Zukunft mehr sahen. Das Elend konzentrierte sich in den Städten.

Im Mittelalter gab es kirchliche Fürsorgeeinrichtungen, private Almosen und Stiftungen; ein obrigkeitliches oder staatliches Armenwesen existierte noch nicht. Seine Ursprünge finden sich in den spätmittelalterlichen Städten. Kirchliche und private Unterstützung konnten dort die Not nicht mehr auffangen. Ein Wendepunkt war die Pest (1348), in der man eine Strafe für die Sünden der Menschen sah. Und als ein Ausdruck der gestörten Ordnung erschienen, wo es infolge des massenhaften Todes an billigen Arbeitskräften fehlte, die arbeitsfähigen Bettler. Bereits 1349 wurde deshalb in England zum ersten Mal das Almosengeben an »starke« Bettler verboten, damit sie selbst für ihren Lebensunterhalt arbeiteten.

Seit dem 14. Jahrhundert begannen zunächst die bedeutendsten Metropolen jener Zeit mit einer neuen Armenpolitik, die dann während der gesamten Frühen Neuzeit überall in Europa bestimmend blieb. Damit einher ging ein Wandel in der Einstellung. Im Mittelalter war das Almosengeben vor allem religiös motiviert gewesen, indem es der Vergebung der eigenen Sünden dienen sollte. Diese Motivation kanalisierte auch eigene Ängste, denn solange es keine geregelte Armenversorgung gab, war jeder in der Not auf Almosen und darauf, daß sie gewährt wurden, angewiesen. Seit dem Spätmittelalter wurde das ungeordnete Almosengeben nun durch eine bürokratische Verteilung an definierte Zielgruppen ersetzt. In den Städten ging die Armenfürsorge besonders nach der Reformation und der Säkularisierung der Kirchengüter in die Hand der städtischen Obrigkeit über. Zur Rationalisierung der Armenfürsorge gehörten die Einrichtung eines zentralen »Armenkastens« (in Frankreich *aumône général*) und die Reglementierung des Bettelns. Eine Neubewertung der Arbeit, die im Mittelalter Mühsal bedeutet hatte und nun zunehmend als Quelle von Wohlstand und Reichtum angesehen wurde, bewirkte, daß die Ursache von Armut in Müßiggang und mangelndem Arbeitswillen erblickt wurde. Armut schien also selbstverschuldet. Sie war in erster Linie ein moralisches Problem; strukturelle oder sozioökonomische Ursachen sah man nicht.

Die relative Zunahme der Armut wurde in den Städten zwar auch von den Oberschichten wahrgenommen, doch Ursache und Wirkung erschienen anders, als wir sie heute sehen würden. Als Ulrich Groß in den 1580er Jahren eine *Warhafftige Beschreibunng der Stadt Leiptzigk* verfaßte, schilderte er eine reiche und wohlgeordnete Stadt, in der es keine Probleme oder Konflikte zu geben schien. Die Schrift widmete sich ganz dem Erfolg der Messestadt; die Rückseite des gewachsenen Wohlstandes, die Zunahme von Armut und Straßenbettel, erwähnte er mit keinem Wort. Sie hätte das Bild gestört, das er zeichnete, und viele Angehörige des gehobenen Bürgertums empfanden sie als peinlich, oder sie störte einfach ihre Sicht der Wirklichkeit.

Auch bei anderen Autoren erscheinen die sozialen Konflikte häufig nur indirekt. So schildert Johann Jacob Vogel zu Beginn des 18. Jahrhunderts neben dem Reichtum und Wohlstand der Stadt Leipzig nicht die außerdem herrschende Armut, sondern die funktionierende städtische Ordnung, indem er die Existenz eines vorbildlich organisierten Bettel- und Armenwesens hervorhebt.

Als wie bedroht die Ordnung der Welt im 16. und 17. Jahrhundert empfunden wurde, zeigen die vielen Hexenprozesse, in denen sich die Angst der Menschen, hervorgerufen durch Epidemien, Kriege und wirtschaftliche Veränderungen, niederschlug. Relativ sinkende Löhne machten viele Arbeiten, von denen Tagelöhner bisher noch hatten leben können, unrentabel. Daß die vorhandene Arbeit häufig nicht genug einbrachte, um einen Menschen zu ernähren, wurde nicht gesehen; in Straßburg klagte 1523 die Bürgerschaft vielmehr, daß »ehe das einer umb den Kosten oder umb weniger Gelt arbeitete, ehe gang er müssig uf den Bettel«.[72] Ins Auge fiel nur das Symptom. Müßiggang war, so die Meinung, die Ursache vieler Übel, des Betrugsbettels genauso wie der Unzucht. Wenn man gegen sie einschritt, so ging es nicht um die Ursachen der Mißstände, sondern man tat es, weil sie eine Störung der von Gott gegebenen Ordnung darstellten, die die Strafe Gottes nicht nur auf den jeweiligen Sünder ziehen mußte, sondern auf die Gemeinschaft insgesamt. Nicht nur die Kirchenordnung der Stadt Hildesheim von 1544 warnte vor der Unzucht, »damit Godt nicht eine harde Straffe late komen up unse Stadt«.[73] Aufgabe der christlichen Obrigkeit war die Herstellung einer gottgefälligen Ordnung. Entsprechend richteten sich obrigkeitliche Repression und literarischer Diskurs an der Wende zur Neuzeit gegen alles, was diese Ordnung störte. Hatte im Mittelalter gewollte Armut, wie sie die Bettelorden in der Nachfolge Christi lebten, hohes Ansehen genossen, so ent-

Abb. 4: Der Ansturm der »wahren« und der »falschen« Armen: Verteilung von Almosen. Marienaltar der Lübecker Marienkirche, Anna und Joachim, 1518. Museum für Kunst und Kulturgeschichte der Hansestadt Lübeck.

zündete sich die reformatorische Kritik nicht zuletzt am Reichtum dieser Orden und am Müßiggang ihrer Angehörigen.

In den 1520er Jahren begannen zunächst die protestantischen Städte wie Wittenberg, Augsburg, Nürnberg, Straßburg, das Armenwesen zu reformieren; einige Jahre später folgten auch katholische Städte wie Ypern, Lille, Oudenaarde, Mons oder Valenciennes. Kommunalisierung, Rationalisierung, Bürokratisierung und Pädagogisierung wurden nun die Kennzeichen der frühneuzeitlichen Armenfürsorge. Man schied unterstützungswürdige von unwürdigen Armen, wobei Arbeitsfähigkeit und -wille das zentrale Kriterium wurden. Die Fürsorge wurde auf die würdigen Armen, vor allem die Schwachen, die Kranken, Alten, Witwen und Waisen, beschränkt, während die arbeitsfähigen, »starken« Armen von ihr ausgeschlossen wurden. Aus den Maßnahmen zur Rationalisierung der Fürsorge, die sich zunächst in städtischen, später auch territorialen Armenordnungen niederschlugen, entstand ein neuer Armutsbegriff, der bis weit ins 19. Jahrhundert Bestand hatte und spezielle Verhaltensanforderungen an die Armen enthielt. Zugleich führte er zu einer Hierarchisierung der Armut: Die einen waren noch integriert, die anderen fielen ganz aus der Gesellschaft heraus und wurden marginalisiert.

Da man den »wahren« Armen helfen wollte, war es notwendig, sie von den »falschen« zu scheiden, und man benötigte dazu Kriterien. Seit dem späten Mittelalter stellten verschiedene Autoren die »Arbeitsweisen« betrügerischer Bettler zusammen, damit sie leichter entlarvt werden konnten. Die *Basler Betrügnisse* listeten in der ersten Hälfte des 15. Jahrhunderts bereits 26 verschiedene Typen von falschen Bettlern auf. Im *Speculum cerretanorum* verzeichnete der Italiener Teseo Pini 1484/86 gar 40 Gaunerarten. Das *Liber vagatorum*, das 1510 gedruckt wurde, kannte insgesamt 41 Varianten. In England kam in der zweiten Hälfte des 16. Jahrhunderts das Genre der *anatomy of roguery* auf. Bekannt sind dort vor allem die Bücher von John Awdeley und Thomas Harman. Ende des Jahrhunderts entstanden auch in Frankreich ähnliche Werke.

Diese literarischen Typenbildungen orientierten sich an der Realität, konstruierten zugleich aber auch Wahrnehmungsmuster und wurden Instrumente im Marginalisierungsprozeß. In einer Zeit, in der Schriftlichkeit und Druckerzeugnisse sich erst auszubreiten begannen, bedienten sie sich alter mnemotechnischer Tricks. Da das Außergewöhnliche leichter im Gedächtnis haften bleibt, wurde das Gewöhnliche durch Übertreibungen und Überspitzungen entsprechend aufbereitet. Zur Beschreibung der unständischen Welt bedienten sich die Autoren der Begriffe und Hierarchien, die aus der Berufs- und Ständewelt bekannt waren. So entstand das Bild von Bruderschaften und Zünften, ja Königreichen der Bettler – aus denen später die Vorstellung einer »Subkultur« oder gar einer »Ge-

genkultur« der Bettler und Vaganten abgeleitet wurde. Diese Verallgemeinerung tatsächlicher Merkmale führte dazu, daß sich im Bewußtsein nicht nur die Charakteristika einzelner betrügerischer Betteltechniken festsetzten, sondern der Eindruck, *alle* Bettler seien Betrüger. So entstand das Stereotyp des falschen Bettlers, vielfach weitergetragen nicht nur in Literatur, populären Flugschriften und obrigkeitlichen Verordnungen, sondern auch auf Abbildungen: Holzschnitten, Radierungen und Gemälden von Hieronymus Bosch (1450–1516) bis Jacques Callot (1592–1635). Analog zur Bildung eines literarischen Typus vollzog sich in der Kunst der Schritt von der Sozialkritik zu einem vor allem ästhetischen Interesse an der Armut, wie wir es bei Callot finden.

Unter diesen Umständen veränderte sich das Verhältnis von Bedürftigen und Fürsorge. Im folgenden geht es zunächst um die unterschiedlichen Formen der Anhäufung von Sozialkapital, das von den Bedürftigen genutzt werden konnte, außerdem führe ich die unterschiedlichen Formen der Fürsorge vor und zeige, wie sie sich unter dem wachsenden Druck anonymisierte und in Richtung auf eine stärkere soziale Kontrolle hin entwickelte. Wie sich das Leben eines Bedürftigen konkret gestalten konnte und welche Handlungsstrategien er entwickelte, veranschaulicht das Beispiel eines einzelnen ländlichen Armen, bevor zum Schluß dieses Kapitels die Bedingungen der Transgression vom Almosen zur Sozialversicherung und die damit verbundenen Aneignungsprozesse thematisiert werden.

Sozialkapital und Fürsorge

Unterschiedliche Faktoren mußten zusammenkommen, damit ein Mensch in Bedürftigkeit geriet. Die Unterschichtsangehörigkeit und das Fehlen von Rücklagen war eine Voraussetzung. Bestimmte Gruppen waren in besonderem Maße von Verarmung bedroht. Immer wieder werden für die Frühe Neuzeit vier Merkmale der Bedürftigkeit genannt: Arbeitsmangel, Fremdheit am Ort, Lebenslage (Krankheit, Kindheit, Alter) und weibliches Geschlecht. Der klassische »würdige« Arme war in der Frühen Neuzeit »städtisch, weiblich, sehr jung bzw. sehr alt«. Im Gegensatz zu den »unwürdigen« (eher ländlich, männlich und im arbeitsfähigen Alter) waren die wahren Armen »in einer Gemeinschaft verwurzelt, und sie genossen ein Recht auf Unterstützung bzw. auf Betteln«.[74]

Die besondere Bedrohung bestimmter Gruppen war auch in der Frühen Neuzeit bekannt; denn die Angehörigen einiger Risikogruppen wurden stets als unterstützungswürdige Arme anerkannt: die Waisen, die Witwen und verlassenen Frauen, die Alten und die Kranken, Menschen also, die sich unter den herrschenden gesellschaftlichen Verhältnissen nicht selbst ernähren konnten. Der Ausfall des Ernährers konnte Frauen und Kinder in Armut stürzen, ebenso konnte ein Unfall oder eine schwere Erkrankung einen Tagelöhner in den besten Jahren bedürftig werden lassen. Im Alter reichte oft die Arbeitskraft nicht mehr aus, um sich ohne fremde Hilfe zu ernähren. Diese Armen machten dementsprechend überall den Hauptanteil der Unterstützungsempfänger aus.

Solange es noch zu wenig organisierte Fürsorge gab, benötigten die Menschen andere Netzwerke, die es ihnen ermöglichten, Phasen der Not zu überstehen. Alte und Kranke waren in hohem Maße auf das Sozialkapital angewiesen, das sie im Laufe ihres Lebens erworben hatten. Große Bedeutung hatte die Familie als soziales Netz; in Unterschichtshaushalten, in denen auch Mitglieder lebten, die nicht der Familie angehörten (das waren in St. Seurin, einem Vorort von Bordeaux, im Jahre 1686 immerhin 47,4 % der Haushalte), half man sich ebenfalls. Der Lohn wurde zusammengelegt und man überbrückte gegebenenfalls Phasen der Arbeitslosigkeit, der Krankheit und der Not. Stets wurde dabei Gegenseitigkeit erwartet: man half, damit einem, wenn man selbst in Not geriet, ebenfalls geholfen wurde. In Armenhaushalten wurden verwitwete Eltern aufgenommen, Kostgänger, die einen Zuverdienst versprachen, oder Alte nahmen Junge zu sich auf, die ihnen halfen. Auch die bloße geographische Nähe schuf Bekanntschaft, die sich in der Bedürftigkeit nutzen ließ: Der alte Mann oder die alte Frau erhielten in der Nachbarschaft oder im Stadtviertel von Bekannten Essen oder abgelegte Kleidung.

Mit Nachbarschaften und Bruderschaften gab es institutionalisierte Formen, die halfen, wenn die Familie dies nicht hinreichend vermochte oder – wie bei den Handwerksgesellen – gar nicht vor Ort präsent war. Deshalb übernahmen Gesellenbruderschaften die Unterstützung im Krankheitsfall. Seit dem 15. Jahrhundert verpflichteten zudem die Zünfte die Meister, ihren Bediensteten im Erkrankungsfall zu helfen oder ihnen Kredit zu vermitteln. Auch auf dem Lande gab es seit dem 16. Jahrhundert in vielen Gegenden Knochenbruch- oder Totengilden, die bei Unfällen oder für die Beerdigung eintraten.

Um die Unterstützung einer Gilde, Zunft oder Bruderschaft zu erhalten, mußte man Mitglied sein und sich an genau umrissene Verhaltensnormen halten. Je mehr sich der Bevölkerungsdruck vergrößerte, desto schärfer wurden die Voraussetzungen gefaßt. In der Frühen Neuzeit schloß man zum Beispiel die unehelich Geborenen als »unehrlich« vom Erlernen der zünftischen Handwerke aus. Aber auch um Beihilfen kirchlicher oder städtischer Institutionen zu erhalten, war ein gewisses Sozialkapital notwendig: in der Regel das Bürgerrecht oder zumindest lange Arbeit in der Stadt, ein guter Leumund oder ähnliches. Dabei konnte die Fürsprache von Familienangehörigen, Arbeitgebern oder städtischen Bediensteten helfen.

Bewußt wurden Verwandtschafts-, Paten- und Klientelverhältnisse eingegangen, um sie im Notfall nutzen zu können. Der Heuerling sicherte seine Position, indem er den Bauern, der ihm ein Stück Land verpachtete und für den er als Tagelöhner arbeitete, als Paten seiner Kinder wählte. Indem er weitere Bauern oder ihre Familienangehörigen als Paten hinzuzog, wurden weitere Beziehungen geschaffen, die die Möglichkeit weiterer Arbeitsverhältnisse bargen und die künftige Position der Kinder sicherten. Starben die Eltern, so bestand wenigstens die Hoffnung, daß die Paten die Versorgung übernahmen.

Aufgrund der vielfältigen sozialen Auffangmechanismen, die es in der Frühen Neuzeit gab, ist die Zahl der Bedürftigen nur schwer zu fassen. So werden die alten Leute, die in der Familie mit durchgeschleppt wurden, ohne daß sie je mit irgendeiner Fürsorgeinstitution in Berührung kamen, nirgendwo sichtbar. Waren die gesamten Unterschichten, also etwa vier Fünftel der Bevölkerung, mangels ausreichender Rücklagen prinzipiell in Gefahr zu verarmen, so war der Anteil der tatsächlich Bedürftigen doch wesentlich geringer. Im Bordeaux des 16. und 17. Jahrhunderts wurden in normalen Jahren ca. 15 % der Bevölkerung irgendwann im Jahr eine gewisse Zeit unterstützungsbedürftig, in besonderen Krisenjahren konnte es aber auch ein Viertel der Bevölkerung sein. In Antwerpen stieg der Anteil in normalen Jahren zwischen dem Ende des 18. und dem zweiten Viertel des 19. Jahrhunderts von einem Zehntel auf ein Fünftel der Bevölkerung an, in Krisenjahren lag er doppelt so hoch.

Unterstützung durch die Obrigkeiten war in der Frühen Neuzeit immer subsidiär. Sie wurde nur gewährt, wenn die anderen sozialen Sicherungsmechanismen (Familie, Korporationen usw.) versagten. Die Möglichkeiten der Selbsthilfe hatten freilich bereits in der Urbanisierungsphase des 12. Jahrhunderts erste Schwächen gezeigt. Deutlicher wurden sie in der Krise des 14. Jahrhunderts, als die großen Städte erste Bettelordnungen erlassen mußten.

Die Rückseite des Sozialkapitals war die soziale Kontrolle; denn nur wer sich den Normen gemäß verhielt, konnte auch mit Unterstützung rechnen. Wer durch sein Verhalten vorsätzlich Armut herbeiführte oder den Zorn Gottes auf die Gemeinschaft zu holen drohte, der verwirkte schnell sein Sozialkapital. Dies galt in der Familie genauso wie innerhalb des Dorfes, der Zunft oder der Stadt. Beihilfen von den Obrigkeiten oder auch nur die Erlaubnis zu betteln wurden seit dem ausgehenden 14. Jahrhundert an eine Kontrolle der Bedürftigkeit gebunden. Krankheit, Alter und Verlust des Ernährers waren – wie bereits ausgeführt – traditionell anerkannte Ursachen der Verarmung. Solchen Armen erlaubte man deshalb weiterhin, um Almosen zu bitten. Selbst die Aussätzigen durften an bestimmten Tagen unter offizieller Beaufsichtigung bettelnd durch die Städte ziehen. Seit Ende des 14. Jahrhunderts stattete man die anerkannten Armen in den Städten mit Bettelzeichen aus, die sie als unterstützungswürdige, »wahre« Arme auswiesen. Armenfürsorge bedeutete aber noch immer nicht mehr als die Erlaubnis zum Betteln. Der Bedürftige mußte sich über das Betteln selbst Hilfe verschaffen, denn eigene städtische Armenfonds gab es nicht.

Ein wichtiger Aspekt des Armenwesens war die Krankenfürsorge, da viele Kranke sich nicht selbst versorgen konnten. In der protestantischen Gemeinde von Bordeaux gaben die Gemeindeältesten zwischen 1660 und 1670 in 37,5 % der Fälle Krankheit als Ursache der Bedürftigkeit an. Viele Städte unterhielten in der Frühen Neuzeit einen Armenarzt oder einen Chirurgen (einen zünftigen Heiler) und bezahlten sie pauschal. Die Obrigkeit verpflichtete Ärzte und Chirurgen zur Behandlung von Armen; sie übernahm Arzt- und Heilkosten, zahlte finanzielle Beihilfen an die Kranken oder die Familien, deren Ernährer durch Erkrankung ausfiel. Almosenempfänger mußten sich, um bei einer Erkrankung medizinische Versorgung zu erhalten, im frühneuzeitlichen Ulm zuerst an die Almosenherren wenden. Diese befragten sie und gaben ihnen, wenn sie die Notwendigkeit der Behandlung einsahen, ein »Zeichen«, mit dem sie zu einem Arzt oder Chirurgen gehen konnten. Dieser untersuchte sie, und erst aufgrund seines Gutachtens entschied das Almosenamt, ob eine Behandlung durchgeführt werden durfte. Während in der Frühen Neuzeit eigentlich die Behandlung im eigenen Hause üblich war, durften Arme in vielen Städten nur in städtischen Einrichtungen behandelt werden.

Obwohl Familie, Korporationen, Kirche und Obrigkeit ein »soziales Netz« bildeten, gab es Menschen, die durch die Maschen fielen. Vor allem waren das diejenigen, die sich ein ausreichendes Sozialkapital in keiner dieser Institutionen ansammeln konnten. Seit dem 14. Jahrhundert wurde die Aufenthaltsdauer fremder Bettler eingeschränkt (zum Beispiel in Nürnberg auf drei Tage). Die einheimischen Bettler versuchten im 15. Jahrhundert, die Konkurrenz der Fremden abzuwehren, indem sie sich in Bruderschaften zusammenschlossen und gemeinsam über die Einhaltung bestimmter Regeln wachten.

Neben Arbeitsfähigkeit und Arbeitswilligkeit wurde die Ortsansässigkeit ein Kriterium bei der Frage, ob man einen Armen unterstützte oder nicht. Dieses Kriterium schien als einziges zu gewährleisten, daß die prosperierenden Städte nicht die ganze Last der dort zusammenströmenden Armut tragen mußten. Deshalb wurde jetzt in den Bettel- und Armenordnungen festgelegt, daß jede Gemeinde ihre eigenen Armen unterstützen sollte; fremde Arme wurden von der obrigkeitlich zugeteilten Fürsorge ausgeschlossen. In Deutschland faßte der Reichstag von Augsburg 1530 einen entsprechenden Beschluß, in Frankreich finden sich solche Bestimmungen seit 1566 in der königlichen Gesetzgebung. Auf diese Weise reduzierte sich die Zahl der Bedürftigen, die eine Stadt zu versorgen hatte. Eine Folge war freilich auch die höhere Kriminalitätsrate der Zuwanderer. Viele Arme blieben ganz ohne Unterstützung, da sich ihre Heimatgemeinden der Versorgung entzogen. Das Heer der heimatlosen Bettler und Vaganten wuchs, und als mit der Institutionalisierung einer obrigkeitlichen Armenfürsorge das Betteln überhaupt verboten wurde, wurden sie auch noch kriminalisiert. Fremde Bettler fanden nur noch für kurze Zeit Duldung, wenn sie einen anerkannten Grund vorweisen konnten.

Die Bettelzeichen verstärkten zu Beginn der Frühen Neuzeit einen Segregations- und Bewußtwerdungsprozeß, indem sie die Armut visualisierten. Aus der Vielzahl der Armen und Bettler wurde auf diese Weise eine klar definierte und erkennbare »soziale Schicht der Bedürftigen«.[75]

In Münster sollten 1599 nur noch einheimische Arme, die namentlich in einer Liste verzeichnet wurden, ein Bettelzeichen erhalten. Fremde Arme sollten ausgewiesen werden. »Imgleichen sollen denselbigen, welche jung, starck zu ihren Jahren vast getretten anzusehen und mit jenigen Leibsschwachheit oder Gebreck nit behaft, die Zeichen verweigert und zu Bettlens nicht gestattet werden.«[76] Dienten die Bettelzeichen ursprünglich der Kontrolle der Bedürftigkeit, so entwickelten sie sich allmählich zu einem Stigma. Sie waren offen zu tragen und dienten der Überprüfung nicht nur der materiellen Bedürftigkeit, sondern auch des moralischen Lebenswandels. Besonders der Besuch von Wirtshäusern war verboten. In Münster hatte der Bettelvogt dafür zu sorgen, daß die zugelassenen Armen nicht »ungeburlich wurfen, fluchen, schweren, gotzlasteren und sunst aller Zank und Kibbellerei [...], alles Spillwercks alß Balspillen, Koelenwerfen, Dobtreiben und dergleichen Steinschmiten auf Straßen [und] Kirchhoven« sich enthalten.[77] In Heidelberg hatte der Almosenempfänger »heuslich, arbeitsam, sparig, fremblich« zu sein, »zu Gottes Wort mit Besuchung der Kirchen« zu gehen und vor allem seine Kinder dazu anzuhalten.[78] In Hamburg fand zweimal im Jahr eine Katechismusprüfung der Armen statt; wer in Danzig bei der Prüfung der Gebete durchfiel, verlor das Bet-

Abb. 5: Rationalisierung der Fürsorge durch die Kennzeichnung der »wahren« Armen: Bronzenes Bettlerzeichen für die Kirchspiele Ludgeri, Servatii und Aegidii in Münster, 1597/99. In der Mitte ist das städtische Wappen abgebildet; am Rand befinden sich vier Löcher zum Aufnähen auf der Kleidung. Westfälisches Landesmuseum für Kunst und Kulturgeschichte Münster/Münzkabinett.

telzeichen. So verwandelten sich die Bettelzeichen allmählich in »Schandzeichen«, die zur weiteren Desintegration der Almosenempfänger beitrugen, da »man einen dester minder trawt und nit mer Arbeit geben will«, wie ein Straßburger Armendiakon 1531 kritisierte.[79] Aber auch ohne Bettelzeichen wurden, wenn die Mittel begrenzt waren, in englischen Dörfern im 17. Jahrhundert nur diejenigen Armen unterstützt, die sich religiös konform und moralisch würdig verhielten.

Um 1520 erfaßte schließlich ganz Europa eine Reformwelle der Armenfürsorge; die Bettelerlaubnis wurde weiter eingeschränkt, in Wittenberg, Nürnberg und weiteren Städten wurde das Betteln bereits 1522 ganz verboten. Allgemeine Sammlungen sollten nun eine kommunale Armenfürsorge finanzieren, die das Betteln der Armen überflüssig machte. Die »würdigen« Armen wurden erfaßt und wie in Frankfurt zentral vom Armenkasten oder wie in Köln dezentral auf Pfarrebene registriert. Besonders deutlich wird die zunehmende soziale Kontrolle in der geschlossenen Armenfürsorge.

Hospitäler und Armenarbeitshäuser

Seit dem Mittelalter gab es Formen der geschlossenen Fürsorge in Hospitälern. Ursprünglich kirchliche Einrichtungen, wurden sie in den stark urbanisierten Gebieten Italiens und der Niederlande bereits im 14. Jahrhundert von den Städten übernommen. In der Frühen Neuzeit wurden sie umorganisiert und zunehmend auch in den Dienst der Arbeitserziehung gestellt. Allein in Bordeaux gab es um 1510 nicht weniger als vierzehn zum Teil kleine und kleinste Hospitäler, in Toledo 1576 sogar 27; aber auch in Münster hatte man um 1550 nicht weniger als dreizehn Armenhäuser, ein weiteres lag außerhalb des Stadtgebietes. Manche Hospitäler dienten damals als Armenasyle, Pfründner- oder Krankenanstalten. Andere, in Deutschland insbesondere die Heilig-Geist-Spitäler, hatten mehrere Funktionen. Sie betreuten gleichermaßen Kranke und Alte; in ihnen lebten sowohl Pfründner als auch Bedürftige.

In Ulm und Überlingen bildeten die Heilig-Geist-Spitäler eigene Bezirke innerhalb der Stadtmauern. Zu ihnen gehörten Gebäude für Kranke, Alte, Waisen, Epileptiker, Geisteskranke, Arme, Fremde und Gefangene, eine Kapelle oder eine Kirche, eigene Bäder, Wirtschafts-, Vorrats- und Verwaltungsgebäude, Ställe, Wohnungen für die Bediensteten und die Leiter. Die ganze Anlage war durch Tore von der übrigen Stadt abgeteilt. Die Spitäler betrieben eigene Landwirtschaft und bildeten in den Städten einen erheblichen Wirtschaftsfaktor. In Überlingen war das Heilig-Geist-Spital mit 60 bis 100 Bediensteten während der Frühen Neuzeit der größte Arbeitgeber. Die Einkünfte des Spitals waren dort größer als der gesamte städtische Haushalt. In anderen Städten war der Anteil aber kleiner.

In Ulm wurden im Jahr 1601 24 Personen längerfristig aufgenommen; davon waren neun über 65 Jahre alt. Im Jahre 1604 war von den 18 längerfristig einquartierten Personen eine sogar 84 Jahre alt, drei waren 80, eine 76, eine 70, eine 68, zwei 60. Die meisten der über 60jährigen, die in den Jahren 1601 bis 1605 das Spital bezogen, waren Frauen (70 %); sie wurden im 17. Jahrhundert verstärkt aufgenommen.

In die Heilig-Geist-Spitäler mußte man sich einkaufen; es gab aber auch arme Insassen, die »um Gottes willen« aufgenommen wurden. Auch sie mußten, wenn möglich, ihre Arbeitskraft und eine elementare Ausstattung (Bett, Bettwäsche, Kleidung, etwas Bargeld) mit einbringen. Voraussetzung für die Aufnahme war auch dann meist das Bürgerrecht oder zumindest eine langfristige Arbeit in der Stadt. Insbesondere mußte das Wohlverhalten glaubhaft gemacht werden. Oft stellten ehemalige Arbeitgeber oder Verwandte für einen Bedürftigen den Aufnahmeantrag, und der Rat begründete dann seine Erlaubnis, die als eine besondere Vergünstigung gewährt wurde, mit dessen treuen Diensten, seinem Arbeitswillen usw. Auch bei der Aufnahme in ein Heilig-Geist-Spital spielte also das Sozialkapital, das die Antragsteller im Laufe ihres Lebens erworben hatten, eine große Rolle.

Zwangseinweisungen gab es in den Heilig-Geist-Spitälern von Überlingen und Ulm nicht. Dagegen gelang es manchen Bedürftigen, die Aufnahmekriterien zu umgehen. Wenn ihre Anträge abgelehnt wurden, versuchten sie durch mehrfache Wiederholung des Ersuchens schließlich doch die Aufnahme zu erlangen. Und selbst vagierende Schwangere, die nun wirklich nicht die vom Rat festgeschriebenen moralischen Bedingungen erfüllten, verschafften sich durch einen Trick Einlaß: Sie tauchten so spät vor der Geburt in der Stadt auf, daß man in Anbetracht ihrer Notlage die Aufnahme nicht mehr verweigern konnte.

Im Gegensatz zu den integrierend wirkenden Heilig-Geist-Spitälern dienten Leprosenhäuser, Blatterhäuser und Pesthospitäler der Isolierung von bestimmten Kranken: Aussätzigen, Syphilitikern und Epidemiekranken. Entsprechend lagen sie oft außerhalb der Stadtmauern, obwohl sie zum Beispiel in Ulm und Überlingen der Verwaltung der Heilig-Geist-Spitäler unterstanden. Eine vollständige Abschließung war zwar nicht unbedingt beabsichtigt, doch kam es zur räumlichen Ausgrenzung und Stigmatisierung der in diesen Häusern behandelten Kranken, zumal etwa das Überlinger Blatterhaus im 16. Jahrhundert zunehmend auch als Disziplinaranstalt und als Gefängnis genutzt wurde. Hinzu trat die räumliche Nähe zum Tod. So wurden bei Epidemien die Toten aus Stadt und Hospital im Ulmer Brechenhaus gelagert, und aus jedem Stock konnten »die Verstorbenen mit Hilfe einer mechanischen Vorrichtung in einem Sarg ins Gewölbe transportiert werden«.[80]

Wurden im Mittelalter nur Aussätzige in die Leprosorien aufgenommen, so öffnete man sie in der Frühen Neuzeit auch für andere, deren Krankheit abstoßend wirkte oder Ekel erregte. In diesen Häusern wurden, nachdem dort ursprünglich Angehörige aller Schichten untergebracht worden waren, in der Frühen Neuzeit vor allem arme Kranke versorgt. Sowohl Lepra- als auch Syphiliskranken schrieb man zunehmend selbst die Schuld an ihrem Unglück zu, und man warf ihnen moralische Verfehlungen und sexuelle Ausschweifungen vor. Die ambivalente Haltung spiegelt sich darin, daß diese Kranken einerseits Beschimpfungen und Disziplinierungsversuche durch die städtischen Obrigkeiten hinnehmen mußten, andererseits von denselben Instanzen erhebliche medizinische und materielle Hilfe erhielten. Um 1500 war auch nördlich der Alpen bekannt, daß Lepra und Syphilis durch Kontakt übertragen wurden. Man machte aber auch Schmutz und schlechte Lebensbedingungen verantwortlich. Insofern hielt man die Armen nicht nur für gesundheitlich besonders gefährdet, sondern auch für schwer heilbar; denn sie kehrten nach der Behandlung, wie ein Ulmer Stadtarzt 1603 erklärte, »haim in die allte oder vorige Armutt und Unsauberkeit«.[81] Diese Erkenntnis hatte allerdings weniger die Absicht zur Folge, die Lage der sozialen Unterschichten zu bessern, sondern sie sollte vielmehr die Ärzte für ihre Unfähigkeit, die Armen zu heilen, entschuldigen. Die Armen hatten in den Augen der

Bürger aufgrund ihrer Lebensweise und ihres Lebenswandels selbst schuld an ihrer Krankheit.

Im Verlauf der Frühen Neuzeit fand in den Hospitälern eine Professionalisierung und Spezialisierung statt. So entwickelte sich zum Beispiel das Hospital St. André in Bordeaux, das ursprünglich Kinder, Alte, Kranke, ja sogar arbeitsfähige Insassen aufgenommen hatte, nach 1660 von einer Armenanstalt zu einem Krankenhaus. Insbesondere das medizinische Personal nahm zu. 1739 besaß es sieben Krankensäle mit je 20 bis 34 Betten zu je zwei Plätzen.

In Frankreich hatte man bereits im 16. Jahrhundert im Zuge von Pest- oder Hungerkrisen erste Versuche mit Zwangsarbeit und Zwangsinternierungen gemacht, und auch in Köln etwa wurden arbeitsfähige Bettler seit 1570 bei Erdarbeiten und im Festungsbau eingesetzt. Die Erfahrungen mit solchen Notstandsmaßnahmen waren freilich schlecht. Zum einen gab es nicht genug öffentliche Arbeiten, zum anderen erbrachten die Zwangsarbeiter keine zufriedenstellenden Leistungen. Auch der Versuch, Arme bei Kaufleuten oder Handwerkern zu günstigeren Löhnen in Dienst zu geben, scheiterte, weil die Arbeitgeber die Zwangsverpflichteten für arbeitsunwillig, also unrentabel hielten. Daß die Zwangseinsätze bei den Betroffenen die Motivation zur Arbeit erhöht hätten, ist auch nicht zu erwarten, zumal Betteln oder Prostitution einträglicher waren als der gedrückte Lohn, der hier für schwerste Tätigkeiten gezahlt wurde.

Ein erstes richtiges Arbeitshaus wurde 1553/55 in einem ehemaligen Palast des englischen Königs in Bridewell (London) eingerichtet; nach ihm wurden die *houses of correction* in England *bridewells* genannt. In Italien wurden seit den 1580er Jahren ähnliche Häuser eingerichtet. In den Niederlanden folgte 1595 das Amsterdamer Zuchthaus, das im folgenden Jahr um ein Spinnhaus für Frauen ergänzt wurde. Bereits Anfang des 17. Jahrhunderts zogen in Deutschland die Hansestädte Bremen (1609/13), Lübeck (1613) und Hamburg (1614/22) sowie Danzig (1629) mit ähnlichen Einrichtungen nach. In Frankreich wurden die ersten großen Armenarbeitsanstalten in Lyon (1622), Paris (1656) und Bordeaux (1659) eingerichtet; 1662 wurde angeordnet, daß jede Stadt ein *Hôpital général* haben solle. Berühmt wurde die Große Einschließung, als

Abb. 6: Disziplinierung durch zwangsweise Erziehung zur Arbeit: Leben und Strafen im sächsischen Zucht- und Arbeitshaus Torgau, 1789. Anonyme Zeichnung in Wasserfarbe. Staatliche Museen zu Berlin, Kunstbibliothek.

1724 bis 1733 alle Bettler in ganz Frankreich interniert werden sollten.

Zweck dieser Anstalten war es, Unmoral und Armut durch Erziehung zur Arbeit zu bekämpfen. Arbeitsfähige Bettler sollten verhaftet, eingewiesen und umerzogen werden. Reglements und feste Tagespläne sollten dies bewirken. In der Praxis war die Belegschaft (Bettler, unheilbar Kranke, Prostituierte, Findelkinder, in Frankreich später auch zu bekehrende Protestanten) freilich zu heterogen, um den Zweck der Anstalt, die Förderung der Arbeitsmoral, zu erreichen. So konnten sich die Zucht- und Werkhäuser nirgendwo durch die Arbeit der Insassen selbst finanzieren, zumal die städtischen Handwerker in den Anstalten eine unerwünschte Konkurrenz sahen. Dennoch nahm in den französischen Anstalten die Zahl der Insassen stetig zu. Wurden in Bordeaux im Jahre 1661 257 Personen in das dortige *Hôpital de la Manufacture* aufgenommen, waren es 1724 bereits 1021. Noch größer waren die Anstalten in Lyon und Paris, wo es zeitweise 8000 bis 9000 Insassen gab.

Im 18. Jahrhundert fanden Zucht- und Arbeitshäuser allgemeine Verbreitung. Der Züchtling war im Zuchthaus einem strengen Reglement unterworfen. Zum Willkomm und zum Abschied erhielt er eine festgelegte Anzahl von Schlägen. Er wurde durchsucht, seine Kleidung mußte er abgeben. Die besondere Anstaltskleidung dokumentierte nicht nur seinen Stand, sondern erschwerte auch die Flucht. Besonders daß die Haare abgeschnitten wurden, empfanden die Insassen als tiefen Eingriff in die Persönlichkeit. In Ludwigsburg »weigerten sich die Männer und noch energischer die Frauen, darunter am lautesten die vom Zigeunervolk, sich das tun zu lassen und drohten mit einer Revolte. Auf eine gütliche Vorstellung des Vorstands erklärten sie, daß sie sich nicht derart beschimpfen und verunstalten lassen; so könnten sie nicht mehr in die Kirche und zum Abendmahl«.[82] In Ludwigsburg waren die Säle »so vollgepfropft, daß man sich in solchen nicht rühren kann, und darum mit beständig übelriechenden Ausdüstungen so angefüllt, daß die meisten Sträflinge erkranken und durch anhaltendes Siechtum elend sterben«.[83]

Der Tagesablauf war der eigenen Planung völlig entzogen und unterwarf den Häftling einer strengen Zeitdisziplin. Um vier Uhr morgens wurden die Züchtlinge geweckt und eine Viertelstunde später in die Arbeitssäle geführt. Dort mußten sie täglich 14 bis 15 Stunden arbeiten. Den Schwerverbrechern wurde die härteste Arbeit wie zum Beispiel das Raspeln von Brasilholz (das zum Färben verwendet wurde) zugeteilt. Frauen und Waisen wurden zum Spinnen von Garn eingesetzt. In der verbleibenden Zeit fanden Gottesdienste, Gebets- und Bibelstunden statt. Die Erziehung bestand nur in nervtötender Arbeit und christlicher Indoktrination. Eine Resozialisation wurde kaum erreicht, da den ehemaligen Zuchthäuslern, wenn sie entlassen wurden, nicht nur das Stigma der Haft anhing, sondern sie auch völlig desintegriert, ohne jede Mittel und brauchbare Ausbildung dastanden.

In den Zuchthäusern und Arbeitsanstalten vermischen sich Elemente der Fürsorge und der zwangsweisen Umerziehung. Dies war für die Frühe Neuzeit kein Widerspruch. Strenge Ordnungen wurden als »sittliche Verstärkung« aufgefaßt, und ohne sie würde der Mensch fallen. Sie sollten dem Bedürftigen zu seinem Seelenheil verhelfen.[84] Genau dadurch verhalf man dem Individuum zu seiner Freiheit, die nur in Gott liegen konnte, – und man stellte zugleich die gottgegebene, aber durch Kriminalität, Müßiggang und Armut gestörte Ordnung wieder her.

Ähnlich den Hospitälern hatten auch die Arbeits- und Zuchthäuser eine Mischung von verschiedenen Funktionen. Oft fanden sich Zucht-, Armen-, Waisen- und Irrenhaus unter einem Dach. Erst Ende des 18. Jahrhunderts entwickelten sich die Zuchthäuser in Deutschland zu reinen Strafanstalten. Noch im 19. Jahrhundert gab es daneben eine Blüte der Armenarbeitsanstalten, die jetzt sogar in vielen Dörfern eingerichtet wurden, etwa in Großsolt noch 1869. Sie funktionierten nach dem gleichen Prinzip, wie es in England bereits 1723 der *Workhouse Test Act* vorgegeben hatte: Der Arme mußte seine Bedürftigkeit durch seine Bereitschaft, in eine solche Anstalt einzutreten, unter Beweis stellen; andernfalls verlor er die Unterstützung. Insbesondere ledige Mütter sollten auf diese Weise durch Zwangsarbeit gebessert werden. Daneben wurden aber auch Kinder und alte Leute aufgenommen, die kaum noch arbeitsfähig waren.

In den Waisenhäusern zielte die Ausbildung der Kinder darauf, daß sie sich später selbst ernähren konnten. Doch wurde meist mehr Gewicht auf die Charaktererziehung gelegt als auf konkrete Kenntnisse. Den Kindern wurden christliche Lebensführung und Arbeitshaltung eingebleut, um so dem Müßiggang vorzubeugen. Wenn die Jungen in die Lehre gegeben wurden, damit sie einen Handwerksberuf erlernten, wurde meist versucht, das Lehrgeld zu sparen. So kam auch hier wieder ein Teufelskreis in Bewegung. Sollte sich eine solche Abmachung für den Meister lohnen, mußte er die Jugendlichen stärker ausbeuten, was wiederum deren Arbeitswillen nicht förderte. Auch hier wurden die Ausbildungskosten und Probleme mit wenig arbeitswilligen Jugendlichen somit auf die Handwerker abgewälzt. Die Jugendlichen lernten nicht, daß Arbeit aus dem Elend führte, sondern die zum Zweck der Arbeitsbeschaffung herabgesetzten Löhne erweckten den Eindruck, daß man auch mit härtester Schufterei nicht mehr verdiente als ohne Arbeit. Pietisten wie August Hermann Francke, der 1695 das Waisenhaus in Halle einrichtete, wollten die Kinder völlig von schlechten Einflüssen abschotten und mit Hilfe von Arbeit und religiösen Übungen zu einem anständigen und gottgefälligen Leben erziehen. Die Einrichtung von Waisenhausmanufakturen und die Notwendigkeit, Kosten zu sparen, bewirkten aber, daß die Waisenhäuser einen immer gewerblicheren Charakter annahmen. Aus der Arbeitserziehung wurde eine Verwertung der Arbeitskraft der Kinder.

Arbeits- und Waisenhäuser verhinderten auf diese Weise oft die soziale Weiterentwicklung der Insassen, da die dort geleisteten Arbeiten nicht zu einer besseren Qualifikation beitrugen. Kindern und Jugendlichen wurden der Aufstieg und das Entkommen aus der Armut erschwert. Insofern dienten die Anstalten entgegen der hehren Absichten mancher ihrer Initiatoren letztlich der Erhaltung des gesellschaftlichen Status quo, da die Qualifizierten ihre Einkommensquellen erfolgreich gegen die Konkurrenz der Armen verteidigen, die Besitzenden ihren Besitz mit deren Hilfe mehren konnten.

Sozialdisziplinierung

In der vorindustriellen Zeit verharrte die Masse der ländlichen Bevölkerung in Arbeitsweisen, die dem Zyklus der Natur, des Tages- und des Jahreslaufs folgten. Seit dem späten Mittelalter hatte sich in den Städten aber bereits das Verhältnis zur Arbeit gewandelt. Dies schlug sich in spezialisierteren Berufen und verstärkter Arbeitsteilung nieder. Die Einführung von Turmuhren und einer von Sonnenauf- und -untergang unabhängigen Stundenrechnung begann die Zeit zu abstrahieren. Seit Ende des 15. Jahrhunderts setzten sich präzise Arbeitszeiten durch, die eine neue Zeitdisziplin forderten. Müßiggang mußte unter diesen Umständen als Störung der

Ordnung wahrgenommen werden, und tatsächlich tauchen ja gerade in dieser Zeit in den Städten erste Klagen auf; sie sind Ausdruck eines fundamentalen Wandels der Einstellung zur Arbeit. Luther sah schließlich in der Arbeit einen sittlichen Wert an sich. Gerade die vom Land in die Städte strömenden Armen, die nun hier die Unterschichten bildeten, brachten aber noch andere Einstellungen mit. Sie sahen nur den konkreten Nutzen der Arbeit und arbeiteten, um zu überleben. Ein abstraktes Erwerbsstreben war ihnen fremd. Die Disziplinierung der arbeitsunwilligen Bettler hatte deshalb zugleich den Sinn, die übrigen Unterschichten zu akkulturieren, ihnen die Normen abstrakter Zeit und Arbeit zu verinnerlichen.

Gerhard Oestreich hat in der Frühen Neuzeit einen Prozeß der Regulierung und Disziplinierung möglichst breiter Schichten, ja der Tätigkeit des Menschen in sämtlichen Lebensbereichen beobachtet.[85] Besonders im Armenwesen, in den Verordnungen gegen Bettler, in der Einrichtung von Zucht- und Arbeitshäusern haben in der Folge viele Historiker einen Ausdruck dieser Entwicklung gesehen. Trotz vieler Versuche blieben die zentralen Maßnahmen in der Frühen Neuzeit, ob es sich nun um Bettelverbote oder um die Arbeitserziehung handelte, allerdings ineffizient. Idee und Wirklichkeit klafften weit auseinander. Zwar verbot die Obrigkeit das Betteln, doch solange es nicht genügend Arbeit und eine ausreichende Armenfürsorge gab, blieben solche Verbote wirkungslos. Manche Autoren stellen in den letzten Jahren aufgrund solcher Beobachtungen die Tragfähigkeit des Konzepts der Sozialdisziplinierung überhaupt in Frage. Es sei in seiner Blickrichtung zu staatsorientiert, berücksichtige die Betroffenen und ihre tatsächlichen Lebenswirklichkeiten nicht. Eine Sozialdisziplinierung habe sich über das Armenwesen nie verwirklichen lassen.

Solche Argumentationen machen den Fehler, modernes Effizienzdenken auf die Frühe Neuzeit zu übertragen. Der moderne Staat mit seinen Machtmitteln und auch dem Ziel einer größtmöglichen Effizienz ist ja erst das Ergebnis jener Defizite. Frühneuzeitliche Obrigkeiten hatten das mittelalterliche Herrschafts- und Rechtsverständnis noch nicht völlig hinter sich gelassen, das von einer feststehenden Weltordnung ausging, Herrschaftsbereiche als

Besitz ansah und sich um Reformen nur bemühte, wenn dieser Besitz (und die eigene Macht) unmittelbar gefährdet war. Die Krisen und Unvollkommenheiten bewirkten Entwicklungsschübe, die zuerst immer nur kurz waren. Die Maßnahmen wurden nach Abklingen der Krise schnell wieder vergessen und die geschaffenen Institutionen nicht weiterentwickelt. Deutlich wird dies am Ausbau der Ordnungskräfte. Hatte die damals etwa 30 000 Einwohner zählende Stadt Bordeaux um 1520 nur sechs Polizisten und einen Polizeihauptmann, so wurde die Zahl bis 1670 auf sechzig Polizisten und drei Hauptleute aufgestockt. Zwar blieb die Zahl im Verhältnis zur Bevölkerung, die inzwischen auf etwa 40 000 Einwohner angewachsen war, gering, und die Polizisten hatten weiterhin wichtigere Dinge zu tun, als gerade Bettler zu verhaften, doch blieb der Ausbau der staatlichen Machtmittel und Strukturen ingesamt gesehen nicht ohne Folgen. In einem langfristigen Prozeß zwischen dem 15. und dem 19. Jahrhundert wurde aus der Idee eben doch Wirklichkeit, und das, was anfangs nur kurzfristige, aus aktueller Not und Krise geborene Maßnahmen waren, etablierte sich als dauerhafte Institution. Aufgrund der Defizite des überkommenen lokalen Prinzips setzte sich allmählich der Vorrang der territorialstaatlichen landesherrlichen Gesetzgebung durch.

Entsprechend entwickelte sich das öffentliche Armenwesen. Erste Ansätze gab es in den Städten des späten Mittelalters, aus diesen Anfängen entstand mit den Reformen seit den 1520er Jahren ein richtiges kommunales Fürsorgewesen. Die Territorialstaaten folgten mit gesamtstaatlichen Regelungen erst später. Nachdem England bereits 1597/1601 die Armenversorgung durch zentrale Gesetze geregelt hatte, wurden ähnliche Gesetze zum Beispiel in Dänemark erst 1708, in Frankreich 1724 erlassen. Sie schufen einheitliche Regelungen für das ganze Territorium, überließen die Durchführung aber weiterhin den Kommunen. Voraussetzung für die Durchsetzung solcher Gesetze war allerdings, daß sich die Interessen von Landesherr und lokalen Eliten deckten. In England gelang die Durchsetzung des Alten Armenrechts deshalb, weil die lokale Oberschicht zugleich obrigkeitliche Ämter als Friedensrichter usw. ausübte, so daß die Interessen von Zentralregierung und Elite vor Ort eng verflochten waren.

Reformen und allgemeine Gesetze spielten sich auf einer abstrakten Ebene ab, die zunächst nur dem Denken der Gebildeten zugänglich war; die Mehrheit orientierte sich am konkreten Bedürfnis und handelte nur in akuten Krisensituationen. Auch deshalb waren in der Frühen Neuzeit landesherrliche Verordnungen oft nicht durchsetzbar: Sie waren dem konkreten, auf das ummittelbar Notwendige bezogenen Denken der Mehrheit nicht einsichtig. Erst das Scheitern lokaler Maßnahmen schuf einen Regelungsdruck, der seit dem 17. Jahrhundert zentrale Vorgehensweisen erlaubte und erforderte. Die absolutistischen Landesherren konnten ihre Chance nutzen und, ohne die vorhandenen lokalen Institutionen direkt zu beseitigen, neue Regelungen schaffen und auch durchsetzen. Über Polizeiordnungen und Armenordnungen griff der Territorialstaat in Bereiche ein, die vorher privaten, kirchlichen oder kommunalen Initiativen überlassen waren.

In England gab es bereits Anfang des 17. Jahrhunderts zentrale Gesetze, und bis zum Ende des 18. Jahrhunderts wurden sie auch überall durchgesetzt, so daß es eine flächendeckende Armenversorgung gab. In Deutschland dauerte die Entwicklung länger. Ergingen in den Herzogtümern Schleswig und Holstein im 17. Jahrhundert bereits viele Verordnungen gegen die Bettler, so schuf doch erst 1736 die »Verordnung wider das herumschweifende herrenlose Gesindel, wie auch wegen gänzlicher Einstellung des Bettelns und damit verknüpfter Versorgung wahrer allmosenswürdiger Armen« flächendeckend lokale Institutionen, die die Versorgung der Armen konkret durchführen sollten.[86] Aus dem vagen »jede Stadt, Gemeinde oder Dorffschafft, dahin sie gehören« solle ihre »rechte und wahre Armen« »mit zimblicher Nothturff zu versorgen schüldig seyn«,[87] wie es die Verordnungen im 17. Jahrhundert formuliert hatten, waren jetzt Armenkassen mit konkreten Durchführungsbestimmungen geworden, die bis 1783 tatsächlich auch in jedem Kirchspiel eingeführt und durchgesetzt wurden.

Das Gerichtssystem ließ in der Frühen Neuzeit ohnehin nur begrenzt eine Verfolgung der Bettler zu. In der Regel wurden Gerichte nur auf eine Klage hin aktiv (Akkusationsprozeß), und der Verurteilte bzw. der Kläger mußte die Kosten tragen. Da Bettler dies im Falle der Verurteilung kaum konnten, verklagte sie niemand gerne, und Bettler wurden in der Regel nur belangt, wenn noch andere, schwerere Delikte wie Diebstahl, Raub, Betrug oder Prostitution hinzukamen, sie also zu einem Polizeiproblem wurden. Die Obrigkeit ging nur dann in größerem Stil gegen sie vor, wenn sie die Ordnung existentiell bedroht sah, also vor allem bei Pest- und Versorgungskrisen. Wenn man sie bei Streifen, die im 18. Jahrhundert systematisch durchgeführt wurden, festnahm, waren die bestehenden Zucht- und Arbeitshäuser angesichts ihrer schieren Zahl so überfordert, daß man sie bald wieder freiließ.

Die Wirkung der Sozialdisziplierung lag zu allen Zeiten vor allem in der Abschreckung. Die Obrigkeiten waren sich bewußt, daß man nicht alle Armen in Arbeitshäuser einschließen konnte, und man wollte es, abgesehen von einzelnen Versuchen, die bald scheiterten, auch gar nicht. Indem man an einzelnen Armen ein Exempel statuierte, konnte man über die abschreckende Wirkung aber durchaus auf die gesamte Unterschicht Einfluß nehmen. Die Sozialdisziplinierung funktionierte dabei über die Aneignung des Systems, indem die Armen die Armenunterstützung zu eigenen Zwecken instrumentalisierten und so indirekt neue Werte und eine andere Arbeitseinstellung internalisierten.

Gewünscht war der *verschämte* Arme, der seine Armut als gottgegeben hinnahm und sich immer noch bemühte, ohne Unterstützung auszukommen. Gewünscht war die (für den Armen eigentlich widersinnige) Identifizierung mit den Normen und Erwartungen der herrschenden Kultur. Da die sozialen Vorurteile nicht nur die Oberschicht von ihrer Verantwortung gegenüber der Armut befreiten, sondern auch von der übrigen Bevölkerung verinnerlicht wurden, hatten die Armen eine wichtige Funktion für die Gesellschaft, denn die Angst trieb die anderen zu mehr Leistung an. So konnte das Sozialsystem die Armen verkraften; ja es brauchte sie förmlich. Darin liegt die soziale Rolle, die die Gesellschaft den Armen zuwies, und darin liegt auch der Grund, warum die Vorurteile gerade in den selbst bedrohten Schichten gedeihen mußten. Die Armen waren die Inkarnation der eigenen verdrängten Angst, weshalb man sie nicht mochte, aber sie waren auch Anreiz, sich selber zu retten. Weil die Armen ihnen als das asoziale Gegenbild der Gesellschaft erschienen, in der sich soziale Geltung vor allem am Besitz orientierte, grenzten sich die von der Verarmung Bedrohten äußerlich und innerlich von den Armen ab, so daß die Armen nicht nur materiell in die Isolierung gerieten, sondern sich auch emotional als Verstoßene erlebten. Mitgefühl war selten; denn es hätte verlangt, die eigene Angst zuzulassen. Die physische Ausstoßung hatte zwar, wenn man von der Einschließung in der Arbeitsanstalt absieht, an Bedeutung verloren; den sozialen Tod gab es aber weiter in einer mittelbareren, verinnerlichten Form.

Unter diesen Umständen wehrten sich die Verarmenden dagegen, zu den Armen gerechnet zu werden, weil das Eingeständnis der Armut dem sozialen Untergang gleichkam; es hätte diese Menschen in ihrem eigenen Selbstverständnis selbst zu Ausgestoßenen gemacht und den Verlust ihrer Identität bedeutet. Eher gab der Arme vor, gar nicht arm zu sein. Und so wurde eine Existenzlüge daraus, denn der verschämte Arme wollte keine Unterstützung, sondern wahrte verzweifelt den Anschein – und lebte dabei ständig in der Angst, ihn nicht mehr wahren zu können oder daß man hinter seine wirkliche Armut käme und er so doch an sozialer Geltung verlöre.

Ist die Sozialdisziplinierung im 16. Jahrhundert nur in obrigkeitlichen Verordnungen und Intentionen zu fassen, von einer praktischen Realisierung aber noch weit entfernt, so wandelte sich im 18. und 19. Jahrhundert das Bild. Die staatlichen Machtmittel reichten zwar noch immer nicht aus, um das Betteln völlig zu unterbinden, Arbeit zu schaffen oder die Armen hinreichend zu versorgen; indem sich der Staat aber auf einzelne Problemfelder und Gruppen konzentrierte (zum Beispiel die Zigeuner), konnte er in diesen Teilbereichen durchaus Erfolge erzielen.

Jakob Gülich, ein arbeitender Armer

Je zahlreicher die *labouring poor* wurden (bzw. je deutlicher sie wahrgenommen wurden), desto mehr schloß die Armengesetzgebung sie von der Unterstützung aus. Während Alte, Kranke und Kinder als »würdige« Arme unterstützt wurden, sah man die Arbeitslosen zunehmend als »unwürdig« an. In England war das Alte Armenrecht noch recht liberal gewesen und hatte sogar Beschäftigungsprogramme gekannt; das Neue Armenrecht von 1834 schloß sie aus. Ähnlich war es auch in deutschen Territorien. In den Herzogtümern Schleswig und Holstein hatte die Verordnung von 1736 zumindest die »mit vielen Kindern beladenen« Armen noch zu den unterstützungswürdigen gerechnet; 1841 wurde die Unterstützung dann völlig von der Arbeitsunfähigkeit abhängig gemacht. Danach galten nur noch Kinder, Alte und Kranke als würdig; Arbeitslosigkeit als Grund wurde ausgeschlossen, »vielmehr muß jeder sich auch selbst Arbeit verschaffen«.[88] Entsprechend wurden zum Beispiel in Großsolt Anträge auf Unterstützung abgelehnt mit der Begründung: »Muß für sich selber sorgen, da er und die Frau beide arbeitstüchtig sind.«[89] Bei dieser Rechtslage ist es klar, daß die Armen, die zwar arbeitsfähig waren, aber ihre Kinder – oder gar sich selber – nicht ernähren konnten, kein Mitgefühl erwarten konnten, ja Anstoß erregen mußten. Immerhin sollte das Armenwesen bei »besonderen persönlichen oder örtlichen Verhältnissen« eintreten, um den Betroffenen, »so weit thunlich, zur Arbeit zu verhelfen«[90] – weshalb die Armenbehörden bei der Arbeitssuche immer wieder helfend eingreifen mußten. Wenn ein Tagelöhner keine Arbeit finden konnte und deshalb Unterstützung beantragte, wurde in der Regel beschlossen, »die Vorsteher sollten jeder in seinem Districte bekannt machen, daß jeder ihm Arbeit geben möge, der etwas zu thun hat«.[91]

Die Unterstützung »wahrer« und unverschuldeter Armer, der bedürftigen Kranken, Waisen und Alten, war in der Frühen Neuzeit unumstritten. Kontrolle und Repression drohten denjenigen, die ihre Armut nach der Meinung jener Zeit selbst verschuldet hatten. Während Armenbehörden die »starken Bettler«, die einer Arbeit hätten nachgehen können, aber wegen Unterbeschäftigung oder völliger Arbeitslosigkeit um Almosen baten, ganz von der Unterstützung auszuschließen trachteten, gab es andere Typen von Armen und Situationen, bei denen sie durchaus halfen. So kamen viele Unterschichtsfamilien in Teuerungszeiten in den Genuß verbilligten Getreides, auch wurden bestimmte Armenfamilien, die eigentlich als selbstverschuldet gelten mußten, trotzdem unterstützt. Dazu gehörten die mit vielen Kindern beladenen Armen. Ihre Unterstützung hatte vor allem den Zweck, daß die Kinder nicht völlig verwahrlosten. Zugleich wurden solche Familien aber auch besonderer Repression ausgesetzt, die einerseits das Ziel hatte, andere Unterschichtsangehörige abzuschrecken, andererseits diese selbstverschuldeten Armen zu disziplinieren, generell die Norm einzuschärfen und zu verinnerlichen. Ein Beispiel ist Jakob Gülich. Bevor von den Disziplinierungsmechanismen und seinen Reaktionen die Rede sein wird, ist es nötig, kurz seinen Lebenslauf Revue passieren zu lassen.

Johann Jakob Heinrich Gülich, in den Quellen meist kurz als Jakob Gülich bezeichnet, wurde am 15. Juli 1805 in Bistoftholz im Kirchspiel Großsolt geboren. Er ist am 4. August 1871 66jährig in Großsoltholz im gleichen Kirchspiel gestorben, »an Krämpfen«, wie das Sterberegister vermerkt.[92]

Jakob stammte bereits aus einer Armenfamilie. Sein Vater Hinrich Philipp Gülich wird in den Kirchenbüchern als »Inste«, »Tagelöhner« und bei seinem Tod als »armer Mann« bezeichnet.[93] Bereits der Vater hatte mit seiner Familie nicht vom Tagelohn leben können und von 1806 bis zu seinem Tod im Jahre 1809 in Großsolt Armenunterstützung erhalten. Als er starb, war Jakob erst vier Jahre alt. Wenn der Vater die Familie schon nicht aus eigener Kraft hatte durchbringen können, so hatte seine Witwe, Jakobs Mutter, mit fünf zum Teil noch kleinen Kindern alleine erst recht keine Chance. Sie erhielt noch bis 1824 Unterstützung. Jakob war nun 19 Jahre alt. Die Mutter hatte bereits in den letzten Jahren sichtlich weniger Unterstützung erhalten. Als die Kinder erwachsen waren, konnte sie sich wieder alleine ernähren oder wurde auch von den Kindern unterstützt. 1832 erscheint sie noch einmal in der Armenrechnung. Damals war sie bereits krank. Nach Ausweis des Totenregisters ist sie am 18. Januar 1833, etwa 66 Jahre alt, gestorben.

Bereits einen Monat nach dem Tod seiner Mutter heiratete Jakob am 15. Februar 1833 eine Margarethe Catharine Daniels aus dem gleichen Dorf. Er heiratete, weil er heiraten mußte; denn Margarethe war schwanger. Sie war die uneheliche Tochter eines Großsoltholzer Knechts und einer Magd, stammte also aus der gleichen Schicht. Ihr erstes Kind wurde noch 1833 geboren, das zweite am

29. Dezember 1834. Und das hatte Folgen: 1835 mußte Jakob Gülich zum ersten Mal Unterstützung beantragen, ebenso in den Jahren 1836, 1837 und 1838. Diese Unterstützung steht in Zusammenhang mit der Geburt seiner Kinder. Gülichs Frau lag im Kindbett, und der Ausfall ihrer Arbeitskraft machte eine vorübergehende Unterstützung notwendig. Auch sein Vater hatte 1806, ein Jahr nach Jakobs Geburt, zum ersten Mal Unterstützung beantragen müssen.

Am 15. Februar und 3. März 1837 verloren die Gülichs innerhalb von nicht einmal drei Wochen zwei Töchter, die eine war dreieinhalb Jahre, die andere erst dreizehn Tage alt. Der frühe Tod der Kinder kann durchaus ein Ergebnis ihrer Armut und der daraus erwachsenden schlechten Lebensbedingungen gewesen sein. Jakobs Frau lag im Kindbett; er selbst mußte als Tagelöhner arbeiten, wenn er denn Arbeit fand. Außerdem waren drei kleine Kinder von neugeboren bis dreieinhalb Jahre zu versorgen. Daß man sich unter diesen Bedingungen ausreichend um die Kinder kümmern konnte, ist wenig wahrscheinlich. Dennoch überlebten sechs Kinder: Margaretha Christina Dorothea (geb. 1834), Heinrich Jürgen (geb. 1838), Johann Jakob Heinrich (geb. 1841), Maria Dorothea (geb. 1843), Henning (geb. 1846), Claus Friedrich (geb. 1848).

Jakob Gülich wurde 1843, als er 38 Jahre alt war, beständig unterstützungsabhängig. Unter dem 7. August 1843 verzeichnet das Armenprotokoll: »Jacob Gülich in Großsoltholz bittet um Unterstützung, da er und Frau und Kinder meistens alle krank sind oder eben gewesen. Er hat 3 Kinder, das jüngste ist 2½, das älteste 9 Jahre. Er ist 40 Jahre alt. Für dies Mal wurde ihm bewilligt 2 Schip Mehl und 1 Schip Grütze, auch Haushäuer für 1 Quartal 4 m 8 ß, alles jedoch nur ein Mal.«[94] Bei dem einen Mal blieb es nicht. Immer wieder mußte Gülich beim Armenkollegium, dem Gremium, das über die Vergabe der Unterstützung entschied, vorstellig werden und erneut um Hilfe bitten. Jahr für Jahr weisen die Armenabrechnungen nun aus, daß Gülich Unterstützung erhielt, bis zu seinem Tod im Jahre 1871. Aber stets war diese nur ein Zuschuß, den er insbesondere im Winter erhielt; völlig von der Unterstützung gelebt hat er nie. Er erhielt seit 1843 regelmäßig Mietzuschüsse und Lebensmittel, die gemäß der Armenordnung in Naturalien ausgeliefert wurden.

Jakob Gülich war, wie er 1852 selbst vor dem Hardesgericht sagt, Tagelöhner. Er besaß kein Land und war völlig von Lohnarbeit abhängig. Seine Armut schilderte er in aller Deutlichkeit: »Er habe 5 Kinder und keine anderen Mittel für sich und seine Familie zu sorgen, als die Arbeit als Tagelöhner. Weil die Versorgung seiner Familie ihm daher unmöglich gewesen, habe er sich an das Armenwesen wenden müssen und erhalte von selbigem die bedungene Miethsumme für seine Wohnung seit 7 Jahren jährlich ausbezahlt, sowie er auch gewöhnlich des Winters eine fernere Unterstützung vom Armenwesen erhalte. Wegen seiner Armuth sei er des Sommers genöthigt gewesen, seine Kinder in Arbeit auszumiethen sowie auch mitunter zum Betteln auszuschicken.«[95] Kinderarbeit und Bettelei aber widersprachen den moralischen Vorstellungen der Zeit, zumal wenn die Kinder deshalb die Schule versäumten, in der ihnen die Grundlagen eines christlichen Lebens eingebleut werden sollten. Genau das sollte das Armenwesen verhindern.

Wie Jakob Gülich die Armut schon von seinen Eltern geerbt hatte, so schafften auch seine Kinder den sozialen Aufstieg nicht. Als Jakob Gülich starb, trug Pastor Tamm nicht nur die Namen seiner Kinder ins Sterberegister ein, sondern auch ihre Berufe: die Töchter hatten Insten (in Angeln ländliche Tagelöhner ohne Landbesitz) geheiratet, die Söhne waren Insten geblieben, Claus Friedrich war Knecht. Wir sehen also keine Tendenz zur sozialen Veränderung. Anders bei Jakobs älterem Bruder Andreas Hinrich (geb. 1799). Selber war auch er Inste geblieben. Von seinen sechs überlebenden Kindern waren 1882 zwei Söhne Werftarbeiter in Flensburg geworden, eine Tochter hatte einen Arbeiter in Rendsburg geheiratet, eine andere einen Parcellisten, ein Sohn war selbst Parcellist geworden, er hatte es also zu einem gewissen Landbesitz gebracht, eine weitere Tochter war nach Amerika ausgewandert. Während die Kinder Jakobs in der angestammten Welt der ländlichen Tagelöhner und Dienstboten verblieben, versuchten die Kinder von Andreas der sozialen Chancenlosigkeit zu entfliehen, indem sie in die Städte gingen, auswanderten, ja sie schafften sogar auf dem Lande einen gewissen sozialen Aufstieg.

Andreas Gülich hat im Gegensatz zu seinem jüngeren Bruder nie der Unterstützung bedurft. Vergleicht man die Persönlichkeit der

Brüder, so wirkt er stärker als Jakob. Diese unterschiedliche Mentalität könnte ihren Ursprung in der frühen Kindheit haben. Der ältere Bruder, Andreas Gülich, war bereits sieben Jahre alt, als der Vater Hinrich Philipp in die Bedürftigkeit absank, zehn Jahre, als er starb. Während Andreas sich noch an die Zeiten der Unabhängigkeit erinnern konnte, wuchs der jüngere Jakob ganz in der Bedürftigkeit auf. Er war vier, als der Vater starb, und seine Mutter bezog Unterstützung, bis er aus dem Haus ging. Er kannte kein Leben, das unabhängig von der Armenkasse möglich war. Wohl aber lernte er von klein auf die Strategien kennen, die im Umgang mit dem Armenkollegium nötig waren. Mag Andreas die anfängliche Bedürftigkeit des Vaters noch als Erniedrigung erlebt haben, so war sie für Jakob normal.

Schauen wir uns nun die Disziplinierungsweisen des Armenwesens und Gülichs eigene Handlungsstrategien genauer an.

»Trotzigkeit« und »ungebührliches Betragen«

Bereits das Verfahren, dem ein Verarmter unterworfen wurde, wenn er Unterstützung beantragte, war demütigend. Er wurde wie ein Krimineller verhört, wo er Heimatrecht habe, die Armenvorsteher forschten seine Lebensumstände aus, sein Besitz wurde aufgelistet. Über die Unterstützung wurde von Monat zu Monat neu entschieden, und jedesmal wiederholte sich die erniedrigende Betteltour zu Predigern und Armenvorstehern. Bares Geld wurde in der Regel nicht ausbezahlt, sondern es wurden Anweisungen auf Naturalien erteilt, die dann bei einem Bauern oder dem Müller abgeholt werden konnten: Kartoffeln, Gerste und Roggen oder Grütze und Brot. Die Naturalien wurden direkt vom Armenkollegium bezahlt. Auf diese Weise sollte die beabsichtigte Verwendung der Unterstützung sichergestellt werden. Wie alle Kontrollmechanismen zeugt natürlich auch dieses Vorgehen von einem Mißtrauen, das für die Armen nicht wenig entwürdigend gewesen sein dürfte.

Über Jahrzehnte hinweg erfolgte keinerlei Anhebung der Unterstützung. In den Herzogtümern Schleswig und Holstein waren 1808 durch eine königliche Verordnung Höchstgrenzen festgelegt worden, und sie wurden 1841 noch einmal bestätigt. Die Höchstgrenzen waren, obwohl die Unterstützung in Naturalien gewährt wurde, in Geld bemessen, was zur Folge hatte, daß bei steigenden Preisen die Leistung geringer werden mußte. Erst zum Jahre 1864 erfolgte eine Anhebung, nachdem der Höchstsatz für Bekleidung 1841 sogar von jährlich 12 m auf 7 m 8 ß herabgesetzt worden war. Nicht nur aus diesem Grund hat man die Armenordnung von 1841 als »tiefen Einschnitt in das soziale Netz« bezeichnet.[96] Aber nicht nur in der landesherrlichen Verordnung, sondern auch in der Unterstützungspraxis vor Ort lassen sich Verschärfungen beobachten. Nachdem die Miete als gesonderter Unterstützungsposten in Großsolt 1825 noch 41,2 % an den Gesamtausgaben ausgemacht hatte, sank ihr Anteil in den dreißiger Jahren auf nur noch ca. 15 %. Zugleich stiegen die Ausgaben für Beköstigung und Pflege von einem Drittel auf volle zwei Drittel der Ausgaben an. In der verschobenen Gewichtung spiegelt sich die zunehmende Verarmung der Unterschicht, vor allem aber ein diskriminierenderer Umgang mit den Armen; denn das Armenkollegium neigte nun zunehmend dazu, Kinder und Alte pauschal in Pflege zu geben (wodurch die Miete entfiel), nachdem man vorher die Familien mit Einzelleistungen unterstützt hatte.

Als Jakob Gülich mit 39 Jahren in die völlige Abhängigkeit von der Armenkasse zu geraten begann, erhielt er im Jahre 1844 den Posten des Armenvogts. Regelmäßig nachweisen lassen sich Armenvögte in Großsolt erst nach den Brandserien von 1814 und 1824. Ihre Aufgabe war die Verfolgung von fremden Bettlern. Hinrich Jansen, Jes Jessen, Jakob Gülich und (ein zweiter) Jes Jessen, die nacheinander dieses Amt innehatten, waren selber Arme. Der Lohn, den sie aus der Armenkasse erhielten, war nicht höher als die Unterstützung, die sonst ein Armer erhielt.

Indem man den Armen, der ohnehin versorgt werden mußte, gegen seine bettelnden Genossen einsetzte, schlug das Armenkollegium zwei Fliegen mit einer Klappe: Ein Seßhafter wurde integriert, die Vagabunden wurden ausgeliefert. Ein bis drei Vagabunden kamen auf diese Weise jährlich in Gewahrsam. Die Betrauung eines Armen mit der Verfolgung von Bettlern war freilich nicht ganz ohne Risiko, denn die Solidarität der gemeinsamen Armut konnte höher wiegen als die Pflicht. Es bestand bei den Armenvögten immer die Gefahr, daß sie ein Auge zudrückten. Deshalb wurden einerseits Anreize geschaffen (so zahlte die Armenkasse seit 1829 für jeden festgenommenen Vagabunden eine Prämie, zunächst pro Kopf 8 ß, seit 1833 12 ß), andererseits wurde der Posten des Armenvogts nur für jeweils ein Jahr vergeben, so daß der Inhaber völlig von der Gnade des Armenkollegiums, das ihm bei Pflichtverletzungen sein geringes Auskommen streichen konnte, abhängig war. Wenn er sich nicht bewährte, stellte man einen anderen ein. In der Instruktion Jakob Gülichs wurde ausdrücklich verlangt: »Er soll sich stets nüchtern und rechtlich verhalten und sich aller Gemeinschaft und Vertraulichkeit mit Bettlern und Vagabunden enthalten.« Die Obrigkeit schrieb ihm im einzelnen vor, wie oft er »die Runde« zu machen hatte, und versuchte Kontrollen einzubauen, daß er sich auch daran hielt: Er mußte sich »in jedem Dorfe von einem Kirchspielsvorsteher oder bei dem Sand- und Rechensmanne« schriftlich bescheinigen lassen, daß er seiner Pflicht auch nachgekommen war.[97]

Daß ein Armer andere Arme überwachte und verfolgte, hatte zur Folge, daß er auch als »Integrierter« nicht gut angesehen war. Schon wegen ihres Umganges mit unintegrierten Bettlern galten Bettelvögte traditionell als »unehrlich«. Dadurch war jedoch der Integrationseffekt gefährdet, und die Obrigkeit bemühte sich, dem entgegenzuwirken. So ersetzte sie die ursprüngliche Bezeichnung »Bettelvogt« durch den Titel »Armenvogt«. Da sich das Armenwesen um die Integration der (einheimischen) *Armen* bemühte, konnte dieser Titel als »ehrlicher« gelten als die Bezeichnung Bettelvogt, die durch die Nähe zu den (vagierenden) *Bettlern* diskreditiert war.

Zu dem finanziellen Anreiz, wirtschaftlichem Druck und Kontrolle kam die Delegierung von (ein wenig) Macht, denn der Armenvogt konnte seine Aggressionen nach unten an die Bettler weitergeben. 1824 war der Armenvogt mit einem »Schild und Bandelien« ausgestattet worden, und versehen mit diesem »Zeichen« sollte er seine Runde machen.[98] Das Abzeichen machte ihn bereits äußerlich als Vertreter der Obrigkeit erkennbar. Obwohl er also in die gesellschaftliche Hierarchie integriert wurde und optimale Voraussetzungen für eine Verdrängung seiner eigenen Armut und der gesellschaftlichen Mißstände geschaffen waren, blieben im Falle Jakob Gülichs dennoch alle Bemühungen umsonst. Er wagte es, sich bei der nächsthöheren Behörde zu beschweren, als man ihm im Sommer 1847 (während der Hungersnot) Unterstützung verweigerte. Möglicherweise war dies der Grund, weshalb er schon am 1. November 1847, nach nur drei Jahren, den Posten des Armenvogts wieder verlor.

War die Ernennung zum Armenvogt ein Versuch gewesen, Jakob Gülich ganz unten in das System zu integrieren, so zeigte das Armenwesen nach dem Scheitern dieses Versuchs seine repressive Seite, indem es ihm seinen ältesten Sohn wegnahm. Auf die steigende Zahl bedürftiger Kinder reagierte das Armenkollegium, indem es verarmten Eltern ihre Kinder einfach entzog und sie woanders in Pflege gab. Durch »Unterbot« (Verlicitierung) wurde ermittelt, »wer das Kind auf ein oder mehrere Jahre nach den vorgelesenen Bedingungen am wohlfeilsten annehmen« wollte.[99] Pastor Holt behauptete, daß dabei das Wohl des Kindes im Vordergrund stand, doch die Praxis sah anders aus. Wenn das Armenkollegium ein Angebot ablehnte, geschah das nicht unbedingt, weil man auf gute Unterbringung achtete, sondern entgegen allen Beteuerungen häufig wegen des Geldes. Die Armenkasse wollte so wenig Geld wie möglich ausgeben, und die Pflegeeltern versprachen sich wirtschaftlichen Vorteil, sei es aus dem Pflegegeld für Kleinkinder, sei es aus der Arbeitskraft größerer Kinder. Auch der Hufner Peter Jensen wird zuerst an die billige Arbeitskraft gedacht haben, als er Heinrich Jürgen Gülich annahm. Zwar war seit 1835 die Verlicitierung von Kindern verboten, und die Kinder sollten hinfort nur unter der Hand bei rechtschaffenen Leuten untergebracht werden, doch tatsächlich fanden in Großsolt weiterhin Verlicitierungen statt.

Durch den Entzug der Kinder sollten eigentlich deren Versorgung und Ausbildung sichergestellt werden. Aber diese an sich lobenswerte Einrichtung hatte zwei Seiten, denn das Beispiel Jakob Gülichs, dem man wiederholt einen Sohn entzog, zeigt deutlich, daß die Erziehung der Kinder nur als Vorwand diente. »Wegen seiner Armuth«, erklärte Gülich vor Gericht, »sei er des Sommers genöthigt gewesen, seine Kinder in Arbeit auszumiethen, sowie auch mitunter zum Betteln auszuschicken. Weil die Kinder deshalb die Schule nicht ganz regelmäßig haben besuchen können, habe das Armencollegium den ältesten Sohn [...] beim Hufner Peter Jensen in Ausacker angebracht.« Als der Junge sich über schlechte Behandlung beklagte und wiederholt fortlief, »weil er gemißhandelt worden«, wandte sich Jakob Gülich mehrfach an den Pastor Hagerup und fragte, »ob es ihm nicht gestattet werden könne, den Sohn nach Hause zu nehmen, wozu der Prediger aber geantwortet: Nein, das Armencollegium wolle für den Knaben Sorge tragen«.[100] Die menschliche Härte war hier wohlbeabsichtigt, damit die Armen ständig unter der Drohung lebten, daß man ihnen ihre Kinder entzog. Den Eltern konnte sogar jeder Kontakt zu den eigenen Kindern verwehrt werden. In den Verträgen, die das Armenkollegium mit den Pflegeeltern abschloß, findet sich mitunter die Bestimmung: »Der Vater des Kindes hat keine Vormundschaft über es und darf es nur in Begleitung von einem Mitglied des Armenkollegiums besuchen.«[101]

Grotesk ist die Geschichte mit der Weste. Gülichs Sohn wurde 1852 auch vorgeworfen, er habe »eine ihm vom Armenwesen geschenkte Weste gegen eine andere Weste vertauscht«. Grundlage dieser Anklage war eine Bestimmung, nach der vom Armenwesen zur Verfügung gestellte Kleidungsstücke nicht veräußert werden durften. Die Mittellosen sollten also nicht mit den Dingen, die sie vom Armenwesen zur Unterstützung erhielten, Geschäfte machen. Im Falle der Gülichs ist der Vorwurf, auch wenn er letztlich mit zur Verurteilung führte, dennoch recht absurd. Jakob Gülich schildert den Fall nämlich so: »Von den dem Knaben vom Armencollegium gegebenen Kleidungsstücken habe« er »eine Weste, die für den Sohn Heinrich Jürgen Gülich zu klein gewesen, seinem jüngern Sohn Jacob Heinrich und dem Heinrich Jürgen statt derselben eine andere Weste gegeben«. Was sollte der Junge mit einer zu kleinen Weste? Konnte es im Sinne der Unterstützung sein, daß der Junge mit nicht passender Kleidung herumlief? War da nicht die Lösung Gülichs viel besser, zumal »die vom Armencollegium geschenkte

Weste [...] noch im guten Behalte beim Compar[enten]« sei?[102] Aber hier ging es ums Prinzip. Und da hatte er noch so unsinnigen Anordnungen gehorsam zu folgen. Wieso aber wurde hier derartig auf den Paragraphen geritten?

Die schleswig-holsteinische Armenordnung von 1841 gab dem Armenkollegium ausdrücklich die Vormundschaft über die Unterstützten, erlaubte, sie zu Zwangsarbeiten einzusetzen, sah Strafen bei der Verweigerung von Anordnungen der Armenvorsteher vor. Jakob Gülich wurde, als er sich über die zu harte Behandlung seines Sohnes beklagte, vor das Hardesgericht zitiert, wegen »Trotzigkeit« und »ungebührlichen Betragens gegen das Armencollegium« ernstlich verwarnt und ermahnt, »solange die Unterstützung aus der Armencasse dauere, den Verfügungen des Armencollegiums, hinsichtlich der Erziehung und Unterrichtung seiner Kinder, sowie überhaupt hinsichtlich seiner Person und seines Eigenthums, Folge zu leisten«.[103] Zum Verlust der Selbstbestimmung kam eine Reihe von rechtlichen Vorschriften, die eine indirekte Repression erlaubten: die Kontrolle, ob die Unterstützung richtig angewendet wurde, die Verfügungsgewalt über den Besitz der Armen, Eheeinschränkungen usw. Es lag im Ermessen des Armenkollegiums, wie scharf es die Bestimmungen im Einzelfall anwendete, und darin lag die Möglichkeit, mißliebige Arme unter Druck zu setzen. Die Bestrafung des Jungen hatte vor allem das Ziel, den Vater zur Räson zu bringen.

Der Junge, 14 Jahre alt, war gegen seinen Willen vom Armenkollegium in Dienst gegeben worden. Er hatte offenbar eine enge Bindung zum Vater, denn jedesmal, wenn er entwich, lief er schnurstracks zu ihm. Der Vater brachte ihn immer selbst zurück, setzte sich auch bei dem Hufner Jensen für ihn ein. Das eine Mal, als der Junge zu Hause nur die Mutter vorfand, setzte sich niemand für ihn ein, denn sie wandte sich an einen Armenvorsteher, der ihn dann zurückbrachte. Durch die trockenen Worte des Gerichtsprotokolls schimmert die emotionale Abweisung, die in diesem Vorgang lag, aber auch das Verständnis, das er immer beim Vater fand.

Indem man ihm in einem anderen Dorf eine Anstellung verschaffte, hatte man den 14jährigen gewaltsam aus seiner Familie gerissen und ihn in einen, daran gemessen, rauhen Dienst gegeben.

Da er offenbar bei seinem Vater daran gewöhnt war, Verständnis für seine Probleme zu finden, kam er mit dem Leben als Dienstbote auf einem fremden Hof nicht zurecht, zumal es dort niemanden gab, der irgendein Verständnis für ihn zeigte – was aber nötig gewesen wäre, da die Situation für ihn völlig neu war. Wenn der Junge seinem Dienstherrn als »lügenhaft«, »träge« und »ungehorsam« erschien, war dies sicherlich auch ein Ausdruck beiderseitiger Überforderung. Denn die Kommunikation mit seinem Dienstherrn war über das normale Maß hinaus schwierig. Dieser war so schwerhörig, daß er nicht einmal vor Gericht erschien und dort als »unfähig« angesehen wurde, »eine Erklärung abzugeben«. Statt dessen erschien der Sohn des Bauern. Von einem Dienstherrn, der kaum noch etwas verstand, war nicht nur wenig Einfühlungsvermögen für die Probleme und Bedürfnisse des Jungen zu erwarten, man kann sich auch vorstellen, daß es leicht zu Mißverständnissen kam, daß er leicht gereizt war, Falsches unterstellte, wenn er nur die Hälfte mitbekam, und Diskussionen, die ihn überforderten, schon mal durch eine Ohrfeige gar nicht erst aufkommen ließ.

War die Beschreibung des Knaben durch den Sohn des Bauern zuerst nur negativ, so versuchte dieser ihm im weiteren Verlaufe der Aussage doch mehr Gerechtigkeit widerfahren zu lassen. Er »sei davon überzeugt, daß der Knabe, welcher selbst gute Anlagen habe, sein Betragen mal bessern werde, wenn er der Wacht seines Vaters ganz entzogen würde«.[104] Die Schuld lag demnach im sozialen Umfeld, dem schlechten Einfluß des Vaters. Die vorgeschlagene Lösung war drastisch: den Jungen diesem Umfeld völlig zu entziehen.

Obwohl hier über das Verhalten des Sohnes verhandelt wurde, ging es letztlich um den Vater, Jakob Gülich. Ihm wurden im Urteil »Trotzigkeit« und »ungebührliches Betragen« vorgeworfen. Dies bestand darin, daß er, wie Peter Jensen erklärte, den »lügenhaften Erklärungen seines Sohnes [...] geradezu geglaubt und die aufklärenden Aussagen des Comp[arenten] und seines Vaters nicht [habe] gelten lassen wollen«. Gülich hatte dem Hufner »mehrere Vorwürfe wegen seines Betragens gegen den Knaben« gemacht, erschien sogar mehrfach im Hause des Bauern, um Beschwerden vorzubringen, bis der »dieser wiederholten und grundlosen Beschwerden überdrüssig geworden« war und den Jungen nicht länger im Hause haben wollte. Gülich beschwerte sich auch beim Pastor, dem Vorsitzenden des Armenkollegiums, daß die Behandlung seines Sohnes durch den Bauern »zu hart sei«, und fragte, »ob es ihm nicht gestattet werden könne, den Sohn nach Hause zu nehmen«. Der Pastor lehnte dies ab: »Nein, das Armencollegium wolle für den Knaben Sorge tragen.«[105]

Was waren die Aussagen eines notorischen Armen, der der Gemeinde seit Jahren zur Last fiel, und die seines Sohnes gegen das Wort eines Hufners, eines Mitgliedes der ländlichen Oberschicht? Der Sohn des Dienstherrn betonte vor dem Gericht, sein Vater »habe den Knaben nie geschlagen, und die Behandlung desselben in ihrem Hause sei überhaupt so gewesen, daß sie dafür verantwortlich sein können«. Diese Aussage in Frage zu stellen hätte geheißen, die bestehende Ordnung als solche in Frage zu stellen. Das dörfliche System, die Einteilung in reiche Bauern und arme Tagelöhner, konnte nur bestehen, solange die Armen gehorsam waren und sich fügten. Das Armenwesen, finanziert und personell getragen weitgehend von der dörflichen Oberschicht, die die Armenvorsteher stellte, hatte die Aufgabe, dieses System zu garantieren. Der Prozeß von 1852 sollte den Gülichs (und allen anderen Armen) die Grenzen und Beschränkungen vor Augen führen, die ihnen gesetzt waren. Die Prügelstrafe, zu der der Junge verurteilt wurde, war Ausdruck von Klassenstrafrecht und galt als ehrmindernd.

Jakob Gülichs Verhalten zeigt aber auch, daß ein Armer durchaus Möglichkeiten hatte, das System für sich einzusetzen. Innerhalb der ihm zugewiesenen sozialen Rolle konnte er sich durch begrenzte Regelverletzungen Spielräume schaffen, die sich in einem gewissen Rahmen flexibel handhaben ließen. Da er sich dem System nicht entziehen konnte, von Unterstützung und Tagelohn abhängig blieb, respektierte er dabei vorgegebene Grenzen und provozierte durch sein »ungebührliches Verhalten« nur eine ernstliche Verwarnung. Der Gedanke, das System zu verändern, wäre ihm fremd gewesen. Aber er konnte sich in seiner Armut so viel Selbstachtung bewahren, daß er die geschenkte Weste »ungebührlich« als zu klein befand.

Die »Aneignung« konnte jedoch viel weiter gehen, die Ausbeutung des Systems in offenen Betrug münden. Dann wurde eine Bedürftigkeit vorgespiegelt, die in der angegebenen Form gar nicht bestand, etwa noch vorhandener Besitz verschleiert oder eine Krankheit simuliert. Die Fälle von eindeutiger Manipulation sind allerdings außerordentlich selten, eher versuchten Arme das System auszunutzen, indem sie es mit seinen eigenen Mitteln austricksten.

Vom Almosen zur Sozialversicherung

Wenn sämtliche Hospitäler in Bordeaux im Jahre 1525 eine Aufnahmekapazität von 0,15 %, 1600 von 0,5 %, 1675 von immerhin 1,9 % der Bevölkerung hatten, so spiegelt sich darin nicht nur ein Ausbau der städtischen Armenfürsorge, sondern auch eine Tendenz weg von personalen, im heutigen Sinne informalen Beziehungen hin zu rechtlich fixierten, obrigkeitlichen Lösungen. Es entstand eine abstraktere Form der sozialen Beziehungen, als es die personalen, auf konkrete Gegenleistung gerichteten Formen der Selbsthilfe und des Almosens gewesen waren, die noch um 1500 das Bild beherrscht hatten.

Hatte dem Almosen im Mittelalter die Fürbitte gegenübergestanden, so reduzierte sich diese kultische Gegengabe in der Frühen Neuzeit auf die reine Dankbarkeit – der das Bild des *fordenden* Bettlers aber nicht entsprach. Die erwartete Dankbarkeit stand jetzt einem Anspruch auf Unterstützung gegenüber. Je größer die materiellen Unterschiede in der Gesellschaft wurden, je mehr die Schere zwischen Arm und Reich auseinanderging, desto weiter entfremdeten sich die Schichten auch kulturell voneinander.

Die wachsende Not, zusammen mit dem Rückgang der Almosen, mußte die Bettler zu um so aggressiverem Vorgehen treiben, die Bedürftigen um so stärker auf ihren Anspruch pochen lassen, was auf der anderen Seite die Bereitschaft zur Barmherzigkeit weiter verminderte. Von einer Bettlerin berichtete ihr 15jähriger Begleiter 1678: »Wan man ihr nit genueg geben, es sey Schmalz oder anderes gewesen, hab sye es der Päurin ins Gesicht oder sonst verworffen, mit ihrem Stab die Fenster eingestoßen und grob gescholten, welches so offt geschehen, wan man ihr nit nach Geniegen geben.«[106] Wenn sich Bettler dann auch noch selbst bedienten und Diebstähle begingen, war die Bereitschaft, freiwillig zu geben, endgültig dahin. Das Verhalten einzelner führte zur Radikalisierung: Dreistigkeit auf der einen, Unbarmherzigkeit auf der anderen Seite.

Der Grundsatz, daß jede Gemeinde ihre eigenen Armen versorgen sollte, hatte oft die Folge, daß Zugewanderten, die verarmten, die Unterstützung ganz verweigert wurde. In der Regel bestimmte die Armengesetzgebung seit dem 16. Jahrhundert, daß die Bedürftigen von ihrem Geburtsort unterstützt werden sollten. Später wurde eine Frist (oft zwei, drei oder gar fünfzehn Jahre) festgesetzt, nach der sie an einem Ort das »Heimatrecht« erwarben und damit auch Unterstützung erhalten konnten. Da jede Armenverwaltung die Zahl der Bedürftigen gering halten wollte, erwuchsen aus der Frage des Heimatrechts langwierige Streitigkeiten zwischen den Gemeinden. Für die Armen selbst bedeutete diese Regelung, daß man sie in sogenannten Bettel- oder Krüppelfuhren an den ermittelten Heimatort zurückverfrachtete, an dem sie zum Teil jahrzehntelang nicht mehr gelebt hatten und wo sie in ihrer Bedürftigkeit auch nicht erwünscht waren.

Preußen ging als erster Staat in Deutschland 1842 dazu über, daß man seinen »Unterstützungswohnsitz« nach zwei Jahren nicht nur an einem neuen Wohnort erwarb, sondern ihn nach zweijähriger Abwesenheit auch am alten verlor. Auf diese Weise wurden nicht nur die Bettelfuhren überflüssig, sondern die Unterschichtsangehörigen konnten sich auch frei von Zuzugsbeschränkungen dort ansiedeln, wo sie Arbeit fanden – eine der Grundbedingungen für die beginnende Industrialisierung. Für die Armen, die nun gar keinen Unterstützungswohnsitz mehr hatten, wurden zentrale Kassen, die Landarmenverbände, zuständig.

Gaben zu Beginn der Frühen Neuzeit Menschen noch schichtenunabhängig Almosen, so nahm das Desinteresse der Bevölkerung an den Armen ständig zu. Auf der einen Seite stieg der allgemeine Wohlstand so weit an, daß sich immer weniger Menschen selbst unmittelbar von der Verarmung bedroht fühlten, auf der anderen Seite führte die Zunahme von Bedürftigkeit aber auch dazu, daß die freiwilligen Sammlungen, die nach dem Verbot des Bettelns durchgeführt wurden, nicht mehr genug einbrachten. Zunächst in Krisen wurden deshalb zwangsweise Steuern erhoben. In Bordeaux setzte sich über solche Anfänge bereits seit 1550 eine dauerhafte Besteuerung durch. In England wurde sie durch das Alte Armenrecht eingeführt. Auf dem Lande dauerte dieser Vorgang in vielen europäischen Ländern aber noch bis etwa 1800. Die Folge war freilich überall die gleiche: Die freiwilligen Spenden gingen zurück.

Eine Verschlechterung der wirtschaftlichen Lage konnte anfangs noch die Hilfsbereitschaft antreiben; mittelfristig ließ sie sich aber nicht aufrechterhalten. Als das niederländische Dorf Graft in der zweiten Hälfte des 17. Jahrhunderts wirtschaftlich in die Krise geriet, stiegen die Sammlungen für die Armen zunächst an, doch nach dem Verschwinden der Arbeitsplätze sank Ende des Jahrhunderts dann auch das Niveau der Armenfürsorge, so daß immer mehr Arme abwanderten. Auf diese Weise stellte sich ein »Gleichgewicht zwischen Armut und finanzieller Belastbarkeit« in der Gemeinde wieder her.[107]

Als die Höhe der Unterstützung im 19. Jahrhundert zentral festgesetzt wurde, funktionierten diese Mechanismen nicht mehr. Hatte es in Großsolt 1783 lediglich drei zeitweise unterstützte Arme gegeben, so lag die Zahl zwischen 1842 und 1846 bei durchschnittlich zehn temporär und mehr als 12 beständig Unterstützten. Die Armenkasse mußte einen immer höheren Geldbedarf dekken. Während der Amtszeit von Pastor Wolff (1805–1832) stiegen die Ausgaben von 136 m 9½ ß (1805) auf 900 m 12 ß (1832) an. Die Visitationsberichte sind voller Klagen darüber, daß die Unterhaltung der Armen »immer drückender« werde.[108] Da die freiwilligen Sammlungen nicht mehr genug einbrachten, um alle Bedürftigen ausreichend zu unterstützen, mußte man zu Zwangsmaßnahmen greifen. Bereits die Armenordnung von 1736 hatte im Herzogtum Schleswig eine zwangsweise erhobene Steuer für den Fall vorgesehen, daß die freiwilligen Beiträge nicht ausreichten, und dies geschah nun auch in Großsolt. Im Jahre 1802 setzte der Hardesvogt erstmals »obrigkeitlich« fest, welchen Beitrag ein jeder zur Armenkasse zu zahlen hatte. Weil die Ausgaben weitergaloppierten, mußten bald jährlich neue Armensetzungen stattfinden, wobei die »Beyträge größtentheils [...] erhöht werden« mußten.[109]

Parallel zu dieser Entwicklung wurde das Helfen die Sache immer weniger reicher Wohltäter. Legate, also Vermächtnisse, an die Armen wurden in Bordeaux bereits um 1600 eine Sache von Mittel- und Oberschicht; um 1675 gibt es fast nur noch in Testamenten von Oberschichtsangehörigen Legate an die Armen. Diese Menschen waren selbst nie von Armut bedroht gewesen und kannten diese nicht aus eigener Anschauung. Fürsorge und Barmherzigkeit waren für diese Minderheit unter den Reichen eine soziale, moralische oder religiöse Verpflichtung, die ihnen aus ihrem Reichtum erwuchs. Manchen diente die Sorge um die Armen auch schlicht zur Selbstdarstellung und zur Inszenierung ihres Wohlstands: Private Armenfürsorge wurde zum Statussymbol der Superreichen.

Dennoch darf man ihren Einsatz nicht unterschätzen. Einzelne Philanthropen ruinierten sich für ihre Ideale. Der Altonaer Kaufmann, Bankier und Fabrikant Johann Daniel Lawätz (1750–1826) gründete in seinen letzten Lebensjahren in Holstein die Armenkolonie Friedrichsgabe. Da er die Stadt als Quelle allen Übels und in der Landwirtschaft und in Armenkolonien auf noch unbenutzten Ländereien die Lösung sah, wollte er den städtischen Armen dort die Gelegenheit geben, »sich ihre Bedürfnisse selbst zu verschaffen«.[110] Gerade an diesem Unternehmen wird die Wirklichkeitsfremdheit des Stifters deutlich: Weder er noch die Armen verstanden hinreichend etwas von der Landwirtschaft, außerdem waren letztere meist nicht arbeitsfähig, so daß die Kolonie unter gewaltigen Kosten scheitern mußte. In der Persönlichkeit Lawätz' wird auch der innere Widerspruch von Reichtum und Philanthropie deutlich, denn einerseits wollte er den Armen in seinen Flachsspinnereien weniger bezahlen, als die ohnehin geringe Armenunterstützung bot, und setzte die Beschäftigung von Armen immer wieder geschickt zur Steigerung seines Profits und zur Erlangung staatlicher Privilegien ein, andererseits steckte er gewaltige Summen in den Aufbau der Armenkolonie. Einerseits gelang es dem erfolgreichen Fabrikanten tatsächlich, vielen Armen in seinen Manufakturen Arbeit zu verschaffen, andererseits konservierte er die in seiner Zeit überholte Vorstellung, die Armut nur durch die Landwirtschaft heilen zu können. Gerade der Industrielle hätte in der aufkeimenden Industrie, die der Überbevölkerung ein Ventil bot, eine aussichtsreichere Lösungsmöglichkeit finden können. So aber traten seine Ideale von Philanthropie und Aufklärung in Widerspruch zur Realität der Armut, und dieser Widerspruch verdammte seine wohlgemeinten Bemühungen zum Scheitern.

Die privaten Wohltäter regten nicht nur die entscheidenden Reformen des Armenwesens an (so verfaßte auch Lawätz programmatische Schriften in diesem Sinne), sondern sie finanzierten sie oft auch. 1788 wurde in Hamburg das städtische Armenwesen durch die Gründung der *Allgemeinen Armenanstalt* reformiert. Ehrenamtliche Armenpfleger, die eine genaue Kenntnis der Bedürftigen besaßen, sollten bezirksweise eine genaue Abstimmung auf den Einzelfall gewährleisten, so daß Arbeitserziehung, Kontrolle und Disziplinierung zusammenwirken konnten. Maßgeblich an der Reform beteiligt waren auch hier private Wohltäter wie der Kaufmann Caspar von Voght (1752–1839). Der stets praxisbezogene Wirtschaftswissenschaftler Johann Georg Büsch (1728–1800) sah im Gegensatz zu vielen anderen Autoren der Pauperismusliteratur in Faulheit und sozialem Verfall Folgen und nicht Ursachen der Verarmung. Aber auch er war noch von paternalistischen Gedanken durchdrungen und glaubte an einen »Stand der Armut«. Er griff bei seinen Reformbemühungen auf Überkommenes zurück, das er den Gegebenheiten seiner Zeit anpaßte. Sein Ziel war die soziale Einbindung der Unterschicht.

Über 40 Städte in ganz Europa reorganisierten ihr Armenwesen nach dem Hamburger Vorbild. Als das Kieler Armendirektorium Ende des 18. Jahrhunderts immer weniger mit der wachsenden Armut fertig wurde, schlossen sich 1793 sechs renommierte Bürger zusammen und gründeten die *Gesellschaft freiwilliger Armenfreunde*. Bis 1870 war diese private Organisation nun in der Stadt für die Armenfürsorge zuständig. Sie teilte die Stadt in Bezirke auf und setzte dort ehrenamtlich tätige Armenpfleger ein, die die Armen kontrollierten; das nötige Geld wurde von den Bürgern aufgebracht, die der Gesellschaft als Mitglieder angehörten.

Auffallend ist der sich differenzierende Umgang mit den Armen in den verschiedenen Schichten. Auch die Unterschichtsangehörigen gaben weiterhin Almosen an einen Bettler, der darum bat. Doch sie bevorzugten direkte Formen, während die indirekten, abstrakten Formen eher von den höheren Schichten genutzt wurden. Schon Spendenbüchsen, die es der einsammelnden Institution überließen, die Almosen nach bestimmten Kriterien zu verteilen, waren eine weniger direkte Form der Hilfe, als dem bettelnden Bedürftigen selbst etwas zu geben. Noch weniger unmittelbar waren die Bemühungen der Philanthropen um eine Verbesserung des Armenwesens. In solchen unterschiedlichen Verhaltensformen spiegelt sich nicht zuletzt die Fähigkeit zu einem abstrakteren Denken, die sich in den wohlhabenderen und besser gebildeten Schichten durchsetzte, während die ärmeren Bevölkerungsgruppen bei ihrem konkreten Umgang mit der Not auch in einem konkreteren, auf das Unmittelbare gerichteten Denken verharrten.

Die einmal vorhandenen Institutionen veränderten aber auch das Verhalten der Unterschichten. Tagelöhner zahlten, wenn sie etwas verdienten, von ihrem geringen Lohn Armensteuer, und daraus wuchs, wie Pastor Holt richtig erkannt hatte, »die Meinung, daß der Arme *von Rechts wegen* zu fordern hat«.[111] In dem Zusammenhang von Totenbeliebungen und Gilden – ursprünglich städtischen Einrichtungen, die sich mit der Auflösung nachbarschaftlicher Bindungen über das flache Land ausbreiteten – konnte auch das neugeschaffene Armenwesen von den Beitragszahlern leicht als eine Art Zwangsversicherung aufgefaßt werden (als das es freilich nicht gedacht war).

In England begannen kleine Landbesitzer bereits seit Ende des 17. Jahrhunderts, die Armenkasse, für die sie lebenslang Beiträge bezahlt hatten, im Alter zu nutzen. Und auch im schleswigschen Großsolt erbat Jürgen Thomsen 1865, »daß ihm in Anbetracht des hohen Alters, worin er und seine Frau ständen, eine fortgehende mäßige Unterstützung bis an sein Ende gereicht werde, wogegen er seine Kathe mit Land dem Armenwesen zum vollen Eigenthum überlassen wolle«.[112] Die alten Leute, die sich ihren Lebensunterhalt nicht mehr mit eigener Arbeit verdienen konnten, griffen bewußt auf die Armenkasse zurück und nutzten sie wie eine Altersrente. Der (geringe) Besitz diente als Gegenwert – und das Armenkollegium ging darauf ein. Das war allerdings nur der äußerste

Weg, denn mit der Armenunterstützung war immer noch ein solcher sozialer Abstieg verbunden, daß niemand sie gern in Anspruch nahm. Betagte Menschen hatten freilich keine andere Perspektive mehr. Die Einführung der Sozialversicherungen seit Ende des 19. Jahrhunderts nahm diese Entwicklung auf. Der integrativen Seite der Fürsorge standen in der Frühen Neuzeit freilich Marginalisierung und Kriminalisierung der Nichtseßhaften gegenüber.

»Falsche« Bettler und Gauner

Bettelei und Nichtseßhaftigkeit

Die an Grundbesitz gebundene Agrargesellschaft des späten Mittelalters und der Frühen Neuzeit verstand sich selbst als seßhaft, obwohl es in ihr viele Elemente der Nichtseßhaftigkeit gab. Die höhere Dynamik der Städte (»Stadtluft macht frei«) sorgte für einen Spannungsabfluß aus der ländlichen Gesellschaft und half so, den Status quo zu erhalten. Bei dem permanenten Zuzug mußten sich die Städte aber vor einem unkontrollierten Konflikttransfer schützen. Das Heimatrecht verstärkte das Prinzip der Seßhaftigkeit, weil es der einzige Weg war, das Problem der Armenversorgung bürokratisch zu lösen. Damit schloß es aber zugleich alle aus, die keine »Heimat« hatten, zum Beispiel die Zigeuner, und trug dazu bei, ihre fremde Identität zu verfestigen.

Gewisse anerkannte Formen der Nichtseßhaftigkeit waren gesellschaftlich institutionalisiert und gehörten sogar zum Habitus bestimmter Berufe: das Gesellenwandern, die Wanderung von Studenten oder die Migration des ländlichen Gesindes. In der Regel wurde die Migration als Durchgangsphase und Übergang zu neuer Seßhaftigkeit verstanden. Um sie zu kontrollieren, wurden feste Formen entwickelt. Die Wandernden waren an ihrer speziellen Kleidung erkennbar, ihr Status dadurch klar beschrieben. Um so mehr mußte ein falscher Bettler, der sich ein Mönchsgewand anzog, die feste Ordnung der Welt stören. Als die personale Herrschaft, die in einem gewissen Grad die Anbindung auch der Mobilen erlaubte, in den frühmodernen Territorialstaat überging, wurden mobile Personen und Gruppen ein besonderer Störfaktor, da sie sich dieser neuen Form von Herrschaft entzogen. Die Repression richtete sich daher in besonderem Maße gegen die unkontrolliert Umherziehenden.

Besonders die fremden Bettler wurden zum Gegenbild der gottgewollten Ordnung. Was immer unmoralisch, böse oder verboten war, wurde ihnen unterstellt. Versuchte man zunächst, sie aus der Gesellschaft zu entfernen, indem man sie auswies, änderte sich in der Mitte des 16. Jahrhunderts die Sprachregelung. Man wollte sie jetzt nicht mehr »ausweisen«, sondern »ausrotten« und die Gesellschaft von ihnen »reinigen«. Zunächst war dies noch bildhaft gedacht. Die Bettler waren im wahrsten Sinne des Wortes dreckig, und dies übertrug man auf die Gesellschaft. Gerade im Zusammenhang mit der Pest, die man mit dem Schmutz und den Ratten in den Armenvierteln verband, die aber auch von fremden Orten eingeschleppt wurde, sah man in den Bettlern, und insbesondere in den fremden Bettlern, eine Bedrohung. Maßnahmen gegen diese Gruppe standen noch im 16. Jahrhundert fast immer in Zusammenhang mit Versorgungskrisen und der aus ihnen resultierenden Tumultgefahr oder mit akuter Pestgefahr.

»Herrenloses Gesindel«, in England *masterless men*, die sich nicht in die ständische Gesellschaft einfügen ließen, wurden seit dem 16. Jahrhundert von den Obrigkeiten mit immer härteren Strafen verfolgt. Galeerenstrafen und Brandmarkungen wurden überall in Europa üblich. In England stellte der *Vagrancy Act* von 1598 jedes unlegitimierte Umherziehen unter Strafe. Da also bereits die Nichtseßhaftigkeit in der Frühen Neuzeit kriminalisiert wurde, waren die Grenzen zur berufsmäßigen Kriminalität fließend. Oft bewirkten Brandmarkung oder Landesverweis das endgültige Abrutschen in die Illegalität. Die Etikettierung als Vagant brachte dann wirklich den Kriminellen hervor.

Die meisten Fahrenden waren allerdings nicht freiwillig unterwegs. Saisonarbeiter, Kesselflicker, Hausierer oder Musikanten trieb die Suche nach Arbeit. Anderen fehlte eine soziale Einbindung. Wer innergesellschaftliche Grenzen, also Normen, verletzte, mußte im späten Mittelalter und in der Frühen Neuzeit auch räumliche Grenzen überschreiten. Der Landesverweis war in der Frühen Neuzeit eine gängige Strafe unterhalb der Todesstrafe, ja er wurde immer häufiger ausgesprochen. Oft antizipierten deviante Personen die Sanktion, indem sie freiwillig fortgingen. Sie entflohen ihrem Heimatort wegen übermäßiger Schulden, weil sie aus religiösen Gründen verfolgt wurden oder weil die Straße der einzige

Weg war, der Enge einer unbefriedigenden Ehe zu entkommen. Sexuelle Vergehen wie Unzucht oder Ehebruch, aber auch kleinere Diebstähle wurden oft mit Landesverweis bestraft und trieben die Betroffenen gegen ihren Willen auf die Straße. Im 16. und 17. Jahrhundert bildeten arbeitslose Gart- oder Landsknechte einen gefürchteten Teil der Fahrenden, im 18. Jahrhundert abgedankte oder desertierte Soldaten. Auch sie waren kaum freiwillig unterwegs, sondern sozial desintegriert. Aus dem Randbereich der Gesellschaft stammten auch die Angehörigen »unehrlicher« Berufe wie Abdecker und Hirten, die einen überproportionalen Anteil der Nichtseßhaften stellten. Manche Umherziehenden waren schon Kinder von Vaganten und hatten nie die Chance gehabt, sich in die seßhafte Gesellschaft zu integrieren. In Salzburg gaben Ende des 17. Jahrhunderts 21% der verhafteten jugendlichen Bettler an, schon ihre Eltern hätten gebettelt. Sie hatten keine Bindung an bestimmte Orte, und manche hatten ein seßhaftes Leben und die dazugehörigen Verhaltensmuster nie kennengelernt. Für andere war das Umherziehen eine bewußte Alternative zum seßhaften Leben am unteren sozialen Rand.

Gelegenheits- und Saisonarbeiter, die der Arbeit folgten, waren zeitweilig Vagierende, die dem Grenzbereich der seßhaften Unterschichten entstammten. Oft mußten sie unterwegs um Zehrgeld betteln; so kamen im 17. Jahrhundert jeden Monat 1000 bis 1500 zeitweilig oder dauerhaft bedürftige Migranten durch Lyon. Für sie – wie überhaupt für große Teile der Unterschicht – bestand immer die Gefahr des Absinkens in die permanente Nichtseßhaftigkeit. Handwerksgesellen oder Dienstboten mußten in Zeiten der Not ebenfalls betteln. Arbeitsmangel, Krankheit, kleinere Vergehen konnten den weiteren Abstieg verursachen. Gerade für Gruppen, die ohnehin stärker an das mobile Leben gewöhnt waren, konnte der Weg schnell in die dauerhafte Nichtseßhaftigkeit führen.

1527 publizierte Martin Luther eine deutsche Version des *Liber vagatorum* unter dem Titel *Von der falschen Betler Buberey.* Unterstützung sollten, wie Luther in seiner Einleitung schrieb, nur noch die einheimischen, seßhaften, »wahren« Armen erhalten, während die fremden, fahrenden Bettler nicht mehr toleriert werden dürften. In der Tat orientierten sich die obrigkeitlichen Normen sowohl in protestantischen als auch in katholischen Gebieten während der Frühen Neuzeit an diesem Grundsatz. Die Idee des Heimatprinzips und des gemeinen Kastens, der nach den evangelischen Kirchenordnungen überall eingeführt werden sollte, krankte freilich daran, daß dies in der Praxis nicht flächendeckend geschah, viele Bedürftige also unversorgt blieben und trotz aller Verbote weiterhin betteln gehen mußten.

Vor allem auf dem Lande bestand überall eine unzureichende Armenfürsorge. Im Jahre 1633 stellte eine bischöfliche Visite in der Umgebung von Bordeaux fest, daß die »Armen im Ochsenstall untergebracht waren, wo sie keine Betten hatten, aber etwas Brot und ein Gebräu als Almosen erhielten«.[113] Im sächsischen Gottleuba brachten die Leute 1577 ihre Almosen einfach mit zur Kirche, legten alles in einen großen Bottich, »es sei Brot, Kuchen, Eier, Putter, Kese oder Gelt«.[114] Dies verteilte der Pfarrer dann mit frommen Ermahnungen an die Hausarmen. In manchen Gegenden wurden die Armen auf den einzelnen Gehöften reihum versorgt; Alte, Kranke und Waisen wurden in Versteigerungen bei demjenigen in Kost und Logis gegeben, der den geringsten Preis verlangte, sie deshalb wahrscheinlich aber auch am schlechtesten versorgte. Gab es in englischen und in vielen niederländischen Dörfern bereits im 17. Jahrhundert eine institutionalisierte Armenfürsorge, so wurden zum Beispiel in Schleswig-Holstein erst im Verlaufe des 18. Jahrhunderts in sämtlichen Kirchspielen Armenkassen eingeführt. Noch Jakob Gülich mußte, wie wir gesehen haben, Mitte des 19. Jahrhunderts seine Kinder »mitunter zum Betteln« ausschicken.

Zudem machte die Realität die Unterscheidung von würdigen und unwürdigen Bettlern schwer. Die Praxis, also die Nichtdurchsetzung der Verordnungen, zeigt, daß die meisten Beamten, die konkret mit den Armen umgingen, dies durchaus wahrnahmen. Dennoch fanden sich unter den Vagierenden gerade diejenigen, die unter den unterstützten Armen fehlen, nämlich alleinstehende Männer. Auch schärfste Repressionen konnten nicht verhindern, daß wahre Bettlerscharen über die frühneuzeitlichen Straßen zogen. Niedrige Schätzungen gehen für das ausgehende 18. Jahrhundert von einem Bevölkerungsanteil der Vagierenden von 2% aus, hohe Schätzungen gar von 10%.

Es gab verschiedene Formen des Bettels: den ortsansässigen Armen, der in der Nachbarschaft um Brot oder Geld bettelte, den Gelegenheitsbettler, der nur zeitweise von akuter Not getrieben bettelte, aber auch den professionellen Wanderbettler, bei dem die Grenzen zur kriminellen Unterwelt fließend waren. Außerdem gab es Kinderbettler und Jugendbanden in den Städten.

Viele Bettler waren noch seßhaft und nutzten ihr Sozialkapital. Besonders beim Haustür- und Wohnungsbettel im Viertel war das persönliche Vertrauensverhältnis nicht unwichtig. Von seinem Sozialkapital zehrte der 75jährige, dem seine Nachbarn in Leipzig »alle Sonntage ein Stückgen Brodt zu geben pflegten«. Ein anderer alter Mann ging dort »in die Häußer bey Bekante bitten«.[115] Direkte Ansprache auf den Gassen und Märkten war anonymer, ebenso das Betteln an Kirchen oder Toren.

Oft mußten Kinder selbst in noch vollständigen Familien mit Betteln zum Lebensunterhalt beitragen. Da die Familien der Tagelöhner und Kleinstbesitzer auf die Mitarbeit beider Elternteile angewiesen waren, konnten Krankheit, Tod oder Arbeitslosigkeit bereits eines Elternteils zum Zerbrechen der Familie führen. Die Zerrüttung der Familienverhältnisse war nicht zuletzt durch die Ökonomie der Not bestimmt. Stiefmütter sicherten ihren eigenen Kindern das wenige, was es gab; Väter verließen ihre Familien als einfachster Weg der Ehescheidung. Gerade uneheliche Kinder blieben oft sich selbst überlassen, während die Mutter arbeitete. Mutterlose Kinder wie der 15jährige Georg Riser aus Mittersill hatten Väter, die sich kaum um sie kümmern konnten oder wollten. Der 14jährige Christian aus Embach wußte weder seinen Nachnamen, noch hatte er Vater und Mutter gekannt, »sondern hab nur denjehnigen für seinen Vatter gehalten, bei deme er sich am Empach in der Herberg aufgehalten«.[116]

Während die übrigen Bettler meist allein, in der Familie oder in Kleinstgruppen bettelten, schlossen sich die männlichen Jugendlichen gelegentlich zusammen. In Wien wurden Ende des 17. Jahrhunderts regelmäßig *Compagnien* von Jungen festgenommen. Meist bestanden die Gruppen aus acht bis 17 Jugendlichen; das Alter reichte von acht bis 18 Jahren. Die Bande hatte für sie die Funktion einer *peer group*, bot verlassenen Jugendlichen auch so

Abb. 7: Die Allgegenwart der Bettler im öffentlichen Raum: Bettler an den Toren Lübecks. Ausschnitt aus einem Gemälde von Johann Willingers, 17. Jahrhundert. Museum für Kunst und Kulturgeschichte der Hansestadt Lübeck.

etwas wie Familienersatz. Häufig gab einer den Ton an; so war der »Rädlführer« einer Gruppe, die 1670 verhört wurde, Hans Schelter, ein Junge von 13 oder 14 Jahren. Die Gruppe bestand aus acht Jungen zwischen zehn und 15 Jahren.[117]

Bettler hielten sich bevorzugt an den Orten auf, wo sie am ehesten ein Almosen erhoffen konnten. Ihre ständige Präsenz an Kirchen und auf Plätzen war nicht nur allgemein bekannt, sondern ein immerwährender Stein des Anstoßes. Mit der Kontrolle der Bedürftigkeit, der Einrichtung eines obrigkeitlichen Armenwesens und dem Ausschluß fremder Bettler versuchte man zwar den größten Mißständen gegenzusteuern, doch Lücken gab es immer. Wenn man die Bettler nicht mehr in die Stadt ließ, verlagerte man das Problem nur an die Stadttore, wo sie nun die Reisenden »belästigten«. Da viele Stadtmauern in äußerst schlechtem Zustand waren, gelang es den fremden Bettlern oft, über Breschen oder Müllberge, die sich vor den Mauern auftürmten, in die Stadt einzudringen, so daß sich die Kontrollen an den Toren als nutzlos erwiesen.

Schon in den zeitgenössischen Quellen werden die professionellen Bettler mit vielen Vorurteilen belegt. Sie seien zu faul zum Arbeiten und verdienten mit dem Betteln mehr als andere durch Arbeit. Schließlich setzten obrigkeitliche Verordnungen Vaganten, Arbeitsscheue, Bettler und Diebe förmlich gleich. Die Wirklichkeit war komplexer. Sicherlich gab es auch Arbeitsscheue unter den Bettlern. Die meisten aber hatten diesen Weg nur gewählt, weil es für sie ein anderes Auskommen nicht gab. Manche Vaganten zogen umher, weil sie nirgendwo eine Heimat hatten, andere zogen das Leben auf der Straße bewußt der einengenden Abhängigkeit von der Armenkasse vor. Im Sommer, nach Kriegen und in Krisenzeiten schwoll der Strom der Vagierenden rapide an.

Wir haben aber bereits im Zusammengang mit den vagierenden Frauen gesehen, daß die Grenzen zwischen Seßhaften und Nichtseßhaften in der Praxis nicht so scharf waren, wie es die Verordnungen vermuten lassen. Zwischen der Landstraße und den Siedlungen gab es enge Verflechtungen, und ein Beziehungsnetz spannte sich zwischen diesen so verschiedenen Lebensweisen. Auch Nichtseßhafte richteten sich nach bürgerlichen Normen, wenn sie ihnen auch oft nicht gerecht werden konnten, und Seßhafte akzeptierten die Überlebensstrategien der Umherziehenden, ja sie trafen Arrangements mit ihnen. Zu strenge Gesetze wie in England erwiesen sich als wirklichkeitsfremd, da davon auch die Arbeitsmigranten getroffen wurden. Deshalb erlaubte der *Act of Settlement* 1662 wieder eine gewisse Migration, und 1697 ermutigte ein Gesetz sogar die Wanderung in Gebiete, in denen Arbeit gebraucht wurde.

Die Kriminalisierung der fremden Bettler brachte sie in die Nähe der berufsmäßigen Kriminalität. Im folgenden geht es deshalb um die Mechanismen der Kriminalisierung, die Rolle der Marginalisierten und ihr Verhältnis zur übrigen Gesellschaft. Zunächst wendet sich die Darstellung den Techniken professioneller Bettler zu, dann den Berufskriminellen: Dieben, Mordbrennern, Räubern. Sie wurden in der öffentlichen Meinung oft alle in einen Topf geworfen, verfolgt oder verklärt. Ihre von der Not geprägte Lebenswelt tritt dahinter meist zurück, Wirklichkeit und Zuschreibung verfließen; doch entwickelten die Menschen, die in der seßhaften Gesellschaft keinen Platz fanden, oft ganz spezifische Strategien, um am Rande zu überleben.

Professionelle Bettler

Johann Gottfried Kästner war bereits in seiner Kindheit wohl infolge einer Pockenerkrankung auf dem rechten Auge erblindet. Er hatte bei seinem Vater in Berlin Schlachterei gelernt, begab sich dann als Geselle auf die Wanderschaft. Dabei erlitt er 1772 einen schweren Unfall und hatte in der Folge einen lahmen Arm. Außerdem hörte er schwer. Da er seinem erlernten Beruf nicht mehr richtig nachgehen konnte, entwickelte er sich zu einem professionellen Bettler. Er konnte dabei die Tatsache ausnutzen, daß die Zünfte und Bruderschaften der Handwerker wandernden Gesellen halfen und sie in Notlagen unterstützten. So konnte er von einer Zunft zur nächsten ziehen und um eine »Beyhilfe« bitten. Diese war in der Regel höher als das, was er zwischen den Städten, auf den Dörfern, als Zehrgeld erhielt. Indem er seine Behinderungen geschickt einsetzte, konnte er die Nachteile, die ihm daraus für die Ausübung seines erlernten Berufes entstanden, instrumentalisieren und in einen Vorteil ummünzen.

Überhaupt war es die Kunst eines professionellen Bettlers, die herrschenden Strukturen auszunutzen. Er war nicht nur hilfloses Opfer, auch wenn es zu seinem Beruf gehören mußte, ebendiesen Eindruck zu erwecken, sondern er war auch aktiv Handelnder. Er hatte eine gesellschaftliche Nische gefunden, die er nun gezielt ausbeutete. Gerade Kästner war kein »entwurzelter junger Mann«, sondern er hatte »das eigene Leben als Bettler systematisch und rational organisiert«.[118] Das Produkt, das er herstellte und verkaufte, war die konkret erlebte Bedürftigkeit, sein Markt war die Barmherzigkeit der Besitzenden, die aus der bewußten oder unbewußten Angst vor der eigenen Verarmung wuchs. Wer ihm gab, hatte Gutes getan, die gestörte Ordnung der Welt ein kleines bißchen wiederhergestellt, seinem eigenen Seelenheil genützt. So hatten beide Seiten ihren Vorteil, und der Bettler hatte sein Auskommen.

Je mehr Arme in die Städte strömten, desto größer wurde der Konkurrenzdruck. Um trotzdem Almosen zu bekommen, mußte ein Bettler bedürftiger wirken als die übrigen. Dafür entwickelten sie Tricks und Techniken. Manche schreckten auch vor offenem Betrug nicht zurück. Bereits im Jahr 1343 verzeichnet das Augsburger Achtbuch neun Klassen von betrügerischen Bettlern: Es gab welche, die Epilepsie vortäuschten, solche, die vorgaben, den Mord an einem Blutsverwandten zu büßen, Bettler, die eine Krankheit simulierten, die in einem geistlichen Gewand auftraten, sich als Rompilger verkleideten, als kranke Mönche oder als Pilger ausgaben. Andere täuschten Geisteskrankheiten vor oder stellten sich als getaufte Juden vor. Die professionellen Bettler spezialisierten sich im Verlauf des Spätmittelalters weiter; dies schlug sich in der immer größeren Zahl von Typen nieder, die Werke wie das *Speculum cerretanorum* oder der *Liber vagatorum* auflisteten. Im Augsburger Achtbuch wird bereits 1366 Ann Stockerin als Betrügerin bezeichnet, die Geisteskrankheit vorspiegele: »ain Efferin und laufft als ain Unsinnig und nimt den Lüten ir Gelt ab«.[119] In einem Magdeburger Steckbrief von 1540 wird der Frau eines gesuchten Gauners vorgeworfen, sie täusche eine Schwangerschaft vor, um so Almosen zu erschwindeln: »macht einen grossen Bauch, und stehet vor der Kirchen«.[120] Es kam sogar vor, daß Bettler ihre Kinder mißhandelten oder zu Krüppeln machten, weil sie sich davon Almosen versprachen. Doch waren solche Fälle Ausnahmen.

Wer den Bettel als Beruf betrieb, mußte gut organisiert sein. Wie jeder andere Gewerbetreibende benötigte auch der professionelle Bettler sein »Handwerkszeug«. Dies war zum einen die lumpenhafte Kleidung, zerschlissen, unvollständig und vielfach geflickt, die ihn als bedürftig auswies. Für einen Bettler, der mit einer Behinderung Mitleid erregen wollte, konnten auch eine Krücke oder ein Verband dazugehören. Die Behinderung konnte zum »Arbeitsinstrument« werden, wenn sie richtig in Szene gesetzt wurde: das fehlende Auge, der lahme Arm, das Vorzeigen eines Armstumpfes. Beliebt war ein kleiner Hund, der Kunststücke vorführen konnte, wie ihn auch Kästner mit sich führte. Frauen erweckten erfolgreich

Abb. 8: Die Tricks der falschen Bettler: Allerlei Arten der Kunst des Bettelns. Kupferstich nach Hieronymus Bosch.

mit Säuglingen auf dem Arm Mitleid. Wichtig waren außerdem die richtigen Papiere. Kästner führte gefälschte und echte Dokumente mit sich, die er für seinen Beruf brauchte, unter anderem einen Bettelbrief, zwei Kollektenhefte, zwei Kundschaften sowie Marschrouten.

Der Bettelbrief diente zur Legitimation. Er konnte eine landesherrliche Erlaubnis enthalten, wegen eines erlittenen Unglücks um Almosen zu bitten. Oft fand sich eine obrigkeitlich beglaubigte Erzählung des Unglücks am Beginn eines Kollektenheftchens, in das die bei offiziellen Stellen erhaltenen Almosen eingetragen wurden. Mit sogenannten Sklavenbüchern baten etwa die Angehörigen von Seeleuten, die in die Gefangenschaft der nordafrikanischen Barbaresken geraten waren, legal um Almosen für das Lösegeld.[121] Wer einen solchen Bettelbrief oder ein Kollektenheft nicht besaß, konnte es sich fälschen lassen. Nur selten wurde die Echtheit ernsthaft geprüft.

Der Bettler konnte auch seine Lebensgeschichte in einer Weise erzählen, daß er Mitleid erregte. Wichtig war zum einen, daß er unschuldig in Bedürftigkeit gestürzt worden war, zum anderen, daß die Geschichte spannend und glaubwürdig erzählt wurde. Kästners Geschichte erfüllt diese Bedingungen noch in den trockenen Worten des Protokolls. Er erfand nicht alles neu, sondern half der Wahrheit bloß ein bißchen auf die Sprünge, indem er ein paar Details dazudichtete, die Tatsachen besser zusammenfügte und das Ganze mit Dramatik würzte. Daraus entstand das Bild eines unverschuldet in Not geratenen Menschen, die künstliche Identität eines professionellen Bettlers: »Er habe nemlich einen Ochsen bey den Hörnern gehalten, um geschlachtet zu werden, sein Camerat habe einen Fehlschlag gethan, der Ochse ergrimmt, habe ihm mit dem Horn durch den rechten Arm gerannt, hätte ihn darauf mit beyden Hörnern vor die Brust gefaßet und an die Mauer gequetschet, diesemnach ihn mit den Hörnern über sich geworfen; da er dann mit dem rechten Auge auf einen Stein gefallen und solches verdorben.«[122]

Die Wahrheit solcher Erzählungen war nie eindeutig, sondern situationsbezogen und an ihrer Wirkung und den Zuhörern orientiert. Sie verliert sich hinter der Unzahl von oft wiederholten, variierten, verbesserten und ausgefeilten Geschichten.

Die Verfolgung durch die Obrigkeit nötigte die Bettler dazu, besondere Schliche zu entwickeln. Da die städtischen Bediensteten angewiesen waren, fremde Bettler am Stadttor abzuweisen, mußte man entweder entsprechende Papiere haben, oder man durfte nicht als Bettler erscheinen. Kästner führte deshalb zwei Kundschaften bei sich, gefälschte oder erschlichene Arbeitsbescheinigungen des letzten Meisters, die ihn als Handwerksgesellen und nicht als Bettler auswiesen. Außerdem besaß er neben seinen Lumpen einen Satz guter Kleidung. Als er nach Osnabrück kam, trug er »einen braunen Rock u[nd] Camisol von feinen Tuch und lederne Hose u[nd] Stiefel u[nd] eine schwarze Pudelmütze, auch einen Dornenstock«. Mit dieser Kleidung wurde er in die Stadt eingelassen und war auch auf der Wanderschaft sicher vor Bettlerstreifen. Für das Betteln war diese Kleidung allerdings nicht geeignet. »Des anderen Tages« habe er deshalb, so eine Zeugin, »schlechtes Zeug angezogen«.[123]

Ein Bettler trieb nicht unbedingt ziellos durch das Land, sondern folgte oft festen Routen. Kästner trug zu diesem Zweck Marschpläne bei sich, die Ortslisten und Entfernungsangaben enthielten. Die Eintragungen in seinem Bettelbrief zeigen, daß er sich lange Zeit an sie hielt. So konnte sich eine gewisse Regelmäßigkeit ausbilden. Er kam am 22. April 1774 nach Lübeck und wieder am 7. April des folgenden Jahres. Wenn er Orte und Personen kannte, steigerte das seinen Erfolg und verringerte das Risiko. In der Stadt notierte er sich die Straßennamen, und wenn möglich die Namen der Handwerksmeister, die dort wohnten. Schlechte Erfahrungen ließen ihn Orte und Territorien meiden, in denen härter gegen Bettler durchgegriffen wurde als anderswo. Die Grenzen des Reisens wurden meist durch Sprachbarrieren gebildet: Kästner bewegte sich vor allem im norddeutschen Raum. In Holland finden wir niederländische, flämische und niederdeutsche Vaganten, aber keine hochdeutschen oder französischen; in Süddeutschland vagierten kaum Italiener, Franzosen oder Niederdeutsche.

Betrügerischer Bettel war eine gesamteuropäische Erscheinung bzw. entwickelte sich zu einem gesamteuropäischen Topos, der die Wahrnehmung prägte. Der griechische Autor Andreas Karkavitzas stellte 1896 einen Landstreicher in den Mittelpunkt seines Romans Ὁ ζητιάνος (Der Bettler), in dem die negativen Eigenschaften und

Zuschreibungen auf die Spitze getrieben wurden. In der zurückgebliebenen Welt Thessaliens rächt er sich an einem Zollwächter, der ihn beleidigt hatte, indem er die abergläubischen Frauen des Dorfes aufhetzt.

Eine Diebesbande

Auf der Straße waren die Grenzen zur Kriminalität fließend. Neben vorgetäuschte Krankheiten oder Bedürftigkeiten der professionellen Bettler traten unter Umständen kleinere oder größere Diebstähle. Manche Fahrenden spezialisierten sich ganz darauf. Am 27. Januar 1732 wurde in Lausheim die Diebesbande der Alten Lisel verhaftet. Am Beispiel dieser Bande lassen sich Strategien, Zusammensetzung und Lebensweise von Gaunerbanden im 18. Jahrhundert aufzeigen.

Die Bande bestand zum Zeitpunkt ihrer Verhaftung aus vier Männern und vier Frauen; eine weitere Frau war bereits auf dem Weg nach Lausheim festgenommen worden. Eng zusammen gehörten die Alte Lisel selbst (sie hieß eigentlich Elisabetha Frommerin und war etwa 40 Jahre alt), ihre fünfzehnjährige Tochter Columbina, ihre etwa fünfzehnjährige Magd Anna Meyle, außerdem ihr »Galan« Thomas, der richtig Dominicus oder Thomas Schidenhalm hieß, auch der Müller, der Beck oder der Stozinger genannt wurde; er war etwa 26 Jahre alt. Diese Gruppe war zum Zeitpunkt ihrer Verhaftung mit zwei weiteren Paaren unterwegs, Catherina Saylerin (oder Stöklerin) und Jacob Waltemer sowie Verena Mingerin (oder Fremerin) und Johann Douroth, die erst wenige Tage vor der Verhaftung zu ihnen gestoßen waren. Hinzu kam ein weiterer Mann, während der Tüpflete Hannes, der die Bande im vorhergehenden Jahr begleitet hatte, offenbar bereits vorher verhaftet und hingerichtet worden war.

Bereits diese kurze Aufstellung zeigt, daß die Zusammensetzung der Gruppe in ständiger Veränderung begriffen war. Es handelte sich nicht um eine streng organisierte Bande, sondern um eine »vergleichsweise lose, sich häufig umgruppierende kriminelle

Überlebensgemeinschaft«.[124] Gruppenbildend wirkte bei dieser wie auch bei anderen Banden eine erfahrene Frau, die von ihren Kindern, ihrem Partner und wechselnden anderen Personen begleitet wurde. Der Zusammenhalt wurde nicht zuletzt durch die Sorge um die mitgeführten Kinder hergestellt. Die übrigen Mitglieder schlossen sich phasenweise oder für ein bestimmtes Unternehmen der Gruppe an. Es waren aber in der Regel nicht völlig Unbekannte, die sie irgendwo kennengelernt hatten. Sie stammten nicht nur aus dem gleichen Milieu, sondern sie kannten sich meist auch schon von früheren gemeinsamen Streifzügen oder von Treffen in den gleichen Unterschlüpfen; oft handelte es sich auch um Verwandte oder Verschwägerte. Auf diese Weise war ein größtmögliches Vertrauensverhältnis gegeben, welches in einem risikobeherrschten Leben, das bei einem kleinen Fehler mit Verhaftung und Hinrichtung enden konnte, elementar war.

Zwischen einigen vagierenden Gruppen bestand ein enger, mitunter familiärer Zusammenhang, und die Angehörigen wechselten zwischen diesen Gruppen hin und her. So reiste mit der Gruppe der Alten Lisel zeitweise auch eine Bettlerin namens Bärbel. Sie war eine Tochter der »Roten Frickingerin«, deren Gruppe gelegentlich zusammen mit der der Alten Lisel zog. Bärbel trennte sich schließlich in der Schweiz im Streit von Lisel. Dafür stieß nun der Tüpflete Hannes zu ihnen.

Betteln und Hausieren, sonst die wichtigsten Erwerbsquellen der Fahrenden, dienten in dieser Gruppe, die sich auf Diebstähle spezialisiert hatte, nur noch der Tarnung oder waren ein nützlicher Zuverdienst. In der Bande gab es eine klare Arbeitsteilung zwischen Männern und Frauen. Die Frauen begingen Taschen- und Marktdiebstähle und sicherten damit das Einkommen der Gruppe. Entsprechend reiste man den Märkten, Messen und Kirchweihen hinterher. Sie operierten besonders gerne im Gedränge auf Märkten, wo sie gleichermaßen Stände und Kunden erleichterten. In den Wirtshäusern klauten sie, wenn die Leute tranken und es nicht merkten. Sie gingen aber auch in die Kirchen, um zu stehlen.

Die Geschicklichkeit der Alten Lisel war phänomenal. So schnitt sie im August 1731 in der Kapuzinerkirche in Feldkirch »ein hölzernes mit Silber gefasstes Creutz einer Stattfrauen, wehrendtdeme als diese den Rosenkrantz an dem Arm hangen lassen und im Buch gebettet habe, mit einem Schörle ab dem Rosenkrantz«.[125] Aber auch Columbina, die ihr Handwerk von der Alten Lisel gelernt hatte, war nicht ungeschickt. Sie verstand sich unter anderem auf die Plünderung von Opferstöcken. Dazu habe sie »ein dünnes Bleyes Plätlein gehabt, welches sie mit Taig überschmieret und an einem Zwirnfaden hinundergelassen, woran das Gelt hinnach behangen und sie also herausbringen können«.[126] Auf diese Weise wurden sowohl die Strategien des Überlebens auf der Straße als auch bestimmte technische Fähigkeiten in manchen Familien von Generation zu Generation weitergegeben und von klein auf »gleichsam als wie zu einer Profession«[127] erlernt.

Die Beute lieferten die Frauen bei den Männern ab, in diesem Fall dem Thomas. Die Männer saßen, während die Frauen stahlen, in Wirtshäusern, tranken und spielten. Gelegentlich zogen sie auf größere, oft bewaffnete Einbruchstouren. Dazu fanden sie sich auch mit anderen Männern aus dem Milieu zusammen. In der Regel waren an solchen Einbrüchen die Frauen nicht beteiligt.

Möglicherweise gehörten auch Prostitution und Zuhälterei zu den Einnahmequellen der Gruppe. Jedenfalls wurde Columbina, als sie sich in Pfersee bei Augsburg aufhielten, mit einem Handwerksgesellen im Bett erwischt, welches ihnen ihre Mutter überlassen hatte. Milieu und Lebenswelt der fahrenden Prostituierten unterschieden sich nicht sehr von denen der Diebe; auch sie reisten selten allein und folgten ebenfalls Märkten und Messen.

Die Bande operierte von Dinkelsbühl, Ellwangen und Nördlingen im Norden bis Einsiedeln und Chur im Süden. Sie profitierte dabei von der herrschaftlichen Zersplitterung im Süden des Reiches, da der schnelle Wechsel über die Grenzen in ein anderes Territorium in der Regel vor der Verfolgung durch Polizei und Gerichtsbehörden schützte. Auch in den großräumigeren Territorien im Norden Deutschlands hielten sich Banden und Zigeuner bevorzugt an den Grenzen auf, um im Notfall schnell zum Beispiel aus dem königlichen in den gottorfischen Anteil der Herzogtümer Schleswig und Holstein, in das Herzogtum Sachsen-Lauenburg, die Gebiete der Reichsstädte Lübeck und Hamburg, das Fürstbistum Lübeck oder die mecklenburgischen Territorien wechseln zu können.

Die fast täglichen Diebstähle, bei denen Schmuck, Geld, Kleidung oder Stoffe erbeutet wurden, ernährten die Bande nicht schlecht. Doch waren die Ausgaben für Lebenshaltung, Unterkunft, Provisionen und Tarnung ebenfalls nicht gering.

Vagierende Diebe und Räuber konnten ohne die Hilfe Seßhafter nicht überleben. In Dörfern und Städten hatten sie Kontakte zu lokalen Randexistenzen, Kriminellen und scheinbar seriösen Helfern. Als Unterschlupf dienten in den Städten bestimmte Wirtshäuser wie das »Schild« in Kreuzlingen oder das »Kreuz« in Frauenfeld, auf dem Lande Bauernhöfe. Die Bande der Alten Lisel kehrte immer wieder in vier Höfen in Saulgau, Fenken, Gailingen und bei St. Gallen ein. Insgesamt waren nach der Salemer Jauner- und Diebsliste von 1733 im Bodenseeraum mindestens 34 Unterschlupfe offenbar allgemein bekannt. Sie dienten den Fahrenden als relativ sichere Etappenziele. Über den Besitzer des Hofes bei Gailingen heißt es in der Liste: »Frantz N. Baur auff dem Gahlinger Hoff kennet alle Dieb, gibt ihnen Unterschlauff, Essen und Truncken gegen gestohlener Waar, welche sie ihme auch auffzuheben geben.«[128]

Für den Fall, daß sie plötzlich irgendwo fliehen mußten oder durch eine Streife zerstreut wurden, hatten die Angehörigen der Bande einen Treffpunkt vereinbart, wo sie sich wieder sammeln konnten. So trafen sich die Alte Lisel und ihre Genossen, als sie sich wegen der Ankunft einer Streife eilig vom Gahlinger Hof entfernen mußten, in einem Dorf bei Radolfzell.

Wenn die fahrenden Bettler und Gauner von der übrigen Gesellschaft nicht verstanden werden wollten, zum Beispiel bei Absprachen über Diebstähle und Treffpunkte, konnten sie sich mit eigenen Geheimsprachen, dem Rotwelschen oder in Italien dem Gergo, verständigen. Die Geheimsprachen dienten nicht nur dem Schutz der ausgetauschten Information und der Abwehr von Gefahren, sondern auch der Täuschung von potentiellen Opfern und der Integration innerhalb der Randgruppe. Die Mitteilungen in diesen Sprachen waren nur für die Eingeweihten bestimmt, die so zu einer verschworenen Gemeinschaft verschmolzen. Die Zigeuner nutzten ihr Romanes ebenfalls als Geheimsprache. Doch wurde es untereinander ständig benutzt, während Rotwelsch und Gergo nicht die einzige Sprache der Bettler und Gauner waren, sondern nur zweckbestimmt eingesetzt wurden, wenn sie sich ungefährdet von möglichen Lauschern über ihre Tricks und Schliche verständigen wollten. Sonst sprachen Bettler und Gauner die Standardsprache oder den regionalen Dialekt.

Im rotwelschen Wortschatz, wie er im *Liber vagatorum* überliefert ist, spiegelt sich eine sehr archaische Denkweise, die lediglich in der beruflichen Spezialisierung und Professionalisierung neuzeitliche Tendenzen aufweist. Vor allem fällt die Vielzahl von Bettelmethoden und Gaunerschlichen auf. Ansonsten erscheinen Leben und Weltbild reduziert auf die Befriedigung der unmittelbaren Bedürfnisse. Die Wörter bezeichnen Konkreta, die für das Leben notwendig waren, während Abstrakta kaum eine Rolle spielten. Der alltägliche Mangel erscheint in den kargen Lebensmitteln, für die die Vaganten eigene Wörter besaßen. Auffallend ist die besondere Bedeutung des menschlichen Körpers. Für die meisten Körperteile gab es mehrere Bezeichnungen, ebenso für »essen« und »trinken«. Die Mobilität spiegelt sich in den Bezeichnungen temporärer Aufenthaltsorte, eigenen Wörtern für Wirtshaus, Herberge, Hospital oder für die wenigen mitgeführten Gegenstände: Messer, Sack, Säckel.

Die Gauner lebten unter der ständigen Drohung, verhaftet zu werden. Wenn sie bei einem Diebstahl gefaßt wurden, kamen sie im besten Falle mit einer Tracht Prügel davon (so erging es der hochschwangeren Lisel im Herbst 1731 in Schaffhausen). Wenn Bandenzugehörigkeit und das Ausmaß ihrer Straftaten bekannt wurden, drohten Zuchthaus- und Körperstrafen, ja die Hinrichtung.

Die Alte Lisel war eine professionelle Diebin und mit allen Wassern gewaschen. Nicht nur durch Verhaftung und Hinrichtung ihrer früheren Partner hatte sie Erfahrungen mit der Obrigkeit gesammelt, sondern auch durch eigene Festnahmen und Verhöre. Immer wieder mußte sie längere Zeiten im Gefängnis oder Zuchthaus verbringen. Bei der Verhaftung und Hinrichtung des Geigers Stöffele hatte sie im Jahr 1729 selbst 14 oder 15 Wochen im Gefängnis gesessen; dann gelang ihr die Flucht. 1730 verbrachte sie eine noch längere Zeit im Zuchthaus in Buchloe. Die Haftbedingungen waren grausam, in Sigmaringen hatte sie eiserne Pringen an Hand und Fuß tragen müssen; in Buchloe wurden ihr »Nägel durch die Finger gestochen«.[129] Columbina wurde als Willkomm zweimal mit Ruten ausgestrichen. In Chur wurde Lisel bereits Anfang Januar 1732 bei einem Diebstahlsversuch festgenommen. Es gelang ihr jedoch, während der Verhöre ihre sonstigen Taten zu verheimlichen. So wurde sie nur »auf den Pranger gestöllet, an der Nasen etwas gestümmelt, durch den Scharprichter ausgeführet, und des Landes ewig verwisen«.[130]

Zur Taktik bei Festnahmen gehörte es, alle Vorwürfe abzustreiten, zu lügen und falsche Fährten zu legen. Frühere Verhaftungen und die gesamte kriminelle Biographie mußten verheimlicht werden. Dazu war auch wichtig, daß man vorgab, die Bandenmitglieder nicht zu kennen, oder sie als Zufallsbekannte hinzustellen. Nur so konnte man, besonders wenn die Beamten nicht allzu motiviert waren, unter Umständen mit einer glimpflichen Strafe davonkommen oder sogar freigelassen werden. Die Alte Lisel beherrschte diese Taktik perfekt. Die jüngeren Mitglieder der Bande besaßen diese Abgebrühtheit aber noch nicht, und das wußten die verhörenden Beamten auszunutzen. Columbina und Anna Meyle verwickelten sich nach ihrer Festnahme Ende Januar 1732 als erste in Widersprüche und gestanden. Lisel hielt dreieinhalb Monate durch, bis sie mit Thomas konfrontiert wurde, der sie zuvor in seinen Aussagen schwer belastet hatte. So wurden in Salem schließlich mehr als zehn Personen »durch Strang und Schwerd« hingerichtet, unter ihnen am 17. August 1732 die Alte Lisel und am 9. September der Thomas.

Die »Kultur« der Straße

Die Lebensweise der Fahrenden orientierte sich vielfach an der seßhaften Welt. Beziehungen zu den Seßhaften boten den letzten Schutz in einem unsicheren Leben, und vorhandene Kontakte wurden daher gepflegt. Zwar war es den Fahrenden materiell und formal oft nicht möglich, den Gewohnheiten und Ansprüchen der Seßhaften zu genügen. Auch bedingte die Lebenweise des Vagierens manche abweichenden Verhaltensformen, doch war das nicht Ausdruck einer bewußten Gegenwelt, die sie sich in Abgrenzung zu den herrschenden Normen geschaffen hätten. Wenn ihre illegitimen Beziehungen so instabil waren, dann lag das nicht zuletzt an Verhaftungen und gewaltsamen Trennungen durch die Obrigkeit, die die Partner im Rahmen des Heimatrechts per »Bettelfuhr« an ihre unterschiedlichen Geburtsorte zurückverfrachtete.

Die Orientierung an bürgerlichen Normen zeigt sich auch an manchen Bräuchen, obwohl diese schon von den Zeitgenossen oft mißverstanden worden sind. So lösten die Gelage von Bettlern Empörung aus. Auch Kästner und seine Begleiterin hatten vor ihrer Verhaftung in einer Gesellschaft »von 6 Manns- u[nd] 2 Frauenspersonen [...] 14 Kanne Bier getrunken«.[131] Es handelte sich aber nicht um ein exzessives Besäufnis, vorausgegangen war vielmehr eine Ehrverletzung unter den Bettlern, die mit dem Bier als Strafe belegt worden war. So wurde, wie dies in der Frühen Neuzeit sowohl unter Bauern als auch unter Handwerkern üblich war, durch gemeinsames Essen und Trinken die Genossenschaft gefestigt und die Ehre wiederhergestellt. Besonders an handwerklichem Brauchtum orientierten sich viele Bettler – was nicht zu verwundern braucht, weil sich einerseits mehr als ein Viertel der Bettler aus dieser Gruppe rekrutierte, andererseits das Gesellenwandern die Handwerker seit jeher auf der Straße und in Herbergen mit den Bettlern zusammenbrachte.

Ein Bettler galt traditionell als »unehrlich«, was den Ausschluß aus den Zünften bedeuten mußte. Das Bewahren der handwerklichen Ehrlichkeit war nicht nur subjektiv für die Identität der verarmten Handwerksgesellen wichtig, die noch an ihrem ursprünglichen Selbstbild festhielten, sondern auch von materiellem Interesse, weil sie ihnen die Unterstützung von Zünften, Gilden und Bruderschaften sicherte. Zudem konnte sie auch vor der Obrigkeit schützen, wenn diese in ihnen bereits vagierende Bettler sah. So führte Johann Gottfried Kästner eine Bescheinigung mit sich, daß ein Viehhändler, der ihn »geschimpftet« habe, bestraft worden sei.[132] Damit war seine Ehre wiederhergestellt, und er konnte der Gesellschaft gegenüber als ehrlicher Handwerker gelten. Daß auch dieses Papier wahrscheinlich gefälscht war, um ebendiesen Eindruck zu erwecken, steht auf einem anderen Blatt.

Wie der sozial abgesunkene Handwerker an seiner Identität festhielt, so taten es auch andere Bettler. Johannes Butzbach (1477–1516) und Thomas Platter (1499–1582) schildern in ihren Autobiographien plastisch das Leben der fahrenden Schüler und Studenten. Auch sie hielten sich von anderen Vaganten fern, obwohl sie sich längst nicht mehr von ihnen unterschieden.

Unter den Bettlern gab es – wie auch unter Gesellen oder Dienstboten – gewisse Gruppennormen, an die man sich halten mußte. So wurde zum Beispiel eingefordert, daß der Finanzkräftigere den Ärmeren aushielt. Auch Kästner profitierte manchmal davon, indem ihm etwa ein anderer Bettler die Übernachtung in der Herberge bezahlte. Andererseits trennte er sich von zwei Mitreisenden, weil sie »ihm immer auf der Tasche« lägen.[133] Als Bettler, der sein Gewerbe professionell und als Beruf betrieb, ließ er sich nicht gerne selbst ausnutzen, denn zu große Ausgaben konnten seine zwar nicht ganz schlechte, aber auch nicht ungefährdete Existenz bedrohen.

Den religiösen Formen stand ein Bettler sicher am fernsten, war aber doch so weit von ihnen beeinflußt, daß man unter Umständen eine Hochzeit im Scherz nachspielte. Das schlechte Gewissen konnte dabei so groß werden, daß der leere Platz des Pfarrers in der Erinnerung vom Teufel selbst eingenommen wurde, wie es in Ramingstein bei Salzburg 1688 geschah. Schon die Zeitgenossen befürchteten den Zerfall aller religiösen Werte. Doch war auch dies zum Teil durch Unwissenheit, andererseits durch die Umstände des Lebens auf der Straße bedingt. Kästner hatte sich jedenfalls den Titel eines Buches mit religiösem Inhalt notiert, das in den Unterschichten allgemein beliebt gewesen zu sein scheint: Johann Arndts *Wahres Christenthum*. Ansonsten schützte er sich aber auch, wie das besonders in der ländlichen Welt üblich war, mit magischen Mitteln gegen Krankheit. Im Inventar der Gegenstände, die er bei sich führte, sind »ein klein Papier, worauf mit Dinte zwey Zirkel gezogen, darinn die Worte Liebe Gott den Vater, und im Zirkel unkenntliche Buchstaben,« aufgeführt, außerdem ein in einen Lappen gewickelter platter Knochen.[134] Kästner glaubte nach eigener Aussage selbst an ihre Wirkung. Manche Bettler machten aus ihren magischen Kenntnissen ein Geschäft und handelten mit Ratschlägen, Zaubersprüchen, Amuletten, Heilkräutern und anderen magischen Gegenständen.

Zugeschlagene Türen gehörten genauso zum Bettleralltag wie Spott und Prügel, Hunde wurden auf sie gehetzt und Nachttöpfe über ihren Köpfen ausgeleert. Solche Abweisungen erfolgten weniger wegen obrigkeitlicher Verbote als aus der Angst vor Diebstählen. Insofern konnte es für einen Bettler wichtig sein, entlang seines »Striches«, des Weges, den er in regelmäßigen Abständen ging, ein Vertrauensverhältnis zu den Menschen zu entwickeln. Der Leumund auch des Bettlers war wichtig, wenn er Almosen erhalten wollte.

Ein abgewiesener Bettler gab sich in seiner ohnmächtigen Erniedrigung mitunter wilden Rachephantasien hin. Das Vergeltungsbedürfnis konnte sich dahin steigern, daß er den Bauersleuten die Hühner stahl, sie abstach und an die Türen hängte – was einem Salzburger Bettler den Spitznamen »Hennentod« einbrachte, seine Beliebtheit aber nicht gerade förderte.[135] Eine große Macht bedeutete das Feuer; Drohungen mit Brandstiftung sind immer wieder überliefert. Andere stießen Verwünschungen und wüste Drohungen aus. Kam es in der Folge zu unerklärlichen Erkrankungen, Unglücks- oder Todesfällen, lag schnell Schadenzauber auf der Hand (zumal sich dabei auch das schlechte Gewissen wegen der eigenen Unbarmherzigkeit verdrängen ließ). Manche Bettler wandten offenbar wirklich solchen Zauber an, jedenfalls gestand Barbara Koller am 5. Februar 1675, sie habe »verschinen Sumer zwayen Pauern [...] mit Understrä und Eingrabung eines Stippls [= Zauberpulver] vor der Stallthüren« das Vieh verhext, weil diese ihr das verlangte Almosen verweigert hätten.[136] Beide Seiten glaubten an die Macht des Zaubers und bedienten gegenseitig ihre Phantasien. Den Schwachen machte er stark, die Starken schwach, und so war der Schadenzauber für die Bettler eine Möglichkeit, die Gefühle von Abweisung und Demütigung, den Ausschluß von Vergnügungen und Geselligkeit zu lindern, sich zu wehren mit der Macht der Phantasie.

Das Risiko ist offensichtlich. Besonders am Ende des 17. Jahrhunderts sind Bettler wiederholt Opfer von Hexenprozessen geworden. Während Karn Jorstes noch halbwegs glimpflich davonkam, wurden in Salzburg zwischen 1675 und 1681 133 Bettler und Vaganten hingerichtet, zwei Drittel von ihnen unter 21 Jahren, ein Drittel sogar unter 15 Jahren; zwei Drittel waren männlichen Geschlechts. Kinderhexenprozesse[137] trafen vor allem Kinder am Rande der Gesellschaft. Herumgestoßen von der übermächtigen Welt der Erwachsenen, verbreiteten sie mit ihren Hexenphantasien Furcht und Schrecken, kompensierten Außenseitertum, Zurücksetzung und mangelnde Zuwendung, erlebten Macht und Rache.

Da die Sittengesetze Bettlern eine kirchliche Heirat meist nicht erlaubten, lebten sie oft in eheähnlichen Beziehungen. Mitunter fand sich auch ein Pfarrer, der sie trotz Verbots vermählte, weil er die Unzucht für ein größeres Übel hielt. Auch Kästner wurde in Osnabrück mit einer Frau verhaftet. Sie hieß Eleonore Asmus und war eine 30jährige Witwe. Verheiratet waren sie nicht; dennoch führten sie eine gefälschte Heiratsbescheinigung mit sich, um so das Risiko zu minimieren, wegen Unzucht festgenommen zu werden. Vor Gericht bekannte er: »Diese wäre zwar seine Frau nicht, er hätte sie aber so lieb als seine Frau und wollte er sie auch nehmen.«[138]

Die Beziehungen der Fahrenden waren durchaus eheähnlich und meist auch auf Dauer angelegt. Die Instabilität rührte weniger aus einer großen Freizügigkeit und Promiskuität der Fahrenden als aus gewaltsamen Trennungen durch Verhaftungen, Zuchthausstrafen und Hinrichtungen. So war Thomas bereits Lisels vierter Partner, und er war, wie es damals im Gaunermilieu häufiger vorkam, wesentlich jünger als sie. Vor langer Zeit war sie mit dem Falschspieler Andreas Knoblocher zusammengewesen, der auch der Vater von Columbina war. Er hatte sie nach etwa zwei Jahren verlassen und war bald darauf in Frauenfeld hingerichtet worden. Später war sie kurze Zeit mit Lorentz Guethner liiert, von dem sie ebenfalls ein Kind hatte, sowie mit dem Geiger Stöffele, von dem sie zwei Kinder hatte. Beide Beziehungen endeten mit der Hinrichtung der Männer.

Die Zeitgenossen haben in solche Beziehungen oft ihre Wünsche nach Promiskuität und zügelloser sinnlicher Lust projiziert; später hat man den frühneuzeitlichen Unterschichten gerne romantische Gefühle abgesprochen. Auch hier war die Praxis banaler. Oft verbanden sich materielle Interessen (Pflege im Krankheitsfall auf der einen Seite, Schutz und Versorgung auf der anderen Seite) mit Emotionen. Kästner hatte seine Begleiterin kennengelernt, als sie ihn während einer Krankheit pflegte. Er gab seine Einnahmen aus, um für sie Kleidung und Schuhe zu kaufen, sorgte also für sie. Dennoch war es mehr als eine reine Zweckbeziehung; denn Zeugen beobachteten, wie sie Zärtlichkeiten austauschten und sich küßten. Aus dem Gefängnis beschwor er sie in einem Brief, der abgefangen wurde, auf ihn zu warten: »Sie muß warden; ich komme. Wen ich komme, ich weis nicht, wen ich loßkomme.«[139]

Thomas profitierte nicht wenig von Lisel, die ihm ihre Beute abliefern mußte. Er war gleichermaßen ihr »Liebhaber und Beschützer, Geschäftspartner, Zuhälter und Ausbeuter«.[140] Brachten die Frauen nicht genug an, wurde er gewalttätig und schlug Columbina und die Alte Lisel. Da die Frauen durchaus auf eigenen Füßen stehen konnten, sah die fünfzehnjährige Columbina nicht ein, wieso ihre Mutter das hinnahm: »Der Thomas könte wohl weiters gehen, hätte ihn nit nötig«, sagte sie.[141] Offensichtlich war das Verhältnis der Mutter und ihrer fast erwachsenen Tochter nicht immer ganz einfach, und aus solchen Worten schimmert sicher auch eine Portion Eifersucht auf die Mutter und ihren jungen Galan.

Häufig trugen bereits erwachsene Töchter zum Lebensunterhalt der vagierenden Restfamilie, bestehend aus einer Frau und ihren Kindern, bei. Dann konnte es leicht zu Konflikten kommen, wenn die Tochter die alleinige Entscheidungsbefugnis der Mutter angriff. Im äußersten Fall zerbrach die Gruppe daran.

Wie bei dem Bettler Kästner läßt sich bei der Alten Lisel und dem Thomas neben dem materiellen Vorteil, den die Beziehung beiden brachte, durchaus auch eine emotionale Bindung erkennen. Als Lisel Ende 1731 mit einem Kind niederkam, werden die Solidaritätsgefühle innerhalb der Gruppe besonders deutlich. Die Bande baute sich in einem Dorf vor St. Gallen geradezu ein Nest, das der Alten Lisel vor und nach der Geburt Sicherheit geben sollte. Thomas und der Tüpflete Hannes besorgten bei einem Einbruch in Solothurn die benötigte Wäsche und Kleidung. Später übernahm Anna Meyle die Aufgabe, sich um den Säugling zu kümmern.

Die Bedeutung der Emotionen zeigt auch der folgende Fall aus der Steiermark. Als der Gerichtsdiener Paul Zellinger sich 1703/04 in die fahrende Bettlerin Maria Rosina Ebner verliebte, gab er seine Beschäftigung auf, um ihr zu folgen. Was sich am Anfang als kurzfristige Beziehung mit mehreren endgültigen Trennungen darstellte, entwickelte sich allmählich zu einer eheähnlichen Bindung, die viele Jahre hielt. Maria stand schließlich, als er in die Kriminalität abglitt, sogar unter der Folter zum ihm.

Auch die Ärmsten empfanden durchaus Zuneigung zu ihren Kindern, obschon die Umstände sie oft zu hartherzigem Verhalten zwangen. Selbst innerhalb der fragmentierten Familien gab es gefühlsmäßige Bindungen und Solidarität, soweit es die Umstände erlaubten. Die 27jährige Maria Hörl überhäufte ihren verlorenen einfältigen Bruder mit Vorwürfen, als sie ihn wiederfand, weil »sie die ganze Nacht nit gwist, wo er seye, und sie ihn also allenthalben suechen miessen«.[142] Während kleine Kinder ihren Eltern beim Betteln helfen konnten, Mitleid zu erregen, mußten zwölf- und 13jährige Jungen für sich selber sorgen. So wurde der 13jährige Georg Riedl, da sich seine Eltern und vier Geschwister »beyeinander mit dem Petlen nit ernöhren mögen, als der Gröste sich selbst zu nöhren fortgewiesen«,[143] in einem Alter freilich, in welchem auch die übrigen Kinder der Unterschicht im 17. und 18. Jahrhundert in Dienst gingen oder künftige Seeleute als Schiffsjungen anheuerten.

Für Kinder, die diesem Milieu entstammten, war es sehr schwer, ihm zu entkommen. Kinder konnten bei Bettlern und Dieben sehr nützlich sein. Columbina wurde von ihrer Mutter früh als Diebin eingesetzt. Als Lisel in Sigmaringen inhaftiert war, gab man die Tochter bei einer Schneiderfamilie in Kost; aber sobald Lisel aus dem Gefängnis geflohen war, nahm sie wieder Kontakt auf. Die Tochter, die ein seßhaftes Leben nicht gewohnt und vielleicht auch schlecht behandelt worden war, folgte ihr sofort wieder. Ihre anderen Kinder hatte Lisel bei Bekannten und Verwandten untergebracht; aber auch diese standen dem Milieu nahe, so daß ihr Weg vorgezeichnet war. Die Biographien vieler hingerichteter Gauner zeigen, daß sie selbst bereits dieser Welt entstammten. Oft hatten sie wie Anna Meyle, die Magd der Alten Lisel, beide Eltern durch Hinrichtung verloren. Aus den Gauner- und Diebslisten lassen sich oft ganze Dynastien von Kriminellen rekonstruieren.

»Gartende Knechte« und »Mordbrenner«

Die tiefsitzende Angst vor den Fahrenden rührte weniger von den Bettlern und den Dieben, die zwar lästig waren, aber nicht wirklich gefährlich. Die Gauner begingen vor allem Diebstähle, Einbrüche, Betrug und Falschspiel; Straßenraub und Mord waren dagegen vergleichsweise selten. Dennoch bestimmten gerade die großen Verbrechen Einstellung und Verhalten der Bevölkerung und der Obrigkeit gegenüber Bettlern und Vaganten.

Unkontrolliert umherziehende Gruppen weckten bei der seßhaften Bevölkerung alte Ängste. Die Ausgestoßenen wurden ursprünglich mit dem Bösen, ja mit dem Tod selbst, identifiziert.[144] Im Mittelalter war es üblich gewesen, daß man Verbrecher friedlos sprach und sie aus der Gemeinschaft ausstieß. So wurden sie einerseits aus der Gesellschaft, der sie Schaden zugefügt hatten, entfernt, andererseits waren sie von nun an aber gezwungen, sich ihren Lebensunterhalt in der Fremde zu verschaffen. Wenn sie nirgendwo anders eine Zuflucht fanden, waren sie zum Vagieren, zum Betteln, vielleicht sogar zum Raub gezwungen. Die Landesverweisung entwickelte sich in der Frühen Neuzeit zur geläufigsten Strafe, denn sie war kostengünstig und entsprach der absolutistischen Territorialsymbolik.

Die Welt des späten Mittelalters war von heute kaum noch vorstellbarer Gewalt geprägt. Die Heere bestanden seit dem ausgehenden 15. Jahrhundert im wesentlichen aus Landsknechten. Gerade auch Bettler und Vagierende verdingten sich zeitweise für Sold, so der Dieb und Wegelagerer Jacob Lod aus Straßburg zweimal in den Jahren 1524 und 1525. Im Februar 1525 kämpfte er vor Pavia im kaiserlichen Heer, später im gleichen Jahr ließ er sich von den Bauern gegen den Schwäbischen Bund anwerben. Als im 17. Jahrhundert der Bedarf an Söldnern stieg, wurden Vaganten und Kriminelle oft zwangsrekrutiert.

Adlige Herren führten immer noch ihre Fehden auf Kosten der Bauern. Um ihren adligen Gegner zu schädigen, plünderten sie dessen Dörfer, brannten Höfe nieder und entführten Bauern. Auch nach dem Ewigen Landfrieden, der 1495 auf dem Wormser Reichstag beschlossen wurde, gingen die Fehden im Reich nur langsam zurück. Unterhalb der Ebene der offiziellen militärischen Konflikte wurden im 16. Jahrhundert verdeckte Kriege geführt. Ausführende waren meist gartende Landsknechte, Gauner und Landfahrer, die als »Mordbrenner« angeworben wurden. Die Auftraggeber sind nur schwer feststellbar, da sie selten offen auftraten, sondern über Mittelsmänner aktiv wurden. Den Angeworbenen wiederum waren die Hintergründe in der Regel gleichgültig; für sie zählte nur das gezahlte Handgeld und die in Aussicht gestellte Beute.

So warb Jakob Schell, offenbar im Auftrag des Markgrafen Albrecht Alcibiades von Brandenburg-Kulmbach, im Jahre 1554 50 Landsknechte an, um in Rotten von je zehn Gesellen »in gantzer teutscher Nation« zu »brennen«.[145] Obwohl sich die Mordbrenner in diesem Fall mit Eid und Gelübde verbanden, auch zur gegenseitigen und individuellen Identifikation Mordbrennerzeichen und einen Treffpunkt vereinbarten, hielten solche Verbindungen meist nicht lange. Die Rotten teilten sich bald in Kleingruppen, zerstritten und trennten sich, mitunter wurden auf der Straße einfach weitere Gesellen angesprochen und mit einem Handgeld angeworben.

Die Mordbrenner wurden in Deutschland sowohl bei Konflikten zwischen Territorien und Staaten als auch innerhalb von Territorien eingesetzt, solange der Ausbau der Landesherrschaften noch nicht abgeschlossen war. Außerdem wurden sie im Rahmen persönlicher Feindschaften und zur Durchführung privater Racheakte und Mordanschläge angeworben. In Italien führten adlige Bandenführer Dienstboten und Abhängige, Freunde aus anderen Familien und auswärtige Söldner bei ihren Fehden und Vendettas ins Feld. Mord und Totschlag waren dabei selbst im venezianischen Territorium Ende des 16. Jahrhunderts an der Tagesordnung. So setzte Alessandro Mantica aus Pordenone seine Leute für entsprechende Aktionen ein. Besonders gefürchtet waren im 16. Jahrhundert größere Ansammlungen gartender Knechte, die in einzelnen Fällen mehrere tausend Söldner umfassen konnten.

Voraussetzung waren nicht nur die entsprechenden politischen Umgangsformen, sondern auch ein Potential an gewaltbereiten Männern, die sich anwerben ließen. Allein 37% der identifizierbaren Mordbrenner in Südwestdeutschland waren im 16. Jahrhundert Landsknechte. Sobald die offiziellen Kriege zu Ende waren, wurden sie arbeitslos. In der folgenden »Gartzeit« mußten die Landsknechte sich irgendwie durchschlagen, und sei es mit Betteln, Stehlen, Raub und Mord. Sie waren sozial völlig unabgesichert, oft nirgendwo mehr integriert. Zudem waren sie im Morden und Brandstiften ausgebildet; die Hemmschwelle war so gering, daß Martin Tescher erklärte: »Wann er, Tescher, einen Menschen umbringe, sye [es] im glich, als ob er ein Hun umbringe und erwurge.«[146] Aber auch Angehörige des Wandergewerbes (Keßler, Krämer), Handwerker, Bettler und sonstige Vagierende finden sich oft unter den Mordbrennern.

Aus Südwestdeutschland sind im 16. Jahrhundert 245 Opfer von Raubmorden bekannt; ungefähr 200 Brandstiftungen gingen auf das Konto von Banden. Der Mordbrenner Bastian Rössler, der im September 1540 im Thurgau gefangen wurde, gab an, teils allein, teils mit zwei Gesellen ganz Südwestdeutschland unsicher gemacht zu haben. Unterwegs steckten sie einzelne Häuser und ganze Dörfer in Brand. Häufig waren Bauernhäuser, Scheunen, aber auch Wirtshäuser, Mühlen, Hirten-, Pfarrhäuser oder die Häuser von Schultheißen das Ziel von Brandstiftungen.

Mitunter handelten gartende Landsknechte auch in eigenem Auftrag, und die Grenzen zwischen verdeckter Kriegführung und reiner Kriminalität waren fließend. Verweigerte man ihnen ein Zehrgeld oder beleidigte man sie, so reagierten sie mit Mord und Brand. So zündete der Landsknecht Simon Menenwitz 1555 einem Pfarrer, der ihm »übel zugeredt, was er also umbzöche«, die Scheune an,[147] Ulrich Reisinger und seine Gesellen brannten einem Bauern, »so sie Schelmen gescholten«, das Haus nieder.[148] Die Landfahrerfamilie Pappenheimer gestand im Jahre 1600 zwölf Brandstiftungen an Bauernhäusern. Beim Heraustragen und Löschen hätten sie dann gestohlen, »soviel sie bekommen können«.[149] Außerdem gestanden sie fast 100 Raubmorde, wobei sie meist zu mehreren im Gehölz einem einzelnen aufgelauert, ihn getötet und ausgeraubt hätten.

Entsprechend war die Angst gerade vor Brandstiftungen groß. Drohungen abgewiesener Bettler verstärkten die Furcht. Bei unerklärlichen Bränden, so in dem trockenen und heißen Sommer 1540, konnte geradezu eine Mordbrennerpanik aufkommen. Bereits Ende des 15. Jahrhunderts wurden umherziehende Bettler pauschal mit Brandstiftung und Mordbrennerei in Verbindung gebracht. Die Württembergische Kastenordnung klagte 1536: »Dann diese im Schein angemaster Armut allerley Brand, Mordt, Raub, Diebstal und Verrhätterey anrichten und heben, zu dem mit irer Faulkeit, gleich wie die Hummel dem arbeitsamen Bienlin, den armen Dürfftigen das Brot vor dem Mund abzuschneiden understanden.«[150] Diese Vorwürfe begleiteten von nun an Bettler und Vaganten, obwohl sich das Bild der abgedankten Soldaten nach der Einführung stehender Heere in der zweiten Hälfte des 17. Jahrhunderts wandelte: Es waren jetzt nicht mehr junge, entwurzelte und gewaltbereite, sondern ältere, oft invalide Männer, die nach langer Dienstzeit entlassen wurden und weder soziale Bindungen noch Perspektiven hatten. Sie waren keine vergleichbare Bedrohung mehr.

Räuberbanden

Die Räuberbanden des späten 17. und des 18. Jahrhunderts rekrutierten sich aus sozialen Absteigern, Teilintegrierten (einfachen Soldaten, Tagelöhnern, Dienstboten) und Randgruppen (Vaganten, »unehrlichen« Leuten, Juden, Zigeunern sowie Kleinkriminellen). Die soziale Ausgrenzung der »Unehrlichen«, aber auch ihre schlechten Lebensbedingungen bewirkten, daß sie überproportional unter den frühneuzeitlichen Gaunern vertreten waren. Sie übten normalerweise unsaubere oder niedere, oft mit Tabus belegte Gewerbe aus. Zu ihnen gehörten die Scharfrichter und Abdecker; aber auch Schäfer, Zöllner, Stadtbüttel, Köhler und Vaganten galten als »unehrlich«. Ihre mindere Rechtsstellung äußerte sich im Ausschluß von den Zünften. Auch die unehelich geborenen Kinder hatten eine ähnlich mindere Rechtsstellung. Bereits die Berührung eines Henkers konnte unter Umständen »anstecken« und unehrlich machen. Noch Anfang des 19. Jahrhunderts, als die Aufklärung bereits auf ihre Reintegration hinwirkte, stammten noch so berüchtigte Räuber wie Johann Georg Grasel und Schinderhannes, beides Abdeckersöhne, aus dieser Gruppe. Da die sozial ausgegrenzten Berufe und Bevölkerungsgruppen meist untereinander heirateten, häufig auch am Rande oder außerhalb der Siedlungen lebten, verfügten sie nicht nur über ein Netzwerk von Verwandten, auf das sie zurückgreifen konnten, sondern auch über abgelegene und von der übrigen Bevölkerung gemiedene Unterschlupfe.

Die Grenzen von Vagantentum und Armut zum organisierten Verbrechen waren fließend. Die Banden bestanden aus den eigentlichen Räubern und einem Netzwerk von Randfiguren, auf die sie als Baldower, Boten oder Unterschlupfgeber zurückgreifen konnten. Aber nicht jeder Vagant war auch kriminell, nicht jeder Dieb eingebunden in die Netzwerke der Banditen. Umgekehrt waren die Hehler oder die Wirte der Unterschlupfe meist fest in die seßhafte Gesellschaft eingebunden. Sie bildeten das Bindeglied zwischen vagierenden Gaunern und ortsansässigen Kriminellen. Es gab oft auch Verbindungen zu lokalen Obrigkeiten, die Pässe ausstellten und vor Streifen warnten.

Nur wenige Banditen waren über längere Zeiträume aktiv, und nur ganz wenige konnten wirklich davon leben – auch wenn die Legenden ihnen zum Teil ungeheuren Reichtum zuschrieben. So verdiente Nickel List 1696 bis 1698 im Jahresdurchschnitt immerhin 765 Reichstaler; es ging aber das Gerücht, er würde »50000 Rthl. bey sich haben lauter gestohlen Geld«.[151] Für die meisten Beteiligten war, gemessen am Risiko, der Gewinn sehr gering. Wenn sie auf diese Weise 20 oder 25 Reichstaler im Jahr einnahmen, konnte das nur als Nebenverdienst dienen.

Aktivitäten und Zusammensetzung der Banden wechselten. In den Niederlanden nahmen nach 1650 lose verbundene Nachkriegsnetzwerke in Holland und Zeeland zu, ab 1680 kam es dort zu einer Explosion von städtisch organisiertem Verbrechen, während

Abb. 9: Die Angst vor dem Verbrechen und eine wundersame Errettung: Votivtafel mit Darstellung eines Raubüberfalls, 18. Jahrhundert. Spessartmuseum, Lohr am Rhein.

in den ländlichen Gegenden des Südens Banden im Schatten des Krieges raubten und stahlen. Seit 1690 spielten in den Niederlanden auch Zigeunerbanden eine Rolle. Nach deren Auslöschung zwischen 1720 und 1730 fanden sich jüdische Banden zusammen sowie kleinere lockere Vagantengruppen in Holland, Utrecht, Zeeland, Brabant und Gelderland. In den 1740er und 1750er Jahren herrschte relative Ruhe, bis nach 1760 eine aus Juden, Christen und Zigeunern gemischte Bande in den ganzen Niederlanden aktiv wurde.

Das Bild der Banden wurde nicht zuletzt durch äußere Zuschreibungsprozesse bestimmt. Oft versuchten die Gerichte und Obrigkeiten ihre Unterschiede zu nivellieren, bis nur das Bild einer »un-

unterschiedenen, homogenen Masse furchteinflößender und abstoßender Außenseiter«[152] übrig blieb. Die Organisationsstruktur reichte von losen, amorphen Verbindungen, die sich nur zu einem einzelnen Einbruch zusammenfanden, bis hin zu streng hierarchisch organisierten Gruppen, die eigene Bräuche ausbildeten und in den Quellen meist nach ihrem Anführer benannt werden. Mitunter verbanden sich Kriminelle mit völlig unterschiedlichem Hintergrund; so fanden sich 1697/98 in Norddeutschland lokale Provinzbanditen mit guter Ortskenntnis, fahrende Juden mit guten Kontakten zu Baldowern und Hehlern und obersächsische Spezialisten zu gemeinsamen Aktionen zusammen.

Auch wenn zwischen 1650 und 1800 insgesamt eine Zunahme der Spezialisierung wohl nicht zu erkennen ist, unterscheiden sich die einzelnen Banden doch sehr. Bei ihren Überfällen bildeten manche Banden eine spezielle Vorgehensweise aus. Nickel List hatte im gewaltfreien und spurlosen Öffnen von geschlossenen Räumen Meisterschaft erlangt. Eine Bande konzentrierte sich auf Postkutschenüberfälle, andere entwickelten Techniken des gewaltsamen Einbruchs. Geradezu generalstabsmäßig ging die »große niederländische Bande« vor, die zwischen 1790 und 1805 das ganze Rheingebiet bis Mainz unsicher machte. Im Hintergrund dieser Bande wirkte der »alte Jacob«, ein Jude, der um 1790 in der Nähe von Groningen lebte. Sein Sohn Abraham, sein Schwiegersohn Franz Bosbeck und andere »Chefs« führten die einzelnen Überfälle. Sie gingen im großen und ganzen immer nach dem gleichen Schema vor.

Nachdem der Baldower ein lohnendes Objekt ausgemacht hatte, teilte er das einem der »Chefs« mit, der daraufhin die »Veteranen«, altgediente Banditen, zusammenrief. Gegebenenfalls wurden noch weitere Informationen eingeholt, ehe der Termin festgesetzt wurde. Bevorzugt wurden dabei die dunklen Nächte im Frühling oder Herbst. Die Anreise erfolgte in kleinen Gruppen, und man traf sich zu einem bestimmten Zeitpunkt am vereinbarten Ort. Dort wurden die letzten Vorbereitungen getroffen. Dazu gehörte auch, das Sturmläuten zu verhindern, indem man den Zugang zur Kirche versperrte oder das Glockenseil abschnitt. Einheimische Helfer (die »Jungen«) tarnten sich, um nicht erkannt zu werden. Nun rückte die Bande geschlossen an. Man lärmte, sang und schoß um sich. Mit französischen Sprachbrocken, vielleicht der Marseillaise, gaben sich die Banditen als marodierende Soldaten aus. Auf diese Weise wollte man Angst und Schrecken verbreiten und die Bevölkerung einschüchtern. Passanten und Nachtwachen wurden festgenommen und gefesselt. Dann brach man gewaltsam die Haustür des Objektes auf, der »Chef« der bei dem Überfall streng hierarchisch geordneten Bande stürzte als erster ins Haus. Drinnen wurden die Bewohner ergriffen, gebunden und mit Drohungen und brutalen Mißhandlungen dazu gebracht, die Geldverstecke preiszugeben. Draußen hielten währenddessen Posten Wache. Schränke und Truhen wurden aufgebrochen, das Geraubte aufgenommen, und mit Lärm und Schießen verschwand die Bande wieder. Auf der Straße änderte die Gruppe die Richtung. Nach einigen Stunden wurde angehalten und die Beute verteilt. Dabei kam es oft zu Streitigkeiten. Den größten Teil bekamen der »Chef« und der Baldower, auch die »Veteranen« erhielten angemessene Teile, während die »Jungen« dagegen nur ein Almosen sahen. Darauf trennte man sich, um nicht aufzufallen.

Die menschenverachtende Brutalität mancher Überfälle wird aus folgender Beschreibung deutlich: Am 6. Oktober 1717 hatten Anthoni Meyer und fünf Komplizen »des Juden Hessen Haus nächtlicher Weyl, und mit vermumten Gesichtern überfallen, den alten Juden nicht nur mit einem Strick an die Bettstellen angebunden, und mit Schlägen, Stossen, Messerstechen, Brennen, Fußsohlen aufschneiden etc. grausam tractirt, sondern auch dessen Weib nackend im Haus herum geschleppet, mit kurzen Knittlen [=Knüppeln], wie auch ihren Mann abscheulich geschlagen, mit Meßern ins Maul und hinter die Ohren gestochen, und sonsten am Hals gedrosselt, über diß, als bereits alles, so sie angetroffen, und ein Nahmhafftes an Geld, Silbergeschirr, guldenen Ringen und andern versetzten Sachen, auch Kleidern und andern Hausmobilien importiret, ausgeraubet und eingepacket gewesen, ein Rauber ihr des Juden seinem Weib die Füß mit Stricken zusammen gegirthelt, den Höllhafen aus dem Ofen gerissen und das darinn gewesene Wasser auf sie geschüttet und sonsten noch etwas mit ihr vornehmen wollen, so Ehrbarkeit halber hier verschwiegen bleibt, ferner sie mit Füssen ganz

Hüfftloß getretten, und solcher gestalten tractirt und geschlagen, daß sie außer sich selbsten und in Ohnmacht gerathen«.[153]

Solche bewaffneten Überfälle erlangten große Publizität und prägten das Bewußtsein von Obrigkeit und Bevölkerung stärker, als es ihrer Häufigkeit entsprach. Tatsächlich machten Überfälle und gewaltsame Einbrüche nur einen kleinen, wenn auch lukrativen Teil der Bandenkriminalität aus. Viel häufiger waren einfache Diebstähle.

Verfolgung und Mythos

Um das karge Leben der Bettler spannen Bücher wie der *Liber vagatorum* einen Mythos, der aus Invaliden und Arbeitslosen arbeitsscheue Müßiggänger machte. Auch die Fakten der begangenen Verbrechen, ja des Bandenwesens überhaupt stimmen oft nicht überein mit den Legenden und Sagen, die sich schon zu Lebzeiten um manche Räuber rankten. Der Eindruck, den die Verhöre in den Quellen produzieren, ist geprägt von dem Bild, das die Verhörenden im Kopf hatten. Oft sind es kollektive Stereotypen und Repräsentationen der Mittelklasse.

Das Banditentum entspringt einer vorkapitalistischen, auf das Konkrete bezogenen Denk- und Handlungsweise. Entsprechend blühte es in der Frühen Neuzeit besonders in abgelegenen Regionen: den deutschen Mittelgebirgen, Italien, den Pyrenäen, an den osmanischen Grenzen. Territoriale Zersplitterung begünstigte es, weil die Grenzen ermöglichten, sich der Verfolgung zu entziehen. Kriege, ob es nun die spätmittelalterlichen Fehden, der Dreißigjährige Krieg, die Türkenkriege oder die französischen Glaubenskriege waren, brachten das Potential an Gewaltbereitschaft, Verrohung und sozialer Entwurzelung hervor, das ebenfalls eine wichtige Voraussetzung war. Zentrale Gesetze, eine funktionierende Verwaltung und fehlende innere Grenzen verhinderten dagegen die Bandenbildung. So gab es im frühneuzeitlichen England zwar einzeln operierende Diebe, Einbrecher und Straßenräuber, aber keine vergleichbaren Gruppen von Kriminellen. Außerdem spielte die Präsenz eines entsprechenden Diskurses eine Rolle, indem dieser entsprechend disponierten Personen über Erzählungen und Mythisierungen Vorbilder und Handlungsmaximen lieferte.

Prozesse wie diejenigen gegen Nickel List und seine Komplizen 1698–1700 in Celle oder gegen Lips Tullian 1714–1718 in Dresden erreichten eine hohe Publizität. In diesen Fällen stand ein besonders spektakuläres Delikt am Anfang, weshalb die Obrigkeiten keine Kosten scheuten, »um ihren Untertanen Strafgewalt und erfolgreiche Sicherheitsgewährung für deren Besitz und Leben demonstrieren zu können«.[154]

Um so grausamer wurde mit gefaßten Missetätern verfahren. Schon die Haftbedingungen waren schrecklich. Andreas Blasius, der 1790 bereits ein dreiviertel Jahr inhaftiert war, beklagte sich: »Verderben müsse er vor lauter langen Sitzen und Ungeziefer. Er könne Tag und Nacht nicht schlaffen [...]. Und ein einziges Hemmt habe er nur seit seinem Verhaft.«[155] Mahr berichtet, »sein Vater hätte damals in Ketten gesessen, daß er nicht hätte auf Erden kommen können, und die Maden und Läuse hätten ihm große Löcher in die Seiten und Kniekehlen gefressen gehabt, daß er auch noch immer nicht recht fortkommen könnte, wenn er aufstünde«.[156] Lips Tullian war nur in den Jahren 1702, 1704 und 1710 aktiv, insgesamt 30 Monate; den Rest verbrachte er im Gefängnis.

Solange eine Beweislücke blieb, solange die Kriminaltechnik den Indizienbeweis noch nicht zuverlässig hervorgebracht hatte, war ein Geständnis nötig. Dies wurde meist durch die Folter erzwungen. Sie folgte einem geordneten, rechtlichen Verfahren, wie es im Reich 1532 in der *Constitutio Criminalis Carolina* festgeschrieben wurde, und hatte den Zweck, die Wahrheit methodisch hervorzubringen. Allerdings sollte auch nur der wirkliche Täter zum Geständnis gebracht werden, denn nur so ließ sich der beleidigte Gott besänftigen. Die Folter gab dem Räuber aber auch die Chance, freigelassen zu werden, wenn er sie ohne zu gestehen überstand. Deshalb gehörte Abhärtung zum Geschäft, und schon die Kinder wurden im Milieu entsprechend erzogen.

Oft aber brach die Qual den Willen, und die Gefolterten gestanden alles, was man von ihnen verlangte. Als die Landfahrerfamilie Pappenheimer 1600 in Bayern in die Mühlen der Justiz geriet, gingen in die Geständnisse alle Geschichten ein, die die Beschuldigten im Laufe der Jahre auf der Straße gehört hatten: Brandstiftungen, Raubmorde, Teufelspakte, Zauberei und Hexentänze ohne Zahl. So wurden die Protokolle zum erzwungenen Gedächtnis des Gebietes, das die Pappenheimers bereist hatten, während die Obrigkeit in ihnen stellvertretend auch alle diejenigen landschädlichen Leute strafte, die sie nicht fassen konnte. Unaufgeklärte Straftaten wurden auf die Gefaßten gehäuft, in denen sich für die Obrigkeit »auf geradezu mystische Weise das schattenhafte Verbrechertum der Landstraße personifizierte«.[157] Sie mußten es mit ihrem Tod in einem großen Reinigungsfeuer abbüßen und so aus der Welt schaffen. Jedes dieser erzwungenen Geständnisse – auch wenn die meisten Taten, wenn man sie denn zu überprüfen versuchte, schon im Prozeß nicht hatten verifiziert werden können – wurde bei der Vollstreckung verlesen, über Flugschriften und Berichte weiterverbreitet und arbeitete so am Mythos der Mordbrenner und Räuber, weckte Angst vor solchen Taten und inspirierte in späteren Prozessen neue Fragen und Geständnisse.

Soziale Ursachen oder eine mangelnde Erziehung sah man im 16. oder 17. Jahrhundert noch nicht, sondern für die Zeitgenossen agierte durch den Räuber »kein geringerer als Satan persönlich«.[158] Der Räuber hatte sich mit freiem Willen für das Böse entschieden, um so seine leiblichen Genüsse zu befriedigen; die Qualen der Folter sollten seine Verstockung brechen, seine Bindung an den Teufel lösen und seiner Seele ermöglichen, zum Guten zu finden. Am Ende also mußte die reumütige Umkehr stehen. Deshalb wurde der Delinquent von einem Pfarrer betreut. Lästerte der Beschuldigte Gott, so stellte er nicht nur die Weltordnung als solche in Frage, sondern das mußte auch zwangsläufig eine Strafverschärfung nach sich ziehen, immer in der Hoffnung verhängt, seine Seele noch dem Satan zu entreißen. Diese Strafpraxis setzte die Vorstellung von einem jenseitigen Leben voraus. Die Strafen bezogen sich nur auf den Körper, nicht auf die Seele. So konnte der Reumütige über die Sühne, die Todesstrafe, wieder in die Gemeinschaft Gottes zurückkehren. Folter und Todesstrafe waren in diesem Verständnis ein »sozialer« Akt, weil sie dem Seelenheil des Verbrechers dienten.

Die Verlesung der Geständnisse (Urgichten), die Publizierung von »Actenmäßigen Berichten« (die noch um 1700 offiziösen Charakter hatten) und die erbaulichen Flugschriften, die nach Hinrichtungen publiziert wurden, legitimierten vor allem die christliche Obrigkeit in ihrem Kampf gegen den Teufel. In diesem Sinne publizierte M. S. Hosmann die Prozesse Nickel Lists als »Fürtreffliches Denk-Mahl der Göttlichen Regierung«, wobei die Fürsten als »die von Gott auserwählten Werckzeuge« erschienen.[159]

Die grausame Strafe stellte einerseits die gerechte göttliche Ordnung wieder her und bewahrte die Gesellschaft vor der Vergeltung Gottes, andererseits stärkte ihr öffentlicher Vollzug auch den Zusammenhalt innerhalb der gesetzestreuen Bevölkerung, die sich gemeinsam von dem Missetäter distanzieren konnte. Aufgestaute Aggressionen richteten sich auf den Verbrecher, nicht auf die Herrschenden. Bläsi Minderer wurde 1548 in Ravensberg dazu verurteilt, zum Galgen geschleift zu werden. Dort sollten ihm Glieder und Rücken neunmal gebrochen werden, dann sollte er für seine Mordtaten auf das Rad geflochten, für seine Diebstähle gehängt und schließlich für seine Brandstiftungen verbrannt werden. Noch Friedrich Schwan (»Sonnenwirthle«) starb 1760 auf dem Rad. Solche Strafen sollten vor allem abschrecken. So führte das abweichende Verhalten über die Sanktionierung letztlich zu einer Internalisierung und Stabilisierung der Normen innerhalb der Gesellschaft. Die öffentliche Hinrichtung weckte »bei vielen Zuschauern das befreiende Bewußtsein, noch einmal davongekommen zu sein«[160] und hatte damit eine kathartische Funktion für die Gesellschaft, die sich selbst reinigte.

Im Verlauf der Frühen Neuzeit ging die Gewalt allmählich zurück; zugleich änderte sich auch die Strafpraxis. Bei steigender Bevölkerung sank die Zahl der verhängten und vollstreckten Todesstrafen. Gab es in Frankfurt im 15. Jahrhundert noch 317 Hinrichtungen, so waren es im 16. Jahrhundert 248, im 17. nur noch 140. In Zürich sank die Zahl von 569 im 16. Jahrhundert über 327 im 17. Jahrhundert auf 145 im 18. Jahrhundert. Vorangetrieben wurde diese Entwicklung gleichermaßen durch eine Mäßigung der Gerichte und eine Abnahme der Gewalt. Besonders die Aufklärung hatte Einfluß auf die Strafpraxis. Todesstrafen gab es jetzt nur noch für die schwersten Verbrechen. Da Schandstrafen und Landesverweisungen, mit denen man bisher kleinere Delikte geahndet hatte, die Verurteilten desintegrierten und letztlich die Kriminalität erhöhten, setzte man verstärkt auf die Zuchthäuser. Dort wollte man Bettler, Diebe und Kindsmörderinnen »bessern«. Im schwäbischen Kreis errichteten die vielen kleinen Territorien gemeinsam Kreisviertelszuchthäuser in Buchloe (1722), Ravensburg (1725) und Oberdischingen (1789), und auch im holsteinischen Glückstadt wurde 1736/39 ein Zuchthaus gegründet.

Wenn das 18. Jahrhundert in der Literatur oft als das Jahrhundert der Banditen bezeichnet worden ist, so hängt dies weniger mit einer gewachsenen Armut und einer daraus resultierenden erhöhten Kriminalität zusammen, sondern vor allem mit einer gewandelten Wahrnehmung, der stärkeren Sensibilisierung von Obrigkeit und Bevölkerung für das Phänomen. Was in den Zeiten spätmittelalterlicher Fehden oder im Gefolge der Landsknechtsheere im 17. Jahrhundert völlig normal war, wurde jetzt als Mißstand angesehen. Der in weiten Schichten gestiegene Wohlstand ließ, gerade im Angesicht der Massenarmut, die Angst vor Eigentumskriminalität wachsen. Die bessere Verwaltungsorganisation, die mehr Delikte erfaßte, rief bei Zeitgenossen und Historikern zudem den Eindruck steigender Kriminalität hervor, auch wenn dies nur mit der besseren Quellenlage zusammenhängt.

Bereits im 16. Jahrhundert erstellte man in Süddeutschland Fahndungslisten mit Namen und Personenbeschreibungen von Gesuchten. Man sandte Urgichten mit den Geständnissen gefaßter Mordbrenner an benachbarte Herrschaften. Kosten und Aufwand (Abschriften, Boten) waren aber so hoch, daß der Erfolg, besonders über größere Räume hinweg, begrenzt blieb. Auch waren die durch Folter erzwungenen Geständnisse oft fragwürdig, und die Aussagen wurden nicht immer überprüft.

Wachen und Streifen gab es zunächst bei konkreten Anlässen; Ende des 16. Jahrhunderts wurden bereits systematische Streifen von benachbarten Obrigkeiten durchgeführt. In den 1720er und 1730er Jahren verschärfte sich die Verfolgung von Bettlern, Gaunern und Zigeunern nicht nur im ganzen Reich, sondern auch in Frankreich, wo die Repression in der »Großen Einschließung«

zwischen 1724 und 1733 ihren Höhepunkt erlebte. Die Abschaffung des Bettelns wurde auf zwei Ebenen betrieben: Einerseits stellte die systematische Einrichtung von Armenkassen auf dem Lande die Versorgung der unterstützungswürdigen Armen sicher, andererseits wurden zur Umerziehung von arbeitsfähigen Bettlern und Kriminellen Zucht- und Arbeitshäuser gegründet. Frankreich wählte in den 1720er Jahren 150 Anstalten zentral aus, die Bettler aufnehmen sollten; in einer zweiten Phase der Repression wurden ab 1768 die *Dépôts de Mendicité* eingerichtet.

Streifen, die Bettler und Gauner festnehmen sollten, wurden jetzt über die Grenzen der Territorien hinweg koordiniert. Bei großen Prozessen, wie dem gegen die Bande der Alten Lisel, tauschten die Behörden untereinander die Akten alter Prozesse und Verhöre aus. Zur weiteren Verfolgung wurden Listen und Verzeichnisse von Kriminellen und bei Streifen aufgegriffenen Personen gedruckt und den anderen Behörden zugeleitet. Die Salemer Beamten, die die Alte Lisel verhörten, benutzten nicht nur solche Aufstellungen aus dem süddeutschen und schweizerischen Raum, sondern sie erstellten aus den Informationen, die sie aus den Verhören gewonnen hatten, außerdem eine eigene, aktualisierte Liste.

Die zeitgenössische Publizistik und Trivialliteratur, aber auch »Actenmäßige Berichte«, in denen sich erfolgreiche Beamte oder Geistliche vor allem selbst ein Denkmal setzten, bauten am Mythos einzelner Banden und Banditen: In ihnen allen, im »Sonnenwirthle«, dem »Konstanzer Hans«, »Hannikel«, »Schinderhannes«, dem »Schwarzen Veri«, traten Zuschreibungen, Mythos und Realität in einen dialektischen Prozeß. Schon zu Lebzeiten wurden auf Schinderhannes (hingerichtet 1803) Motive aus »Rinaldo Rinaldini« (1799) übertragen; andererseits diente ihm der Roman möglicherweise selbst als Vorbild für seine Schutzgeldforderungen im Soonwald. Auf jeden Fall wußte gerade Schinderhannes die Stimmungen seiner Zeit für sich zu nutzten, indem er etwa bevorzugt Juden ausraubte, und so ließ er sich gerne als Helfer der Armen und Rebell für eine bessere Welt stilisieren. Schließlich nahm sich auch die »anspruchsvolle« Literatur der Räuberbanden an.

Der Fahndungserfolg hing dennoch weitgehend von der Aktivität einzelner Beamter ab. Berühmt wurde der württembergische

Oberamtmann Jakob Georg Schäffer, der nicht nur 1782 Johann Baptist Herrenberger (den »Konstanzer Hans«) verhaftete, sondern 1786 auch Jakob Reinhardt (»Hannikel«) von Chur nach Sulz überführte, wo er ein Jahr später hingerichtet wurde. Erst im Verlauf des 19. Jahrhunderts ging das Bandenwesen wirklich zurück, nachdem die Polizei modernisiert worden und die Kleinstaaten verschwunden waren. Die Berufskriminalität verlagerte sich jetzt auf andere Bereiche wie den Betrug.

Noch stärker als fremde Bettler und Räuber zogen in der Frühen Neuzeit die Zigeuner Projektionen auf sich, denn sie waren gesellschaftlich noch weniger eingebunden und unterschieden sich durch ihr dunkles Äußeres. Deshalb hat sich die Verfolgung zunehmend auf die Zigeuner konzentriert, zumal sie eine überschaubare, klarer abgegrenzte und damit faßbarere Gruppe bildeten, die sich wirklich ausrotten ließ.

Zigeuner

Unheimliche Fremde

Die allgemeine Unsicherheit und latente Angst vor Not und Verarmung kristallisierten sich seit dem 15. Jahrhundert an einer neu auftauchenden Gruppe von Fahrenden, den Zigeunern. Im 14. Jahrhundert finden wir sie bereits überall auf dem Balkan; Anfang des 15. Jahrhunderts erschienen dann erste Gruppen in Mitteleuropa, um 1420 auch in Frankreich und Italien, 1425 erreichten sie Spanien, Anfang des 16. Jahrhunderts zuletzt auch die Peripherie Europas: die Britischen Inseln und Skandinavien. Oft wurden sie als »Tartaren«, »Heiden« oder »Ägypter« (daher rührt das englische *Gypsies*) bezeichnet. Auch wenn Ende des 18. Jahrhunderts Indien sprachwissenschaftlich als ihr Herkunftsgebiet bestimmt worden ist, bleibt doch unklar, ob alle Gruppen, die unter der Fremdbezeichnung »Zigeuner« gefaßt wurden, ethnisch überhaupt die gleichen Ursprünge hatten und inwieweit sich diese Gruppen im Laufe der Zeit ethnisch und kulturell veränderten. In einigen europäischen Regionen bildeten sich auch andere fahrende Gruppen, die ethnisch mit den Zigeunern wenig oder nichts zu tun hatten, obwohl ihre Lebensweise ähnlich war: zum Beispiel die *Jenischen* in Süddeutschland und der Schweiz oder das *Natmandsfolk* in Dänemark.

Anfangs wurden die Zigeuner, die sich meist als Pilger ausgaben, durchaus wohlwollend aufgenommen; sie erlangten Schutzbriefe von Kaiser, Königen und Fürsten, wurden in den Städten aufgenommen und bewirtet. Aber schon bald änderte sich dieses positive Verhältnis. Parallel zum Ausschluß der fremden Bettler wuchs in der zweiten Hälfte des 15. Jahrhunderts auch der Argwohn gegen die Zigeuner. Die ziehenden Gruppen erregten Angst nicht zuletzt, weil man sie fälschlich oder zu Recht mit den Landsknechten verband. Bewirtungen und Geschenke gab es jetzt vor allem, damit sie schnell weiterzogen. Seit den 1490er Jahren wurden sie in immer mehr Ländern überhaupt nicht mehr geduldet. Aus Mailand wurden sie 1493 ausgewiesen, aus Deutschland 1497/98 durch die Reichstage von Lindau und Freiburg. 1499 forderte Spanien sie auf, entweder seßhaft zu werden oder das Land binnen 60 Tagen zu verlassen. Frankreich wies sie 1510 aus, Portugal 1526, England 1530, Dänemark 1536, Schweden in den 1540er Jahren. Aus Köln sind zwischen 1517 und 1599 nicht weniger als 26 Ratsbeschlüsse überliefert, die meist die Ausweisung und Verhaftung von Zigeunern verfügten; zwischendurch erlaubte der Rat einzelnen Zigeunern aber auch wieder den Aufenthalt.

Viele Faktoren verhinderten gemeinsam, daß sich die Zigeuner in die seßhafte Gesellschaft integrierten, und führten dazu, daß diese eine eigene Ethnizität ausbildeten. Wie bei den »falschen« Bettlern spielten auch bei der »gesellschaftlichen Konstruktion des Zigeuners«[161] äußere Zuschreibungs- und interne Aneignungsprozesse eine wesentliche Rolle. Als »Pilger« ließen die Fremden sich zunächst leicht in die spätmittelalterliche Ordnung einfügen. Die überlieferten Legenden, die in den Chroniken als eigene Erzählungen der Zigeuner ausgegeben wurden, erweisen sich jedoch oft als Zuschreibungen der seßhaften Bevölkerung, die erst sekundär von den Zigeunern selbst übernommen wurden. Handelte es sich bei den »Zigeunern« ursprünglich um größere fahrende Gruppen, die aus dem Osten nach Europa kamen, deren ethnische Zusammengehörigkeit freilich unklar bleibt, so wurden sie trotz ihrer Vielfalt und Verschiedenheit durch die Wahrnehmung der Seßhaften zu einer Gruppe gemacht. Sie selbst nahmen die Zuschreibungen durchaus an, entwickelten ihre Lebensweise an ihnen weiter, und erst auf diesem Weg entstand die Identität des »Zigeuners«.

Das Bild der Zigeuner ist bis heute stark von der Fremdsicht der Seßhaften geprägt. Da wir aus der Frühen Neuzeit keine Selbstzeugnisse von diesen Fahrenden besitzen, die nicht durch die Sichtweise eines seßhaften Chronisten oder Gerichtsschreibers gebrochen sind, bleiben uns viele Aspekte ihrer damaligen Lebensweise, Kultur und Selbstwahrnehmung verborgen. Ähnlich erging es bereits ihren seßhaften Zeitgenossen, und das Bild, das sie sich machten, entstand aus einer Mischung von Hörensagen, übernommenen

Stereotypen und oberflächlichen Begegnungen. Dieses Bild entsprach nur selten der Realität des Zigeunerlebens, in der Vorstellung vom »Zigeuner« verflossen vielmehr die unterschiedlichsten Motive: das Bedürfnis nach Schutz in einer unsicheren Zeit, die Absicherung und Legitimierung von Herrschaft, schlichte finanzielle Interessen.

Der Lübecker Dominikanermönch Hermann Korner schildert in seinem Chronicon zum Jahr 1417 als erster das Erscheinen von Zigeunern in Deutschland. Er beschreibt sie als »von sehr häßlicher Gestalt, schwarz wie die Tataren« (*forma turpissimi, nigri ut Tartari*). Sie zogen truppweise umher, übernachteten außerhalb der Städte auf den Feldern, weil sie, so Korner, »sich sehr dem Diebstahl widmeten und fürchteten, in den Städten aufgegriffen zu werden«.[162] Bereits damals gab es eine gewisse Stereotypie, was die Zigeuner angeht; denn der Presbyter Andreas aus Regensburg, der in den 1420er Jahren schrieb, schilderte ihre Lebensweise sehr ähnlich. Zusätzlich erwähnt er noch, daß sie auf den Feldern ihre Zelte aufschlugen und »daß sie heimliche Kundschafter im Lande seien«.[163]

Etienne Pasquier berichtet über das Erscheinen der Zigeuner in Paris (1427): »Die Männer waren sehr schwarz und ihre Haare waren gekräuselt. Die Frauen waren das Häßlichste und Dunkelhäutigste, das man je gesehen hatte. Alle hatten Wunden im Gesicht und Haare schwarz wie ein Pferdeschweif. Sie waren mit Kleidern aus grobem Stoff bekleidet, der an der Schulter mit einem derben Band oder einer Schnur befestigt war. Ihre einzige Unterkleidung bestand aus einem alten Kittel oder einem alten Hemd. Kurz, es waren die ärmsten Geschöpfe, die man seit Menschengedenken jemals nach Frankreich hatte kommen sehen.« Es folgen Berichte über Wahrsagerei und Diebstähle.[164]

Immer wieder werden schwarze Haare, dunkle Haut und Häßlichkeit der Zigeuner beschworen. Hinzu kommt auch die fremde Sprache, »die von niemand anderm verstanden wirt«.[165] Die von den frühen Autoren geschilderten Eigenschaften der Zigeuner wurden von späteren Autoren wieder und wieder übernommen, bis sie sich zu festen Topoi entwickelten: Die Zigeuner sind häßlich, dem Nichtstun ergeben, sie leben von Diebstahl, sie kampieren auf dem

Felde, sie sind Spione, leben von Wahrsagerei, haben keine Religion, kennen kein Vaterland. Wie sehr sich die Schilderungen gegenseitig beeinflußten, zeigt sich zum Beispiel in der Anführung des Berichts von Etienne Pasquier durch Sebastian Münster. Die Topoi wurden von den Autoren gerne durch besondere Ereignisse ergänzt, die die tradierten Eigenschaften illustrieren sollten; außerdem suchte man bereits früh nach Erklärungen für das Umherziehen der Zigeuner.

Bei der Schilderung der körperlichen Erscheinung der Zigeuner ging es den einzelnen Autoren nicht nur um deren Äußeres. Sie standen noch ganz in der mittelalterlichen Tradition, für die der sichtbare Körper den Schnittpunkt von Mikrokosmos und Makrokosmos darstellte. Körper und Seele entsprachen sich, die Zeichen des Körpers spiegelten die innere und die äußere Welt. Die Schilderung des dunklen, häßlichen Äußeren der Zigeuner sollte ihre Seele beschreiben; die Zigeuner selbst wurden als Ausdruck des Bösen angesehen. Gerade die Bezeichnung als »Tatern«, die in Norddeutschland und Skandinavien üblich war, betont die Fremdheit, das Gefährliche, das den Tataren in der allgemeinen Vorstellung immer noch anhaftete. Und tatsächlich finden sich neben den Schilderungen des Körpers von Zigeunern stets Berichte über Diebstähle, Wahrsagerei, Spionage usw. Über die unmittelbare Analogie von Körper und Seele hinaus waren die Zigeuner auch ein Spiegel der Gesellschaft. In der deutschen Fassung der Bayerischen Chronik von Aventinus, die 1580 von Nikolaus Cisner besorgt wurde, erscheinen sie als Ausdruck der schlechten Welt: »Man hat aufgemerkt, dass allweg bald hernach, wenn sie gezogen seien, der Türke die Christenheit überfallen, hat grossen Schaden gethan, Land und Leute eingenommen; noch will die Welt nicht witzig werden.«[166] Nicht nur die Häßlichkeit der Zigeuner symbolisierte den Zustand der Welt; auch das Bild des Armen hatte sich ja in der Krise des Spätmittelalters gewandelt, und er wurde, wie jetzt die Zigeuner, zunehmend als häßlich, ja abstoßend beschrieben.

Auftauchen und beginnende Marginalisierung der Zigeuner gehören noch in das späte Mittelalter und vollzogen sich in den Formen jener Zeit. Bereits František Graus hat der Angst, »meist eine[r] dumpfe[n], kaum bewußte[n] Furcht vor dem Fremdartigen, das als bedrohlich und verlockend erscheint und dadurch Überreaktionen hervorruft«, eine primäre Rolle bei der Marginalisierung zugewiesen.[167] Die Angst vor dem Fremden ist vor allem eine Angst um die eigene Identität, die von dem Abweichenden in Frage gestellt wird – etwa die in enge Normen und Pflichten eingebundene Lebensweise der Seßhaften von den scheinbar frei umherziehenden Zigeunern.

Das Umherziehen der Zigeuner, Diebstähle, ihre »Gottlosigkeit«, Vogelfreiheit, Wahrsagerei und Heilkunde rührten an alte Tabus – eine Verbindung, die Werner Danckert als für die »Unehrlichkeit« konstitutiv angesehen hat.[168] Dies erklärt einerseits die Scheu im Umgang mit den Zigeunern, die diese Etikettierungen zum Teil durchaus annahmen (Wahrsagerei, Heilkunde) und zu ihrem Vorteil nutzten. Es setzte sie andererseits aber auch weiteren Unterstellungen und Verfolgungen aus. Anfangs erfolgte ihre Ausgrenzung noch eingebettet in das Vorgehen gegen die Bettler im allgemeinen. Es ist dann zu erkennen, wie die Zigeuner sich immer stärker aus dieser großen Gruppe herauslösten und als eine eigene Gruppe angesehen wurden.

Im folgenden werfe ich zunächst einen Blick auf die unterschiedlichen Interessen, die in der Frühen Neuzeit bei der Begegnung von Zigeunern und Seßhaften eine Rolle spielten, und die Konflikte, die daraus erwuchsen. Daraus läßt sich die eskalierende Verfolgung besser verstehen. Interessant ist aber auch, welche Strategien die Zigeuner entwickelten, um im Angesicht der Verfolgung zu überleben. Indem wir Dämonisierung und romantische Verklärung an der Realität ihres Lebens messen, können wir gewissermaßen von außen auf das Funktionieren der abendländischen Gesellschaft in der Frühen Neuzeit schauen. Dazu werden wir das Leben einer Zigeunerfamilie näher betrachten.

Interessen und Konflikte

Anfangs waren die Zigeuner durchaus geduldet. Sie erbaten und erhielten in den einzelnen Territorien sogenannte Geleitbriefe, die ihnen für eine festgesetzte Frist den Aufenthalt im Lande gewährten. Dafür zahlten sie ein Schutzgeld. Aufgrund solchen finanziellen Vorteils waren die Obrigkeiten den Zigeunern zunächst kaum feindlich gesonnen; außerdem bot das Mittel der Geleitbriefe eine, wenn auch geringe, Kontrolle. Mit den Schutz- und Geleitbriefen wurden die Zigeuner in das noch personal strukturierte spätmittelalterliche Herrschaftssystem eingebunden. Indem ein persönliches Rechts- und Abhängigkeitsverhältnis zwischen den europäischen Fürsten und den »Grafen« oder »Herzögen« der Zigeuner hergestellt wurde, erhielten diese einen Platz in der feudalen Herrschaftsordnung und übernahmen zugleich rechtsverbindlich die Kontrolle ihrer Gruppen. Je mehr sich jedoch der Territorialstaat durchsetzte, desto weniger eignete sich dieser Weg der herrschaftlichen Einbindung. Größere nichtseßhafte Gruppen, die die Grenzen nach Belieben überschritten und sich auch nicht immer an die Vereinbarungen hielten, wurden ein Störfaktor, der das Prinzip der flächenhaften Herrschaft in Frage stellte.

Kleine Territorialherren, lokale Obrigkeiten und adlige Gutsherren verschafften sich, nachdem den Zigeunern in den europäischen Reichen der Zugang verboten worden war, weiterhin finanziellen Vorteil, indem sie den Aufenthalt auf ihrem jeweils eigenen Territorium gestatteten, was zu Beschwerden ihrer adligen Nachbarn, aber auch landesherrlicher Beamter führte. 1712 erging deshalb in Schleswig-Holstein eine Verordnung, nach welcher Gutsherren, die Zigeuner duldeten, 20 rtl Geldstrafe bezahlen mußten; außerdem wurde ihnen die Ersetzung des möglichen Schadens auferlegt. Adlige duldeten aber weiterhin trotz aller Verordnungen Zigeuner auf ihrem Besitz. So gestattete der Wensiner Gutsherr von Thien noch 1766 einer Zigeunergruppe ausdrücklich den Aufenthalt. Der Anführer sorgte umgekehrt dafür, daß keine anderen Zigeuner in dem Gutsbezirk bettelten.

Neben den Geleitbriefen hatten Patenschaften, die aus dem 17. Jahrhundert vielfach überliefert sind, gleichermaßen den

Zweck, die Zigeuner zu kontrollieren wie auch ihnen Protektion zu verschaffen. So übernahm Herzog Eberhard von Württemberg zwischen 1651 und 1661 die Patenschaft von acht Zigeunerkindern, der Rat der Reichsstadt Schwäbisch Hall die Patenschaft von fünf Zigeunerkindern. Dadurch, daß Mitglieder der Oberschicht als Paten auftraten, erhielten die Zigeuner nicht nur reiche Patengeschenke, sondern sie erhofften sich vor allem Duldung und Schutz. In Bergedorf, das zur beiderstädtischen Herrschaft der Hansestädte Lübeck und Hamburg gehörte, wurde Ostern 1652 ein Zigeunermädchen getauft, wobei »fünf Jungfrauen« und drei Männer als Paten bestellt wurden, unter ihnen Hinrich von Münchhausen, ein späterer Bürgermeister. Bei einem Zigeunerkind mit Namen Paul Jacob, das 1678 in Boizenburg an der Elbe getauft wurde, standen ebenfalls Mitglieder der Oberschicht Pate.

Auch Teile der seßhaften Bevölkerung zogen direkten finanziellen Vorteil aus dem Aufenthalt der Zigeuner. Im 17. Jahrhundert wurden diese weiterhin trotz aller Verbote beherbergt, und dagegen halfen auch Strafen nicht. Sie wurden offenbar vor allem von Mitgliedern der Unterschicht aufgenommen, sei es, weil es denen auch nicht gut ging und sie sich daher den fremden Leidensgenossen gegenüber solidarisch fühlten, sei es, weil sie sich damit etwas dazuverdienen konnten. Auch Diebstähle begingen die Zigeuner nicht nur zum eigenen Vorteil, sondern mitunter auch im Auftrag Seßhafter, die als Hehler oder Käufer auftraten.

Seit jeher wurden die Zigeuner mit Magie und Zauberei in Verbindung gebracht, wobei sich im nachhinein vieles vermeintlich Magische als Trickdiebstahl entpuppte. Viele Zigeunerfrauen lebten von Wahrsagerei. Die angeblichen magischen Fähigkeiten wurden einerseits als ein Grund für ihre Verfolgung angegeben, andererseits führten sie auch dazu, daß manche Leute den Umgang mit Zigeunern geradezu suchten. So wollte zum Beispiel Jakob Putfarcken in den Vierlanden bei Hamburg 1692 von ihnen »verbotene Künste« lernen und wurde deshalb zu 12 m Strafe verurteilt.[169]

Tradierten Chronisten und Volksüberlieferung bestimmte Topoi und Vorurteile, so erwuchs die frühneuzeitliche Verfolgung der Zigeuner doch aus konkreten Ereignissen. Kleinere Diebstähle »alß etwa ein Huhn, Katze und etwas Brodt«[170] gaben die Zigeuner bei

Verhören durchaus selber zu. Durch die Klagen, die in den Archiven überliefert sind, schimmert ein wiederkehrendes Grundmuster: Stets waren es Diebstähle, Plünderungen oder die Angst davor, die die Bevölkerung gegen die Zigeuner aufbrachten. Der Diskurs hatte sie so sehr mit Eigentumsdelikten verknüpft, daß der Verdacht stets an ihnen haftete, auch wenn sie sich im konkreten Fall gar nichts zuschulden kommen gelassen hatten. Besonders große Gruppen erregten erhebliche Angst. Mitunter kam es zu Zusammenstößen, schließlich zum Eingreifen der Obrigkeit und zur Vertreibung. Zwei Beispiele sollen das illustrieren:

Am 26. Juli 1622 ereignete sich in Friedrichstadt, wo sich eine Gruppe Zigeuner mit einem Geleitbrief der Herzogin Augusta aufhielt, ein erheblicher Zwischenfall. Nicht nur hielten sich die Fremden bei Jacob von der Lohe und Clauß Weittgen »ohne einige Erlaubnuß« auf, viel schlimmer: In der Nacht wurde in ein Haus eingebrochen und Nahrungsmittel, Textilwaren und Bargeld im Wert von 181 m 2 ß gestohlen. Natürlich fiel der Verdacht auf die Zigeuner, die zwar ihre Unschuld beteuerten, sich aber dennoch sofort aus Friedrichstadt absetzten. Der Stapelholmer Landvogt Rautenstein ließ die Zigeuner verfolgen; sie wurden schließlich in Drage und Süderstapel gefaßt und ins Stockhaus gebracht. Bei der Gefangennahme wurde einer der Zigeuner erheblich verwundet. Einige der Frauen gestanden angeblich, ihr Anführer Daniel habe die Waren gestohlen; er bestritt dies aber, und gefunden wurde nichts. Da die Nachforschungen erfolglos blieben, wurden die Zigeuner schließlich auf herzoglichen Befehl wieder freigelassen, wobei ihnen befohlen wurde, »sich alsoforten wegh undt auß dem Lande zue machen«. Bezeichnend an dieser Episode ist, daß der Verdacht auf die Zigeuner fiel, obwohl es offenbar keinerlei Beweise gab. Sie verloren Besitz und Pferde, wurden mitsamt ihren »elenden kleinen Kinderken« eingesperrt, schließlich vertrieben.[171]

Das zweite Beispiel stammt aus dem Jahre 1666. Damals erschienen während der Erntezeit zuerst kleinere Zigeunergruppen in der Karrharde (Herzogtum Schleswig) und bettelten. In der Klage der Einwohner heißt es, man habe ihnen zunächst »guthwillig gegeben und mit geholffen«. Im Oktober dann rotteten sich die Zigeuner zusammen, und »Banden« von über 100 Personen zogen durch die

Dörfer, wobei sie ihr ganzes Hab und Gut in Pferde- und Eselgespannen mit sich führten. Dabei scheint es zu erheblichen Übergriffen gekommen zu sein; zumindest hatten die Bauern Angst, »das sie unß Hauß und Hoeff abbrennen und vielleicht ein mehres Ubel anthun möchten«. In Leck kam es zu einem Zusammenstoß mit der einheimischen Bevölkerung. Darauf schrieb die Bevölkerung der Karrharde an den Herzog und bat dringend um die Vertreibung der Zigeuner. Wenn die Eingesessenen die Zigeuner als »ein unordentlich Volck« bezeichneten, das »wie die unflätigen Schweine sich erzeiget«, wird deutlich, wie fremd ihnen deren Lebensweise war.[172]

Die Lebensweise der Zigeuner wich derartig von derjenigen der seßhaften Bevölkerung ab, daß sich an den »herrenlosen«, »gottlosen«, »lasterhaften« und »diebischen« Zigeunern das Selbstbild des ehrlichen und gottesfürchtigen Untertanen kristallisieren konnte. Bereits auf qualifizierten Diebstahl aber stand in der seßhaften Gesellschaft traditionell das Erhängen. In der deutschen Fassung der Bayerischen Chronik von Aventinus wird der Gegensatz in den Moralvorstellungen offen thematisiert, wenn es heißt: »Bei uns ist das Stehlen und Rauben bei Hängen und Köpfen verboten; ihnen ist es erlaubt.«[173] Das Unverständnis der seßhaften Bevölkerung wurde auch dadurch gefördert, daß die an Verfolgung gewöhnten Zigeuner sich bewußt von ihr abgrenzten und sich mit dem Schleier des Geheimnisvollen umgaben. Entsprechend negativ entwickelte sich die Konnotation des Wortes Zigeuner. Schon früh galt »Tarterpack« als Schimpfwort, und es wurden deshalb Injurienprozesse angestrengt. Das Prinzip ist bis heute das gleiche geblieben: die Aufwertung der eigenen über die Abwertung der fremden Lebensweise. Gerade in Anbetracht der Verunsicherung durch Kriege, steigende Steuerlasten und die Verschärfung herrschaftlicher Anforderungen im beginnenden Absolutismus konnte dieser an sich normale Vorgang der Ausbildung einer sozialen Identität jedoch entgleiten, so daß es zur Eskalation im Verhältnis der Bevölkerungsgruppen kam. Dabei galt das Leben eines Zigeuners weniger als das eines Einheimischen.

Ein getötetes Zigeunerkind

Am Abend des 21. April 1703 kam eine Gruppe Zigeuner nach Curslack, ein Dorf in der beiderstädtischen Herrschaft der Reichsstädte Hamburg und Lübeck. Am Kirchhof stiegen sie den Deich herunter und drangen in die Kate der Witwe Barbara Langwedel ein. Dort stahlen sie angeblich eine Schürze und einen schwarzen Seidenschleier. Als die Witwe kurz darauf nach Hause kam und den Diebstahl bemerkte, hatte sie sofort die Zigeuner in Verdacht. Sie lief hinter ihnen her auf den Deich und verlangte das Gestohlene zurück. Die Zigeuner wollten nichts herausgeben, ja bestritten den Diebstahl als solchen. Dabei kam es zu einem lauten Wortwechsel, Barbara Langwedel schrie und schimpfte. Hinterher behauptete sie gar, die Zigeuner hätten sie »angegriffen undt schlagen wollen, sie auch [...] übers Angesicht gekratzet«.[174] Sie rief um Hilfe, und darüber eskalierten Streit und Schlägerei vollends. Bei Peter Lütkens zechte währenddessen eine Gesellschaft beim Kindelbier. Durch das Geschrei wurden sie aus dem Haus gelockt und mischten sich ein. Jürgen Elvers, ein Hühnerkäufer, der völlig betrunken war, ergriff eine Fleischgaffel (das war eine Art Forke zum Aufhängen und Herabholen des Räucherfleischs) und wollte damit auf eine der Zigeunerfrauen einprügeln. Diese warf ihm, wohl in einem Reflex, ein in einer Decke getragenes Bündel entgegen, das den Schlag abfing. In der Decke aber befand sich ein Kind, das von dem Schlag so schwer getroffen wurde, daß es kurz danach starb. Jürgen Elvers bekam es mit der Angst zu tun und machte sich davon, weniger aus Angst vor obrigkeitlicher Verfolgung, sondern, wie er später aussagte, aus Angst vor der Rache der Zigeuner.

Die Rechtslage in diesem Fall war eindeutig. Zigeuner waren durch mehrere Reichsabschiede seit 1497 für vogelfrei erklärt worden. Sie durften sich nicht im Reich aufhalten, und niemand durfte sie beherbergen. In vielen Territorien gab es seit dem 17. Jahrhundert darüber hinaus verschärfende Verordnungen, die gefaßte Zigeuner mit Körperstrafen oder lebenslangem Zuchthaus bedrohten. Im 18. Jahrhundert wurden diese Verordnungen weiter verschärft, bis ihnen in vielen Territorien die sofortige Hinrichtung drohte. Daß diese Gesetze nicht immer angewandt wurden, steht auf einem anderen Blatt. Sicher ist nur, daß man den Fall auf sich hätte beruhen lassen können – wie es in manchen ähnlichen Fällen auch geschah. In diesem Fall aber berichtete der Curslacker Vogt Hein Wulf den Fall an seine übergeordnete Obrigkeit, das Amtshaus in Bergedorf, und es wurde gegen Jürgen Elvers ein Inquisitionsverfahren wegen Mordes angestrengt. Der Fiskal plädierte in seiner Anklageschrift auf nicht weniger als die Todesstrafe, die Verteidigung auf Freispruch. Das Urteil lautete schließlich auf eine Geldstrafe von 100 Mark – in einem Mordfall, so scheint es, doch eine außerordentlich niedrige Strafe.

Vergleichbare Fälle mit ähnlich milden Strafen sind bekannt: Im Jahre 1716 wurde im Kirchspiel Eddelak (Dithmarschen) ein Zigeunermädchen, ohne daß wir die näheren Umstände kennen, von zwei Einheimischen erschlagen, und die Mörder kamen vor dem Meldorfer Gericht mit einer Geldstrafe davon. Außerdem mußten sie in der Kirche öffentliche Abbitte leisten. Zu einem weiteren Fall von Selbstjustiz kam es am 29. Januar 1765 in Koldenbüttel (Eiderstedt), als ein junger Zigeuner namens Hinrich Niclaes, nachdem er angeblich einige Kleinigkeiten entwendet hatte, »mit dicken knotigen Prügeln und Flügelklappen« so mißhandelt wurde, daß er starb.[175] Allen diesen Fällen ist gemeinsam, daß es, soweit erkennbar, Mitglieder der Unterschicht waren, Menschen mit schwacher sozialer Identität also, die sich an diesen Aktionen beteiligten und in der Folge so auffallend milde bestraft wurden: 1703 ein Hühnerkäufer, 1716 ein »Häuersmann« (Tagelöhner), 1765 ein Scherenschleifer. Hier wurden offenbar eigene Frustrationen an noch Schwächeren kompensiert, wobei kleine Diebstähle, nachdem das Verbot, selbst zu stehlen, internalisiert war, unkontrollierbare Aggressionen freisetzten. Im Herzogtum Lauenburg wurde im Jahre 1705 jedem gesetzlich Straffreiheit garantiert, der »ein oder mehr Zigeuner wegen ihrer Widersetzlichkeit und ungebührende Gegenwehr« verwundete oder tötete.[176] Dies setzte die Zigeuner jeder Aggression vollends wehrlos aus; denn eine »Widersetzlichkeit« ließ sich immer konstruieren. Im Curslacker Fall wurde sie jedenfalls vom Verteidiger ausdrücklich hervorgehoben. Die Zigeuner hätten nicht nur einen Diebstahl begangen, sondern sich auf Aufforderung auch geweigert, das Gestohlene wieder herauszugeben.

Möglicherweise dienten die Zigeuner aber auch nur als Sündenböcke. Indem man die Fremden beschuldigte, ließ sich der durch einen internen Diebstahl erheblich bedrohte innerdörfliche Friede wahren. Auch bei dem Zwischenfall in Friedrichstadt (1622) waren zwar sofort die Zigeuner des Diebstahls beschuldigt worden, aber letztlich hatte man ihnen nichts nachweisen können und sie auf herzoglichen Befehl wieder freilassen müssen. Wer aber hatte dort die Waren gestohlen, wenn es nicht die Zigeuner waren? Jedenfalls ist Christian Hanßen in Frörup (Amt Flensburg) 1695/96 offenbar der Meinung gewesen, daß nicht Zigeuner, sondern vielmehr Lorentz Klaußen seine Gänse gestohlen habe. Vor Gericht hielt er diese Beschuldigung – vielleicht aus Mangel an Beweisen – allerdings nicht aufrecht. Für den innerdörflichen Frieden schien es in jedem Fall besser, wenn es die Zigeuner gewesen waren. Und so einigte man sich auf diese bequeme Wahrheit, und er »wüste von Lorentz Klaußen nichtes anders als Ehr und Gutes«. Unter Umständen zogen auch Einheimische Vorteil aus den Diebstählen von Zigeunern, oder diese handelten in ihrem Auftrag: Der Vogt zu Dockenhuden wurde zu einer Geldstrafe verurteilt, weil er das gestohlene Zeug »an sich gekaufft« hatte.[177]

Schwerer als der konkrete Diebstahl aber wog in der Argumentation des Defensors im Falle des Jürgen Elvers von 1703, daß die Zigeuner für vogelfrei erklärt waren. Daher dürfe jedermann einen Zigeuner »ohne alle Straffe entleiben und vom Leben zum Tode bringen«, ja man sei dazu geradezu aufgefordert. Er verstieg sich schließlich dahin, zu verkünden, »daß diese mit Menschenhaut nur überzogenen Bestien keines göttlichen noch weltlichen Rechts wehrt sind«.[178]

Interessant sind in Anbetracht dieser Rechtslage die Einwendungen des Fiskals, denn er spricht von einem »göttlichen Recht« zu leben auch der Zigeuner. Darin werde »kein Unterscheidt gemachet, was für Ahrt Leute einer erlege«. Nicht einmal einen Straßenräuber dürfe man eigenmächtigerweise erschlagen, wenn er einem keine Gewalt tue. Die obrigkeitlichen Gesetze und Mandate gegen die Zigeuner dürften erst dann Anwendung finden, »wen sich dieselbe auf vorgestelleten obrigkeitlichen Verboth nicht wollen abweißen laßen«, sondern sich mit Waffengewalt widersetzten.[179]

Auch widersprach der Ankläger der Behauptung, man hätte nicht gewußt, daß die Frau ein Kind trüge. Jürgen Elvers hätte vielmehr »aus der gantz bekandten Ahrt, wie die Zigeuner ihre Kinder tragen, billig schliessen können und sollen, das sie ein Kindt darunter trüege«.[180] Die Lebensweise der Zigeuner war demnach also doch nicht ganz so fremd und unbekannt.

Das Gericht, bestehend aus beider Städte Lübeck und Hamburg Bürgermeister und Rat, folgte der Argumentation des Fiskals. Nur die Obrigkeit selbst dürfe die Zigeuner mit Gewalt vertreiben. Die reichsstädtische Regierung nahm hier also ein absolutes Gewaltmonopol für sich in Anspruch, und das auch auf das Risiko hin, bestehende Gesetze nicht durchsetzen zu können. Hier ging es um den Machtanspruch des frühneuzeitlichen Staates, der ein unmittelbares Vorgehen des Volkes, wie es sich in diesem Fall von Selbst- und Lynchjustiz manifestiert hatte, ausschalten wollte, weil es eine konkurrierende Gewalt darstellte. Jürgen Elvers hätte sich nicht »in frembde Hendell« mischen dürfen, »davon er bleiben und stille sitzen können«.[181] Die Strafe – 100 Mark an die Kirche von Curslack zu frommen Zwecken zu zahlen – war so hoch bemessen, daß sie für diesen eher der Unterschicht zuzurechnenden Mann einer Enteignung gleichkam.

In dem Urteil ging es, auch wenn das Gericht mit dem Fiskal ein göttliches Recht der Zigeuner betonte, im Grunde weniger um das tote Zigeunerkind als um die Disziplinierung der eigenen Untertanen. Nicht nur sollte das Gewaltmonopol der Obrigkeit exemplarisch an Jürgen Elvers durchgesetzt werden; die Bevölkerung sollte außerdem in einer Weise in die Verfolgung der Zigeuner einbezogen werden, die einerseits das staatliche Gewaltmonopol garantierte, andererseits eine aktive Mitwirkung der Untertanen verlangte.

Bis zu dem Curslacker Fall hatte es in der beiderstädtischen Herrschaft der Reichsstädte Hamburg und Lübeck im Gegensatz zu den umliegenden Flächenstaaten noch keine eigenen Verordnungen gegen die Zigeuner gegeben, und entsprechend hatte man sich auch in dem Curslacker Prozeß auf das Reichsrecht berufen. Nun aber erging am 27. November 1704 im Amt Bergedorf ein eigenes Mandat gegen die Zigeuner. In dieser Verordnung, die zwar die Untertanen in Anspruch nahm, ihnen aber selbst jedes gewaltsame Handeln untersagte, wurde das, was das Curslacker Urteil formulierte, nun auch in einen Gesetzestext gegossen und die gewaltsame Vertreibung der Zigeuner endgültig der Obrigkeit vorbehalten.

Die obrigkeitliche Verfolgung

Die Entstehung des frühmodernen Staates führte in vieler Hinsicht zu einer höheren Komplexität des gesellschaftlichen Systems. Dies überforderte viele Menschen, so daß eine Tendenz zur Reduzierung dieser Komplexität entstand. Die Ausbildung einer gemeinsamen (seßhaften) Identität und die Ausgrenzung von Randgruppen gehören in diesen Kontext.

In Mitteleuropa erlebte die Verfolgung der Zigeuner ihren Höhepunkt erst nach dem Ende der Hexenverfolgungen. Die Ausrottung von Wölfen, Zigeunern und überhaupt »herrenlosem Gesindel« diente in dieser Zeit gehäufter eschatologischer Spekulationen »der Reinigung im übertragenen religiösen Sinne«. Sie übernahm in einer rationaler scheinenden Form (schließlich konnte man auf den wirtschaftlichen Schaden durch Wölfe oder Diebstähle verweisen) die Funktion der Hexenprozesse. Es ging jetzt »nicht mehr darum, Zauber und Magie abzuwehren, sondern um die Bekämpfung eines rationalisierten Teufels, der einfach Kriminalität, d. h. böse Handlungen hervorrief, ›Brand, Raub und Mord‹«.[182] In einer Phase der sozialen Disziplinierung und der Verinnerlichung von Normen wurde die Bekämpfung der Zigeuner wie die der Wölfe als »Bändigung und Zähmung eines Stückes Natur aufgefaßt«.[183] Einerseits war also die »Rationalität« der Verfolgung höher als bei den Hexenverbrennungen, andererseits folgte sie doch einer spätmittelalterlichen Stigmatisierung, die sich zum Beispiel noch in der Beschreibung der Zigeuner als »häßlich« und »schwarz« fassen läßt. Es durchdrangen sich moderne und eigentlich überholte, regredierende Motive, und das führte zu einer völlig überzogenen Reaktion.

Grundsätzlich scheinen die landesherrlichen Verordnungen eine

Antwort auf die Klagen aus der Bevölkerung zu sein, die sich von den Zigeunern, besonders wenn sie in großen Gruppen auftraten, bedroht fühlte. Von Herrschaftsseite ging es zunächst nur um eine Kanalisierung der Angst, um dem Anspruch der Untertanen auf Schutz gerecht zu werden. Obrigkeit und Kirche versuchten aber auch, einzelne Ängste zu benennen, um die Aggressionen, die aus der Angst erwachsen konnten, von sich abzulenken. War es das Ziel der frühneuzeitlichen Landesherrn, einen gottgefälligen Staat zu errichten, so störten die Zigeuner die angestrebte religiöse und staatliche Ordnung. Die Umherziehenden und Entwurzelten wurden daher als Ursache der Krise angesehen, nicht als ihr Produkt. Die negativen Stereotypen, die in den einzelnen Verordnungen immer wieder auf die Zigeuner angewandt wurden und auf diese Weise das Bild von diesen Menschen zu prägen begannen, sind Ausdruck dieser Etikettierung. Nicht zuletzt deshalb wurden die Zigeuner in den Mandaten stereotyp als »gottlos« bezeichnet, obwohl die meisten von ihnen getauft waren.

Für die Kanalisierung der Angst eigneten sich die Zigeuner, weil sie der unbestimmten Unsicherheit einen Namen geben konnten, das heißt, bestimmte Aspekte der Bedrohung fanden in ihnen einen symbolischen Ausdruck. Die Zuschreibung gewisser allgemeiner Eigenschaften (»Etikettierung«) entwickelte jedoch mit der Zeit eine immer größere Eigendynamik. Es entstand eine Erwartungshaltung und Übersensibilität den Zigeunern gegenüber. Da das Symbol in der Frühen Neuzeit noch nicht rein hinweisend verstanden wurde, konnte unter Umständen eine Regression auf das entwicklungsgeschichtlich ältere Identifikationssymbol erfolgen. Als Identifikationssymbol verstanden, wurde das Symbolisierende selbst als Ursache der Angst angesehen und mußte zerstört werden.[184] So kam es in der ersten Hälfte des 18. Jahrhunderts zu einer völligen Unverhältnismäßigkeit im Umgang mit den Zigeunern.

Da die verordneten Maßnahmen sichtlich dem Interesse der Untertanen dienten, legitimierten sie zugleich die Herrschaft. Je weniger die Untertanen wirklich in Kontakt mit Zigeunern kamen, je weniger sie wirklich Angst (eine »Realangst« im Sinne Freuds) empfanden, desto härter mußten die Maßnahmen werden, um die Angst am Leben zu halten. Die Verfolgung verselbständigte sich, setzte keine konkreten Straftaten mehr voraus, sondern die bloße Tatsache, Zigeuner zu sein, reichte für eine grausame Bestrafung aus. Sie machte jetzt selber Angst, demonstrierte in einer unsicheren Zeit die Macht des Landesherrn. Die Verfolgung diente nur noch vordergründig dem Zweck, die Zigeuner auszurotten; vor allem gab sie den vorhandenen existentiellen Ängsten ein Ziel und lenkte die unterschwelligen Aggressionen vom Landesherrn ab.

Seit dem ausgehenden 15. Jahrhundert wurden in immer mehr Ländern Verordnungen gegen die Zigeuner erlassen. In England war die Verfolgung der *masterless men* zwischen 1550 und 1640 am schärfsten. Auf dem Kontinent eskalierte die Verfolgung erst später. In Frankreich war sie unter Ludwig XIV. besonders hart. In Spanien und Deutschland erlebte sie ihren Höhepunkt erst im 18. Jahrhundert. Nachdem die Reichstage von Lindau und Freiburg die Zigeuner bereits 1497/98 des Landes verwiesen hatten, ergingen mit der zunehmenden Territorialisierung in den einzelnen deutschen Staaten eigene Verordnungen. Die Wittgensteinsche Polizeiordnung von 1573 verbot dementsprechend, den Zigeunern Geleit zu geben, und fügte hinzu: »Wo auch jemandt mit der Thatt gegen sie handlen würde, soll daran nicht gefrevelt haben.«[185]

In den Herzogtümern Schleswig und Holstein wurde die erste landesherrliche Verordnung gegen die Zigeuner am 23. Dezember 1622 erlassen. Hier läßt sich beispielhaft die Entwicklung dieser Verordnungen zeigen: Noch am 14. Juli 1612 war eine Verordnung nur gegen »herrnlose Knechte, Gardenbrüder und Bettler« ergangen, ohne daß von Zigeunern die Rede gewesen wäre. In den 137 Jahren von 1622 bis 1759 ergingen dann insgesamt nicht weniger als 11 Verordnungen, die namentlich auch gegen die Zigeuner gerichtet waren, nämlich in den Jahren 1622, 1636, 1655, 1664, 1669, 1680, 1712, 1724, 1754, 1757 und 1759;[186] im Schnitt erging also alle zwölf bis 13 Jahre eine Verordnung. Überall in Deutschland wurden im 17. und 18. Jahrhundert ähnliche Verordnungen erlassen. Die Bestimmungen wurden dabei immer weiter verschärft, mancherorts bis zur sofortigen Verhaftung oder Hinrichtung ergriffener Zigeuner, ohne daß ihnen irgendeine Straftat nachgewiesen werden mußte. Rainer Hehemann spricht deshalb von einem regelrechten »Zigeunerwahn« des 18. Jahrhunderts.[187]

Bis Anfang des 18. Jahrhunderts wurde versucht, die Zigeuner aus dem eigenen Territorium fernzuhalten, und das mit unzureichenden Mitteln. Voraussetzung für die Durchsetzung der Verordnungen war, daß auch die einheimische Bevölkerung sie nicht unterlief. Da man die Grenzen nicht hinreichend überwachen konnte, wurden seit Mitte des 17. Jahrhunderts auch die Einheimischen mit Brüchen belegt, wenn sie Zigeuner beherbergten. Auf diese Weise ließen sich zwei Fliegen mit einer Klappe schlagen: Nicht nur sollte den Zigeunern die Möglichkeit entzogen werden, sich im Lande aufzuhalten, sondern zugleich ließ sich die seßhafte Bevölkerung disziplinieren und der neuen territorialen Gesetzgebung unterwerfen. Die Rückseite der Medaille war allerdings, daß die Zigeuner, wenn man ihren legalen Umgang mit der Bevölkerung verhinderte, immer mehr in die Illegalität, ja in die Kriminalität getrieben wurden (»sekundäre Devianz«). Sie gerieten in einen Kreislauf von Armut, Ausgrenzung und Kriminalisierung. Das negative Bild, das die Bevölkerung ohnehin schon von ihnen hatte, wurde weiter internalisiert.

Im 18. Jahrhundert wurde einerseits auf abschreckende Strafen, andererseits auf eine Zerstörung der abweichenden Identität der Zigeuner gesetzt. 1712 sollten in Schleswig-Holstein die Männer, auch wenn sie sich weder wehrten noch sonst etwas zuschulden kommen ließen, mit Festungshaft und Zwangsarbeit unbestimmter Dauer, die Frauen mit Prügel und Landesverweisung bestraft werden. Die Erfolglosigkeit der Mandate bewirkte, daß die Strafandrohungen immer unmenschlicher wurden. 1724 wurde allen Zigeunern für den Wiederholungsfall sogar angedroht, daß sie »ohne einig zu erwartende Gnade mit dem Strang vom Leben zum Tode gebracht werden«.[188] 1757 sollten die festgenommenen Zigeuner verhört und, wenn sie *keine* Verbrechen begangen hätten, »zur lebenswierigen Karren- oder Zuchthausarbeit« abgeführt werden.[189] Manchen Beamten gingen die Verordnungen freilich immer noch nicht weit genug. »Anerwogen die Erfahrung es erwiesen, daß diejenigen, welche heute aus einem District verjaget worden, morgen in einem anderen Ohrt sich wieder eingeschlichen haben«, verlangte der Gottorfer Amtmann von Münch 1725 in einem Schreiben an den dänischen König, »daß, wan von den sogenandten Ziegeunern einige ertappet, selbige sofort an die hin und wieder auff den Gräntzen dazu errichtete Pfähle, ohne weitern Process gehencket werden«.[190] Im Hochstift Lübeck wurde im Jahre 1736 tatsächlich verfügt, daß Zigeuner sofort, wenn sie angetroffen würden, ohne alle Gnade an den an den Grenzen aufzurichtenden Kniegalgen aufgehängt werden sollten. Die 1720er und 1730er Jahre bildeten in ganz Deutschland den Höhepunkt der Verfolgung.

Blieben die Verordnungen im 17. Jahrhundert, nicht zuletzt wegen des Fehlens einer entsprechenden staatlichen Infrastruktur, im wesentlichen wirkungslos, so gelang es den Landesherren im 18. Jahrhundert, diese Infrastruktur allmählich zu schaffen. Hatte man im 17. Jahrhundert nur dann, wenn es Klagen über »Exzesse« der Zigeuner gegeben hatte, das Militär eingesetzt, so wurden im 18. Jahrhundert Soldaten bereits in Marsch gesetzt, wenn man bloß von der Anwesenheit der Zigeuner erfuhr, ohne daß es also zu irgendwelchen Zwischenfällen gekommen wäre, ja es gab koordinierte Militäraktionen, um sie insgesamt unschädlich zu machen. Da in den verschiedenen deutschen Territorien unterschiedliches Recht galt, gab es zudem in den Reichskreisen ab etwa 1700 Tendenzen, die bestehenden Bestimmungen einander anzugleichen. Da sich die Zigeuner gerne an den Grenzen unterschiedlicher Territorien aufhielten, wo sie bei Polizeiaktionen schnell auf das Gebiet eines anderen Landesherrn ausweichen konnten, wurden gemeinsame Aktionen benachbarter Territorien vereinbart oder dem Militär bei der Verfolgung von Zigeunern der Grenzübertritt gestattet. An den Grenzen der einzelnen Territorien wurden zur Abschreckung Warntafeln aufgestellt (»Zigeunerstöcke«, »Tarterpfähle«). Da man nicht davon ausging, daß die Zigeuner lesen konnten, wurde die Strafe, die ihnen bei Überschreitung der Grenze drohte, bildlich illustriert.

Auspeitschung, Verstümmelung und Hinrichtung, wie sie in den Verordnungen verfügt und auf den Tafeln dargestellt wurden, waren in der Tat üblich, allerdings mit regionalen Unterschieden. So berichtet der Oldenburger Pastor Johann Jakob Jensen, daß ein Zigeuner »am Pranger ausgestrichen, dem einen Knaben drei Finger aus der einen Hand und einem Weibe die rechte Hand abgehauen

Abb.: 10 Abschreckung durch die visuelle Androhung von Strafen: »Straff der im Land betrettenen Jauner, Zigeiner und Bet[tler]«. Warntafel (18. Jahrhundert) am Schloßtor von Harburg, 15 km südöstlich von Nördlingen. Stadtmuseum Nördlingen.

wurde«.[191] Eine 1756 bei Eckernförde festgenommene Zigeunerin hatte »keine Finger an ihre Hände, selbe sind ihr vor einige Jahre in Kiel abgehauen worden, auch ist dieselbe vor einige Jahre in Husum bereits am Pranger gepeitscht worden«.[192] In den 1720er und 1730er Jahren fanden in Süddeutschland einige große Prozesse gegen Zigeuner statt. Allein in Südwestdeutschland wurden zwischen 1719 und 1788 mindestens 237 Zigeuner hingerichtet. Noch 1782 exekutierte man in Ungarn 41 Zigeuner nach einem spektakulären Prozeß, weil man ihnen Kannibalismus vorwarf – was sich kurz danach als falsch erwies, denn es wurde überhaupt niemand vermißt.

In Norddeutschland gab es kaum Prozesse mit Hinrichtungen, oft aber wurden Zigeuner, insbesondere Frauen und Kinder, bei Militäraktionen gleich getötet. 1727 richteten gottorfische Soldaten auf dem Gebiet des Klosters Preetz ein regelrechtes Massaker an, bei dem »sieben Zigeuner, welche aber meistentheils nur Weibespersohnen und Kinder gewesen, getödtet, und außer selbigen noch vier andere schwer verwundet, darneben drey Zigeunerkerrels gefangengenommen und nach Kiel geführet worden«.[193]

Erwachsene konnte man töten – aber was machte man mit ihren Kindern? Hier wurde bereits früh auf eine Integration in die seßhafte Gesellschaft, damit aber auch auf eine Zerstörung der zigeunerischen Identität, gesetzt. Verlangt wurde vor allem die Integration in die christliche Gemeinschaft, also die Taufe. Im 17. Jahrhundert hatten Zigeuner mitunter ihre Kinder freiwillig taufen lassen, wobei Mitglieder der lokalen Oberschicht als Paten auftraten. Im 18. Jahrhundert ist dann belegt, daß Zigeunerkinder ihren Eltern weggenommen und zwangsweise getauft wurden. Der Herzog Karl Friedrich überwies einen solchen Zigeunerknaben zur Erziehung in das Oldenburger Hospital. Den Erfolg einzelner Integrationsmaßnahmen zeigt ein Heiratseintrag aus Lauenburg von 1766. Dort heiratete eine gewisse Maria Dorothea Elisabeth Habeda den Pensionär, Sergeant und Mühlenschreiber Christian Benkelberg. Die Frau war »in der Kindheit den Zigeunern abgenommen. Der Vater ist zu Braunschweig am Galgen gestorben«.[194] Doch blieben Mischehen selten.

Auf eine Veränderung der besonderen Identität der Zigeuner, die ohne feste Tätigkeit umherzogen, zielte auch die Verurteilung zu Zwangsarbeit. Die Zuchthäuser sollten der Besserung durch Arbeit dienen. Da sich die Tatern diesem Prinzip nicht unterwerfen ließen, sondern sich »mehr schädlich als nützlich erwiesen«, ordnete der dänische König Christian VI. 1741 wieder an, daß sie »nach der nächsten Festung gebracht werden« sollten.[195] Es finden sich freilich auch später noch Einweisungen in die Zuchthäuser. In Spanien wurden bei einer Razzia im Juli 1749 zwischen 9000 und 12 000 Zigeuner festgenommen; die meisten wurden zur Zwangsarbeit in die Marinearsenale gebracht.

Um auf sich selbst gestellt zu überleben, waren für die Zigeuner die Familienstrukturen besonders wichtig. Gerade auf ihre Zerstörung zielten deshalb viele Maßnahmen. Mitunter kamen jetzt die Frauen und Kinder ins Zuchthaus, während die Männer zur Festungsarbeit verurteilt wurden. Durch die Einweisung in unterschiedliche Zuchthäuser sollten die Familienbande bewußt zerstört werden. So wurde 1766 Peter Friedrich von seiner Frau und seinem Sohn getrennt; die Mutter wurde von ihrer Tochter getrennt.

Bei Ansiedlungsversuchen im Rahmen der Peuplierungspolitik des 18. Jahrhunderts ging es zwar um die Vermehrung der arbeitenden Untertanen; die abweichende Identität der Zigeuner wurde aber nicht geduldet. Bereits 1726 hatte der Wittgensteiner Graf den Zigeunern ein solches Ansiedlungsangebot angemacht. Sie sollten »von nun an den christl[ichen] ehrbaren und bürgerl[ichen] Wandel annehmen, den Zigeunerhabit ablegen, alles Musikgehens, Umbvagirens, Bettlens und Stehlens, auch aller anderen Conversation mit denen anderen Zigeunern und übrigen liederlichen Gesinds sich gäntzlich enthalten«.[196]

Überlebensstrategien

Die Lebensweise der Zigeuner erscheint insgesamt ähnlich wie bei den übrigen Vaganten, den Bettlern und Gaunern. Offensichtlich ergaben sich Verhalten und Strategien zum großen Teil aus den Bedingungen des Reisens und der Verfolgung. Es finden sich aber auch Abweichungen, so die meist festeren Gruppenstrukturen. Möglicherweise wurde diese Bandenvorstellung von den Obrigkeiten auf die übrigen Vaganten übertragen, so daß die Vorstellung strafforganisierter Gauner- und Räuberbanden entstand, obwohl diese, wie wir gesehen haben, in der Regel viel flexibler waren. In den Verordnungen verwischte sich oft der Unterschied, wenn zum Beispiel in Süddeutschland pauschal von »Zigeuner- und Jauners-Volck« die Rede war. Solche Doppelungen sind einerseits typisch für die kumulierende Rechtssprache jener Zeit, andererseits verbanden sie Gruppen miteinander, die zwar für den Außenstehenden durch ihre vagierende Lebensart zusammengehörten, sich in der Praxis aber weitgehend voneinander fernhielten; denn nur selten gingen Zigeuner und Gauner Verbindungen ein.

Im 16. und in der ersten Hälfte des 17. Jahrhunderts konnten Zigeuner sich noch relativ frei bewegen. Die Kriege boten ihnen Karrieremöglichkeiten als Landsknechte oder Söldner. Ihre Gruppenbildung zog aber auch Verfolgungen auf sie, da sie mit den Gartknechten identifiziert wurden. Mit der zunehmenden Repression ging ihre schleichende Verarmung einher. Oft wurden sie bei Zusammenstößen mit der seßhaften Bevölkerung völlig ausgeplündert. Unter dem Vorwand, Räuber zu verfolgen, nahmen etwa in Neunkirchen im Siegerland einheimische Bauern 1706 einer Gruppe Zigeuner die Pferde ab.

Nicht zuletzt, weil immer wieder Kosten gescheut wurden und die jeweiligen Obrigkeiten deshalb inkonsequent und im Widerspruch zu ihren eigenen Vorsätzen handelten, entstanden Nischen, die es den Zigeunern ermöglichten, unter den Bedingungen verschärfter Verfolgung und schwindender Solidarität im 18. Jahrhundert zu überleben. Als ein Militärkommando am 1. April 1710 bei Neuhaus im Herzogtum Lauenburg eine Gruppe von 22 Zigeunern festnahm, nämlich zwei Männer, sieben Frauen und 13 Kinder, da drohte, wenn man die Erwachsenen inhaftierte oder hinrichtete, die Unterhaltung der minderjährigen Kinder, von denen noch dazu eines »die schwehre Noht« hatte, ein anderes »blindt undt stumm« war. So wurden dann alle wieder freigelassen, zumal ihnen angeblich das Aufenthaltsverbot im Herzogtum »nicht zu Ohren« gekommen war. Der Herzog ließ ihnen nur die Verordnung einschärfen und zur besseren Erinnerung noch »einige Exemplaria« davon mitgeben.[197] Letztlich dürften die gerade gefaßten Zigeuner, die sich ja irgendwohin wenden mußten, in eines der Nachbarterritorien weitergezogen sein, oder sie kehrten auch bald nach Lauenburg zurück.

Die Zigeuner entwickelten besondere Techniken, um solchen Übergriffen oder Razzien durch das Militär zu entgehen. Einerseits benutzten sie das Romanes als eine Geheimsprache, mit der sie sich vor Soldaten und einheimischen Bauern warnten, andererseits trafen sie für den Fall, daß sie plötzlich flüchten mußten, Absprachen. So gab die Zigeunerin Sophie Lise 1757 in einem Verhör an, »bey Lübeck in einem Walde hätten sie verabredet, sich wieder zu treffen, wenn sie getrennt würden«, was aber von den anderen – wohl zum Schutz der Geflohenen – bestritten wurde.[198]

Um sich bei Verhören nicht in Widersprüche zu verwickeln, hielten sie sich, wo es ungefährlich schien, durchaus an die Wahrheit, verknüpften sie aber so mit Falschaussagen, daß ihnen möglichst wenig Nachteil daraus erwuchs. So schufen sie eine Biographie, die, häufig erzählt, eine ganz eigene Form von subjektiver Wahrheit wurde, sobald sich die Grenzen von Fiktion und Wirklichkeit in der Erinnerung verwischten.

Die meisten Zigeuner behaupteten im übrigen – auch das konnte zur Taktik gehören –, sie wüßten nichts von einem Aufenthaltsverbot. Matthias gab allerdings 1727 zu, daß er davon wußte: »Die Bauren hätten es ihm gesagt, allein wo sollten sie hin? In die Erde könten sie nicht kriechen.«[199] Neben ihren christlichen Namen hatten die Zigeuner stets Romanes-Namen, die sie untereinander benutzten. Sie wurden in den Verhören zum Teil auch angegeben.

Der Bewegungsraum der Zigeuner scheint sich im Laufe des 18. Jahrhunderts dramatisch verringert zu haben. Noch in den 1730er Jahren stammten die in der Neumünsterschen Zuchthausrolle verzeichneten Zigeuner zu zwei Dritteln aus anderen norddeutschen Territorien (Osnabrück, Brandenburg, Braunschweig, Mecklenburg usw.), oder sie kamen aus Jütland. Auch in der 1757 gefaßten Gruppe stammten viele aus Mecklenburg, oder ihre Mitglieder zogen zwischen Mecklenburg und Holstein hin und her. Christian Rosenberg, der 1727 verhaftet wurde, war auch in Polen und Brandenburg gereist. Immer mehr aber stammten aus Holstein und waren dort auch immer geblieben. Besonders die Gutsbezirke um Lütjenburg und das Landgebiet der Reichsstadt Lübeck scheinen relativ sichere Rückzugsgebiete gewesen zu sein. Eine kleine Gruppe, die 1766 gefaßt wurde, hatte ihren relativ festen Sitz in Wensin, von wo aus sie ihre Streifzüge unternahm. Im wesentlichen scheinen sich ihre Reisen auf Ostholstein beschränkt zu haben. Sie zogen bis Preetz, Lübeck und Hamburg, kamen auch ins Amt Bordesholm, weiter aber offenbar nicht. Sie überschritten kaum noch die Grenzen (wobei zu fragen ist, ob das wegen besserer Kontrolle vielleicht gar nicht mehr möglich war). Bei allen Aussagen über die Reisewege ist aber in Rechnung zu stellen, daß die gefangenen Zigeuner zum Schutz ihrer freien Verwandtschaft kaum die volle Wahrheit gesagt haben werden; die Aussagen werden sich auf das beschränken, was die Obrigkeit ohnehin schon wußte, und vielleicht auch bewußt einige Finten legen.

Verwandtschaftliche Beziehungen spielten trotz aller Versuche, sie zu zerstören, eine große Rolle. So kamen auch deshalb einige Zigeuner, wie zum Beispiel Christian Rosenberg, nach Holstein, weil sich dort bereits Verwandte aufhielten, in seinem Fall ein Halbbruder. Oft kehrten Kinder, die ihren Eltern weggenommen worden waren, um sie aus dem vagierenden Umfeld herauszureißen und in die seßhafte Bevölkerung zu integrieren, freiwillig oder unfreiwillig zu ihren Familien zurück. Der 26jährige Ludwig Werner berichtete 1757, er sei als Kind in Mecklenburg seinen Eltern weggenommen worden »und nachhero bey den Bauren zu dienen gekommen, bis seine Eltern ihn wieder vorgefunden und wieder unter die Zigeuner gebracht hätten«.[200] Ähnliches erzählte auch der 36jährige Johann Daniel; er begab sich wieder unter die »Taters«, als er seine jetzige Frau kennenlernte. Die im Jahre 1757 etwa 40jährige Sophie Lise wurde von ihrem Bruder wieder befreit.

Mitunter bildeten die Zigeuner große Verbände. Die gesamte Gruppe, die 1727 von gottorfischem Militär gestellt wurde, soll, wenn auch nur drei Personen gefangengenommen wurden, aus mehr als 100 Personen, darunter 16 erwachsenen Männern, bestanden haben. Im August 1757 faßte ein Militärkommando bei Lütjenburg nicht weniger als 31 Zigeuner; drei weitere Gruppen waren entkommen. In beiden Fällen handelte es sich also um sehr große Gruppen. Bei den großen Gruppen scheinen die Sitten »lokkerer« gewesen zu sein als bei den kleinen. Sie fühlten sich offenbar, insbesondere was Diebstähle anging, sicherer. Tatsächlich wird ja immer wieder von der Angst der Bauern vor Übergriffen berichtet; und 1666 war es in der Karrharde auch erst zum Konflikt gekommen, als sich die kleinen Trupps zu großen Gruppen zusammenschlossen. 1725 griff eine »mit Gewehr versehene Bande« von 40 Zigeunern eine Einheit des Generalmajors Scheel bei Sorgbrücke an und verwundete einen Soldaten durch zwei Schüsse so schwer, daß er einige Tage später starb.[201]

Weil die »Exzesse« großer »Banden« schnell Militäreinsätze veranlaßten, zogen viele Zigeuner die meiste Zeit in kleinen Gruppen umher. Die Zusammensetzung eines solchen Verbandes läßt sich beispielhaft an einer Gruppe beschreiben, die 1766 gefaßt wurde. Sie bestand aus acht Personen, die aber keinesfalls alle miteinander verwandt waren. Das Oberhaupt, Peter Friedrich, war 50 Jahre alt, in Eiderstedt geboren und in Tating getauft. Zu der Gruppe zählten seine Frau, eine Tochter und ein zwölfjähriger Sohn. Außerdem gehörte noch eine weitere ältere Frau, eine gewisse Anna Dorothea Olgard, mit ihren beiden erwachsenen Töchtern und einem Enkel fest »zu dem Complot des Tarter Peter«. Sie waren mit ihm aber offenbar nicht verwandt. Auf der letzten Reise nach Preetz schloß sich ihnen außerdem ein Zigeuner mit Namen Christoph an. Dieser habe sich mit der einen Tochter der Anna Dorothea Olgard »abgegeben und sich erklährt, sie zu heyrathen«.[202] Er brachte außerdem seinen Sohn Andres mit. Als die Gruppe vom Militär gefaßt wurde, setzte sich besagter Christoph unter Zurücklassung seiner Pistole wieder ab.

Einer der Gründe für die vorübergehende Bildung großer Vereinigungen scheinen Treffen verwandter Kleingruppen gewesen zu sein. Im Mittelpunkt konnten Feste oder Rechtsprechung stehen. Peter Friedrich reiste nicht mit seiner ganzen Familie, sondern nur mit einem kleinen Kern. Bei Lübeck traf sich die Sippe gelegentlich zu einem »größern Complot«, wozu insbesondere auch der Bruder Peter Friedrichs gehörte. Dieser Bruder mit Namen Johann »und mehrere Anverwandte« kamen auch einmal in diesem Sommer, und sie »wären zusammen eine Nacht in einer Scheune zum Kamp gewesen«. Danach trennten sie sich wieder. Die Verwandtschaft hielt sich angeblich »in der Gegend von Oldenburg, Weissenhaus und Cismer auf«, also in der näheren Umgebung.[203]

Interessant für den Grad der Anpassung an die seßhafte Gesellschaft ist auch die innere Gruppenstruktur. Das Verhältnis von Männern und Frauen wich, besonders in den großen Gruppen, wenn wir den Verhörprotokollen trotz ihrer negativen Intention folgen, erheblich von der mitunter verklärenden Sichtweise moderner Zigeunerliteratur ab. In diesen Gruppen kehrten die Männer, die selbst angeblich nicht arbeiteten, einen stärkeren Machismo heraus, und es kam zu Konflikten um die Frauen. Christian Rosenberg behauptete 1727, die Weiber wären »unter ihnen gemein. Wer Lust dazu hätte, der ginge damit durch. Ein jeder hätte wohl 2, 3 bis 4 Frauens, die herümbgingen und suchten der Männer Unterhalt«.[204] Das mögen die Machosprüche eines 18jährigen sein, doch wurde dies 1757 auch von einer Frau bestätigt. Bei derartigen Aussagen weiß man freilich nie, inwieweit sie dazu dienten, die Vorurteile der verhörenden Beamten zu bedienen. Es muß sich im übrigen nicht um sexuelle Verhältnisse gehandelt haben, denn vielfach nahmen Männer alleinstehende Frauen unter ihren Schutz. Sie reisten dann mit ihnen und trugen auch zum Unterhalt der Gruppe bei. Ein solches Schutzverhältnis scheint zum Beispiel dasjenige Peter Friedrichs zu Anna Dorothea Olgard und ihren Töchtern gewesen zu sein. Entsprechend ging es bei Gruppenkonflikten auch um die Arbeitskraft der Frauen. Die Zigeuner waren bewaffnet, vor allem mit Pistolen. 1757 sagten mehrere holsteinische Zigeuner aus, daß sie die Waffen bei sich führten, »weil die Mecklenburgischen Taters wohl zukommen und ihnen ihre Weiber wegzunehmen pflegten«. Auch gab es Streitigkeiten, »wobey sie sich untereinander verwundeten«. Dies wurde auch von einigen Frauen bestätigt. Anna Catharina Sophia Christina gab an, ihr Mann sei vor zehn Jahren »von andern Tatern« erschlagen, sie selbst damals schwer verletzt worden.[205] Diese Konflikte spielten sich in der Regel zwischen größeren landschaftlichen Solidargruppen ab (in diesem Fall zwischen holsteinischen und mecklenburgischen). Diese Gruppen hatten jedoch keine festen Strukturen, und die Verfolgung führte zum Zerbrechen der familiären Verbände.

Die kleine Gruppe, die 1766 gefaßt wurde, wirkt angepaßter.

Aber auch sie folgte bestimmten Normen der seßhaften Bevölkerung nicht. Ihr Anführer, der »Tarter Peter«, lebte mit seiner Frau, die in Holstein geboren und in der Probstei getauft war, seit zwanzig Jahren zusammen, war aber nicht kirchlich mit ihr getraut (»copuliert«) worden. Das gleiche galt auch für andere Paare. Die verwitwete Anna Dorothea Olgard war mit ihrem Mann ebenfalls nicht kirchlich verheiratet gewesen, und ihre verwitwete Tochter Engel Marich auch nicht. Es gab aber schon im 17. Jahrhundert durchaus auch kirchliche Eheschließungen von Zigeunern. Sie blieben allerdings selten (nicht zuletzt, weil sie in vielen Territorien durch die Obrigkeit verboten waren), und viele Zigeuner gaben als ein Laster die »Hurerei« an (was aber nur heißen muß, daß eben keine *kirchliche* Eheschließung vorlag).

Auch in den Formen der Subsistenzsicherung gab es erhebliche Unterschiede, die in manchen Fällen eine gewisse Anpassung erkennen lassen. Nach ihren eigenen Aussagen lebten die Zigeuner von Wahrsagerei, medizinischen Kenntnissen, Betteln und Stehlen der Frauen; die Männer trugen zumindest in Norddeutschland nur selten zum Lebensunterhalt bei. 1757 sagte Elisabeth Betters: »Sie [= die Frauen] müsten ihre Mannsleute ernähren.«[206] Ein großes Problem scheint die nicht zuletzt aufgrund der Ausgrenzungspolitik fehlende Ausbildung gewesen zu sein. Als Grund für seine Untätigkeit gab ein Zigeuner an: »Ihre Alten hätten nicht gearbeitet, so könnten auch die Jungen nicht arbeiten.«[207] In Süddeutschland ist auch der Handel mit Teppichen, Porzellan, Glas, Steingut und Pferden oft belegt. Der Pferdehandel ging mit der fortschreitenden Verarmung der Zigeuner aber zurück. Daneben stellten sie Körbe her, banden Besen, machten Kämme und Holzgegenstände und verkauften sie. Im Norddeutschland des 18. Jahrhunderts lassen sich die klassischen Betätigungsfelder der Zigeuner wie Metallhandwerke, Pferde- und Kleinhandel, Musik und Schaustellerei nur in den seltensten Fällen belegen. 1757 wurde in Schleswig-Holstein zwar der Zigeuner Hinrich Josephus gefaßt, der »von Profession ein Keßelflicker« war, also einen Beruf hatte. Da er von den Einkünften aber nicht leben konnte, »habe er sich unter die Zigeuner begeben«,[208] also ebenfalls vom Betteln und Stehlen gelebt.

Eine allmähliche Integration der Zigeuner erfolgte, wenn überhaupt, nur über teilmobile Tätigkeiten, die dann eine Annäherung an die seßhaften Lebens- und Arbeitsweisen ermöglichten. Saisonarbeit und Gesindedienst boten hier einen Einstieg. Die Leute Peter Friedrichs, die 1766 gefangengenommen wurden, hatten ihre Lebensweise den herrschenden Verhältnissen bereits stärker angepaßt. Sie leugneten, Diebstähle begangen zu haben – was in den Verhören von 1727 und 1757 noch offen zugegeben worden war. Statt dessen begannen sie zu arbeiten. Peter Friedrich gab an, er habe im Sommer, »wenn er sich im Lübeckschen aufgehalten, dort bey den Bauren gearbeitet, und seit 2 Jahren wäre er entweder im Wensiener oder Muggesfelder Gute gewesen, und hätte er noch unter andern zum Kamp sowol in den vorigen als auch in diesem Sommer auf der Erndte mit gearbeitet«.[209] Einer seiner Söhne habe sich sogar in dem lübeckischen Dorf Böbs richtig als Vollknecht verdingt. Landwirtschaftliche Saisonarbeit von Zigeunern ist auch aus Süddeutschland bekannt. Neben der Arbeit bei den Bauern stand aber weiterhin das Betteln. Dies taten insbesondere die Frauen. Obwohl Zigeuner eigentlich nicht in die Armee aufgenommen werden durften, führte für viele Zigeuner der Weg in die Seßhaftigkeit über den Militärdienst. Auch wenn verhaftete Zigeuner mit der Anführung von Dienstverhältnissen dem Vorwurf der »Herrenlosigkeit« zu begegnen suchten, müssen solche deshalb nicht unbedingt bezweifelt werden. In Süddeutschland scheint der Militärdienst sogar die häufigste bekannte Tätigkeit von Zigeunern gewesen zu sein.

Auf einigen adligen Gütern wurden Zigeuner geduldet. Der Besitzer des holsteinischen Gutes Wensin, Kammerherr von Thien, ließ den Zigeunern durch seine Bedienten »andeuten«, sie dürften sich auf dem Gut aufhalten. Im Gegenzug hielten sie das Gut von weiteren Bettlern frei. Als sich der Gruppe ein anderer Zigeuner mit Namen Christoph anschloß, gaben sie ihm und seiner Verwandtschaft »gleich bey ihrer Ankunft« zu verstehen, »daß sonst niemand als sie [...] sich in den Wensiner Gute, alwo sie die Erlaubniß zu betteln und ihre Hütten aufzuschlagen hätten, aufhalten dürffte«. Auf diese Weise hielt sich die Zigeunergruppe einerseits fremde Bettelkonkurrenz vom Halse, andererseits dürfte dies eine Bedingung des Gutsherrn für die Aufenthaltserlaubnis gewesen sein. Mit Hilfe dieser einen Gruppe konnte er die Scharen von

Bettlern und Zigeunern, die nach den Klagen der Zeit überall eine lästige und gefürchtete Plage waren, auf seinem Gut leicht unter Kontrolle halten. Auch einige der 1757 gefangenen Zigeuner scheinen sich länger, mit oder ohne Genehmigung der örtlichen Gutsherren, in der Gegend aufgehalten zu haben. So sagte Elisabeth Betters damals aus, sie hätten sich zwei Jahre bei Blekendorf aufgehalten. Mitunter wurde ihnen die Aufenthaltserlaubnis aber auch wieder entzogen. Als der jetzige Gutsherr das Gut Muggesfelde übernahm, wo die Gruppe Peter Friedrichs bis dahin ebenfalls geduldet worden war, »so wäre ihm gleich angedeutet worden, sich dort nicht aufzuhalten, und wäre er auch seit der Zeit nicht dahin gekommen«. Entsprechend dem Abkommen mit dem Gutsherrn blieb die Gruppe in der Wensiner Gegend »immer allein«.[210]

Es gab somit durchaus einige Ansätze zur Integration der Zigeuner. In Schleswig-Holstein schufen einzelne Bauern insbesondere in den Lübecker Stadtdörfern und ostholsteinische Adlige wie der Wensiner Gutsherr die Nischen, die es den Zigeunern ermöglichten zu überleben. Ähnlich gute Bedingungen fanden Zigeuner zum Beispiel in hessischen Kleinterritorien wie den Grafschaften Wittgenstein-Hohenstein und Wittgenstein-Berleburg. Dort ergab sich in ähnlicher Weise sogar eine dauerhafte Ansiedlung aus der Duldung einzelner Familien und der Besetzung von Polizeistellen mit Zigeunern. So entstanden in der zweiten Hälfte des 18. Jahrhunderts drei feste Ansiedlungspunkte in den Grafschaften, unter anderem die Kolonie bei Saßmannshausen. Einige Zigeuner suchten, gerade unter den Bedingungen der Verfolgung, einen dauerhaften Wohnsitz. Meist gaben sie das Reisen aber nicht gleich ganz auf, sondern es entstanden Formen der Teilseßhaftigkeit. So betrieben manche Zigeuner von einem festen Wohnsitz aus ihren Hausierhandel. In einem langen Prozeß konnte sich daraus im 19. Jahrhundert ihre allmähliche Eingliederung ergeben. Die Verhaftung der schleswigholsteinischen »Tatern« in der zweiten Hälfte des 18. Jahrhunderts zeigt aber, wie bedroht sie dennoch blieben. Auch vorher waren sie mehrfach der Gefangennahme nur knapp entgangen, und etliche Familienmitglieder saßen bereits in den Zuchthäusern von Glückstadt und Neumünster.

Schöne Zigeunerinnen und edle Räuber

So lange die Zigeuner in der Frühen Neuzeit das Gegenbild einer festen Ordnung, die in einer noch unsicheren und bedrohten Welt Sicherheit garantieren sollte, gewesen waren, so lange erschienen sie als Ausdruck des Bösen, das die Ordnung und damit auch das eigene Überleben in Frage stellte. So lange erschienen sie als häßlich. Die Topoi der frühen Chroniken finden sich im 18. Jahrhundert noch in Steckbriefen wieder, wo ein Großteil der gesuchten Zigeuner als »schwarz« beschrieben wurde. Die dunkle Haut rief so großes Mißtrauen hervor, daß eine Zigeunerin von ihrem Vetter bessere Kleider erhielt, »weilen selbe so scharz und verdächtig aussehe«.[211]

Als sich Ende des 18. Jahrhunderts in bürgerlichen Schichten die Freiheit zum Ideal entwickelte, wurden die festen Ordnungen und Strukturen des *Ancien régime* zunehmend als Zwänge empfunden. Das ungebundene Dasein der Zigeuner bildete jetzt den Gegenpol zu der Enge der seßhaften Gesellschaft, aus der die Dichter der Romantik hinausstrebten. Auf diese Weise konnte ein Leben, das sich nicht in diese Grenzen fügte, als Ideal erscheinen. Während die realen Lebensumstände der Zigeuner hart und grausam waren, verklärten Dichter und Komponisten diese Wirklichkeit in Opern, Romanen und Gedichten zu einer Zigeunerromantik. Am Anfang steht Goethe, in dessen *Götz von Berlichingen* (1773) ein Zigeuner hauptmann den verwundeten Götz rettet und dafür selbst mit dem Leben zahlt. Hier erscheint der Zigeuner erstmals als »edler Wilder«, und Götz ruft aus: »O Kaiser! Kaiser! Räuber beschützen deine Kinder. Die wilden Kerls, starr und treu.«[212]

Als Ausdruck einer idealen Welt der Freiheit wurden die Zigeuner nun schön. Diese Entwicklung spiegelt sich zunächst in den literarischen Werken wider. Bereits Miguel de Cervantes hatte 1613 das Zigeunermädchen in die Literatur eingeführt (*La Gitanilla de Madrid*), doch erst zwischen 1770 und 1830 wurden die Zigeuner ein »Objekt der Neugierde, der Bewunderung und der Nachahmung«.[213] In der Folge schufen sehnsüchtige, mitunter weltabgewandte Autoren ein Zigeunerbild, das von »Besorgnis, Unwissenheit, Vorurteilen, Wunschvorstellungen und Phantasie«[214] geprägt war. Nun war die einst so häßliche Zigeunerin »jung, frisch und schön; und in ihrem wohlgeformten Körper fand sich eine womöglich noch herrlichere Seele«.[215] Bei Adalbert Stifter erscheint das Zigeunermädchen als »die schönste Menschengestalt, die sich je in meine Augen gemalt hatte«.[216] Neben dem Typus des anmutigen Zigeunermädchens steht freilich auch weiterhin das herkömmliche negative Zigeunerbild, ausgeformt zum Beispiel in der alten hexengleichen Zigeunerin, »die als Kindesräuberin, als grausame Stiefmutter, als kupplerische Hexe und raffinierte Intrigantin erscheint, bis sie schließlich ihre gerechte Strafe erfährt«.[217] Beispiele lassen sich etwa in den Werken Clemens Brentanos finden. Die größte Verbreitung erfuhr das Motiv der wahrsagenden, schicksalsbeeinflussenden Zigeunerin.

Die fremde Lebensweise der Zigeuner, die in der Frühen Neuzeit unerklärlich und gefährlich erschienen war, machte jetzt ihre Faszination und Attraktivität aus. »All das, was im bürgerlichen Leben verboten, tabuisiert oder an den Rand gerückt war, wurde in diese Lebensweise hineingesehen: Ungebundenheit von Zeit und Raum, Sinnlichkeit und Spontaneität, Wildheit (auch im positiven rousseauischen Sinn), Unberechenbarkeit, Gleichgültigkeit gegenüber Besitz und Bildung, Natürlichkeit und Naturverbundenheit bis hin zu magischen Kräften.«[218] Die Ambivalenz von Verlockung und Bedrohung spiegelt nicht zuletzt die Projektion verdrängter sexueller Wünsche. Wie in der englischen und französischen Literatur Indianer und Südseeinsulaner den »Prototyp des natürlichen Menschen« darstellten, taten dies in der deutschen Literatur des 19. Jahrhunderts die Zigeuner. Sie dienten dabei der eigenen Dichterexistenz als Reflexionsmedium. Die verfolgten Zigeuner wurden auf diese Weise »zum Modell und zur Metapher der gefährdeten romantischen Poesie sowie der prekären Schreibsituation romantischer Schriftsteller«.[219]

Ähnlich verklärt wurde das Leben der Bettler. Karl Heinrich Ritter von Lang (geb. 1764), der seine Kindheit in einem Pfarrhaus im Öttingischen Fürstentum verbrachte, beschrieb im Alter romantisierend die »Scharen von Armen«: »In ganzen Rotten, die Mütter mit der Wiege auf dem Rücken, der Vater mit mehreren an sich gelockten Hunden am Strick, die Mädchen meistens blühende und gesunde Gestalten mit dem Strickstrumpf im Arm, andere große Buben mit Hausrat und Dingen auf dem Karren und im Schnappsack, denen es durchaus an den Ursprungszeugnissen ermangelte, dazu noch mit Dudelsack, Pfeifen und Geigen behangen, zogen sie die Landschaft auf und ab. Trotzig pochten sie an Fenster und Tore: ›Unserer sind so viele Köpfe, gebt uns hiernach Brot, Eier, Schmalz.‹ Hinter der nächsten Hecke wurde Lager gemacht, Hunde und Menschen tanzten am Ende bei der Fiedel und Sackpfeife; man schlief im Mondenschein oder forderte den Bauern hervor, daß er seine Scheunen öffne. Dafür war es wohlgetan, seine Häuser desto befestigter zu halten. Vor allen Fenstern hatten wir eiserne Gitter, Querbalken vor Türen und Läden.«[220]

Obwohl er mit diesen Worten einen »romantisierenden Schleier« über die Erinnerung an Bedrohung und Gefahr breitete,[221] blieb dahinter dennoch stets ein unbestimmtes Gefühl der Angst bestehen: »Die schönsten, wunderbarsten Berggestalten lagen vor mir«, schreibt der Ritter von Lang, »aber ich durfte es nicht wagen, ohne eine mannhafte Begleitung meine romantischen Spaziergänge weit über die Dorfflur in jene Gegenden hin zu richten, sie [= die Bettler] hätten sonst nicht sowohl meine kleine Habe als mich selbst gestohlen. Denn sie standen in großem Verdachte, daß sie gesunde und wohlgebildete Kinder für entferntere andere Banden oder als überseeische Handelsware entführten. Meiner Mutter selbst ist wenigstens auch einer meiner jüngeren Brüder plötzlich und auf immer entkommen, nicht ohne Argwohn, daß er unter den Händen dieser fürchterlichen Menschen zugrunde gegangen.«[222]

Auch der edle Räuber, der den Armen gibt und reumütig endet, ist ein Produkt der Romantik. Friedrich Schillers Drama *Die Räuber* knüpfte 1782 an historische Banden in Süd- und Mitteldeutschland an; für ein anderes Werk, den *Verbrecher aus verlorener Ehre*, bediente er sich der Biographie des Sonnenwirthle. Schiller näherte dabei die Welt der Räuber der bürgerlichen Welt an, führte neue Motive ein, indem er einen Mord während einer Verfolgung mit Eifersucht und Rache garnierte, Wilddieberei und den Kampf gegen das fürstliche Jagdmonopol ergänzte und seinen Räuber psychologisierte. Nun brachten soziale Umstände und Benachteiligungen einen labilen Menschen zu Fall. Allein zwischen 1797 und 1807 erschienen in Deutschland 55 Räuberromane, in einer zweiten Phase zwischen 1820 und 1840 noch einmal rund 200. Wiederholt wurden dabei historische Räuber wie Nickel List oder Lips Tullian verarbeitet, aber auch Schinderhannes und Hannikel waren beliebt. Goethes Schwager Christian August Vulpius schuf 1799 mit dem Bestseller *Rinaldo Rinaldini* das populäre Idealbild des Sozialrebellen. Dabei ließ er sich von dem Leben des Angelo Luca inspirieren, der 1784 in Salerno hingerichtet worden war.

Solche romantischen Verklärungen beeinflußten auch die historische Forschung, in die Eric J. Hobsbawm 1959 den Typus des Sozialbanditen einführte. In Deutschland läßt sich aber allenfalls Mathias Klostermayer (der »bayerische Hiesel«) als Sozialbandit ansehen. Als Wilderer besaß er großen Rückhalt bei den Bauern, denen das Wild, das sie nicht jagen durften, die Felder verwüstete. Auch die Vorstellung von einer »Gegengesellschaft« der Gauner und Räuber, wie sie zum Beispiel Carsten Küther vertreten hat, ist romantischen Stilisierungen verpflichtet. Sie rührt aus der rotwelschen Unterscheidung von »kochem« und »wittisch«, eingeweihten, schlauen Gaunern auf der einen Seite und gesetzestreuen Bürgern auf der anderen. Küther nahm eigene Wertmaßstäbe und Rechtsvorstellungen an, deren Grundmaxime »die Gegnerschaft zum Staat und zu den herrschenden sozialen Bedingungen« sei.[223] Der Bandit habe sich »als Rebell gegen die gesellschaftlichen Verhältnisse [verstanden], die nicht nur ihn selbst und seine gesamte Bevölkerungsschicht permanent unterdrückten«.[224] Sozialer Protest wurde freilich, wenn er in den Banden überhaupt vorhanden war, nie verbal ausgedrückt, explizite Gesellschaftskritik oder ein politisches Programm gab es nicht. Ja, es gab nicht einmal die *eine* Unterwelt, sondern viele Einzelmenschen, Verbindungen und Gruppen, die meist mit der seßhaften Welt eng verflochten waren. Es ist auch nicht von einer allgemeinen Solidarität unter den Gaunern auszugehen. Vor allem war das Verbrechen nirgendwo konstitutives Element einer Gruppenkultur. Deshalb ist die Vorstellung einer Gegengesellschaft von der neueren Forschung abgelehnt worden, ja man muß in ihr wohl eine Rückprojektion moderner Begriffe und Denkweisen auf die Frühe Neuzeit sehen. Im 19. Jahrhundert kristallisierte sich an Kriminalität und Räubern ein »Gegengesellschaftsdiskurs« der Oberschichten, in dem sich ein Gefühl der Bedrohtheit der sozialen Ordnung ausdrückte. Der Proletarier führte nun die krassen sozialen Mißstände sichtbar vor Augen. Die Angst des Bürgertums fand ihren Ausdruck in Verschwörungs- und Konspirationstheorien genauso wie in einer tiefsitzenden Revolutionsangst.

Reales Zigeunerleben im 19. Jahrhundert

Zeitgleich mit der literarischen Zigeunerromantik erlangte die wissenschaftliche Beschäftigung mit dieser Randgruppe eine neue Qualität. Heinrich M. G. Grellmanns Werk *Die Zigeuner. Ein historischer Versuch über die Lebensart und Verfassung, Sitten und Schicksale dieses Volkes in Europa nebst ihrem Ursprung* (1783) bewies sprachwissenschaftlich ihre Herkunft aus Indien. Sowohl Grellmann, der ein reiner Schreibtischwissenschaftler war und keine Feldforschungen betrieb, als auch die anderen Autoren der Aufklärung setzten sich nun zumeist für eine Assimilation mit Hilfe von Zwangsmaßnahmen ein.

Einerseits wandelte sich der Blick auf die Zigeuner. Andererseits ließ die viel größere Schar der übrigen umherziehenden Bettler das spezielle Problem der Zigeuner in den Hintergrund treten. Die Polizeibehörden trennten jetzt nicht mehr zwischen den einzelnen Gruppen der Vaganten. Da neben die polizeiliche Verfolgung der Bettler und die bürokratische Kontrolle des Hausierwesens eine stärkere Integration der örtlichen Armen mit Hilfe der inzwischen besser institutionalisierten Armenversorgung trat, boten sich auch für die Zigeuner mehr Möglichkeiten, als konzessionierte Hausierer und Musiker oder als ländliches Gesinde ein halbmobiles und teilintegriertes Leben zu führen. Seit 1633 hatte man in Spanien wiederholt versucht, die Zigeuner in den Städten anzusiedeln und so zu assimilieren. 1783 wurden in Spanien insgesamt 9769 Zigeuner gezählt, von denen die meisten in Andalusien lebten: 4004 in Sevilla, 2999 in Granada, 470 in Córdoba. Ende des 18. Jahrhunderts wurden auch in Preußen, Ungarn sowie kleineren deutschen Territorien wie den Wittgensteinschen Grafschaften im Rahmen der Peuplierungspolitik Ansiedlungsversuche unternommen. In Württemberg verteilte man die inländischen Zigeuner seit 1828 auf die Gemeinden und stattete sie mit Bürgerrecht aus. Aber selbst in Preußen scheiterten diese Versuche letztlich oft am Widerstand regionaler Behörden oder an der Angst der Ansässigen vor Konkurrenz. Lokale Beamte legten den Zigeunern zum Teil rechtswidrig Steine in den Weg und machten ihren wirtschaftlichen Erfolg unmöglich, indem sie Pässe, Konzessionen, Baugenehmigungen, Heiratserlaubnisse verweigerten. Schulen lehnten es ab, Zigeunerkinder aufzunehmen.

Im 19. Jahrhundert war auch in Schleswig-Holstein der Zigeuner Heinrich Christian Altenburg im Besitz eines eigenen Häuschens am Rande Dithmarschens. Dort hatten sich in abgelegenen Landstrichen bei St. Michaelisdonn und Averlak seit Mitte des 18. Jahrhunderts Zigeuner niedergelassen. Sie zogen, ausgehend von festen Wohnorten, als Hausierer und Musiker im Land umher. Als solche erfüllten sie eine gesellschaftliche Funktion und waren, wenn auch nicht sonderlich gut angesehen, doch zumindest teilweise integriert.

Auch wenn die Verfolgung abnahm und manche Zigeuner einen Platz innerhalb der Gesellschaft fanden, so verharrten sie doch an ihrem Rand; das Leben der Altenburgs blieb hart und von Vorurteilen bedroht. Sie lebten stets unter der Drohung, daß man ihnen Pässe und Konzessionen als Musiker oder Hausierer wieder entzog. Die Angst vor den Zigeunern lebte im Unbewußten der Bevölkerungsmehrheit fort, wurde auch kulturell über Sagen, Trivialliteratur und andere Medien tradiert und konnte in neuen Krisen wieder aufbrechen.

Bei der Zigeunerfamilie Altenburg handelte es sich um eine weit verzweigte Verwandtschaft, die teils in Schleswig-Holstein, teils in Dänemark lebte. Ihre Angehörigen schlugen sich als Korbmacher, Hausierer und Musiker durch. Mann oder Frau besaßen in der Regel eine offizielle Konzession als Hausierer oder Musiker, die übrigen Tätigkeiten wurden unter der Hand ausgeübt. Die einzelnen Familienväter besaßen jeweils einen Wagen mit Pferd und nahmen auf ihre Touren Frau und Kinder mit. Sie hielten zwar Kontakt zu ihrer weiteren Verwandtschaft; die Hausiertouren unternahmen sie aber in der Kleinfamilie. Erwachsene Kinder blieben manchmal noch eine Zeitlang bei den Eltern, gingen häufig aber auch zu anderen Leuten in Dienst. Nach ihren Touren kehrten die Altenburgs an einen Ort zurück, wo die jeweilige Kleinfamilie eine Art »festen« Wohnsitz hatte.

Wie bei den Vaganten des 18. Jahrhunderts gab es feste Routen und Übernachtungsplätze. Dabei wurde offenbar in Krügen übernachtet, und Heinrich Christian Altenburg schloß mit den Wirten auch Geschäfte ab, tauschte zum Beispiel 1866 mit dem Ellingstedter Krüger ein Jagdgewehr gegen eine Trompete. Insgesamt führte sich die Familie nach Aussagen des Krügers »sehr ordentlich« auf, und Altenburg bezahlte seinen Aufenthalt korrekt. Abends spielte er sogar zur Unterhaltung auf, wobei er dafür, wie der Krüger angibt, »keine Vergütung« beanspruchte (möglicherweise wollte der Krüger mit dieser Behauptung Altenburg, der keine Musikkonzession hatte, schützen). Die Reisen waren durch den Besuch auf Märkten strukturiert, wo die Altenburgs Körbe und Matten anboten, aber auch andere Geschäfte abschlossen. Die Märkte hatten feste Termine, wurden gezielt bereist und die übrige Fahrt entsprechend organisiert. Außerdem waren zwischendurch Behördenbesuche notwendig, um Hausiererlaubnisse einzuholen. Diese Behördentage, die wie die Pässe und Konzessionen selbst der staatlichen Kontrolle dienten, waren wegen der datierten Papiere im nachhinein nachweisbar und ließen sich, wenn es darauf ankam, als sicheres Alibi anführen.

Heinrich Christian Altenburg lebte von einem ganzen Strauß an Einnahmen. Er baute bei seinem Haus »einiges Getreide« an und hielt auch eine Kuh. Dann zog er den Sommer über umher und betrieb seinen Hausierhandel, wobei er einerseits die selbsthergestellten Körbe und Matten verkaufte, andererseits aber auch mit Uhren und Flinten, Pferden und Wagen tauschte und dabei offensichtlich einen Gewinn erzielte. Geld spielte eigentlich nur eine Rolle, um Differenzen auszugleichen. Insgesamt gingen 1866 nicht weniger als sechs Pferde, vier Uhren, drei Flinten, eine Trompete und ein Hund durch seine Hände. Sein Besitz befand sich in schnellem

Fluß. Auch die für ihn lebensnotwendigen Dinge, wozu ja bei einem Hausierer Pferd und Wagen zu rechnen sind, dienten ihm als Ware für Handel und Zugewinn.

Wohlstand erreichte er dabei freilich kaum. Zwar lobte der Südermeldorfer Kirchspielvogt die »guten Bettstücke« in den Alkoven, auch, daß die Kinder bei seinem Besuch »anständig und heil bekleidet« gewesen seien. Andererseits ließ sich die Familie »wenigstens zuzeiten den täglichen Broderwerb bitterlich sauer werden«, man sähe »die Ehefrau Altenburg in Begleitung einiger dürftig bekleideter Kinder an Wochenmarkttagen bei strenger Kälte oder rauhem Herbstwetter unter der Last ihrer groben Körbe und Matten den Weg nach Meldorf dahin keuchen«.[225]

Heinrich Christian Altenburg und seine Familie scheinen auf dem Krumstedter Vierth persönlich in gutem Ruf gestanden zu haben. Der Kirchspielvogt betonte immer wieder, daß sie als ehrlich angesehen seien. Dennoch hielten sich die Nachbarn von der Familie fern und mieden den Umgang mit Altenburg, aber »nicht weil sie ihn für einen Gauner halten, sondern weil er nun einmal seiner Nationalität nach ein ›Tater‹ ist und mit seiner Familie das prägnante Gepräge seiner Abstammung zur Schau trägt«.[226]

In welchem Maße selbst diejenigen voll von Vorurteilen gegenüber Zigeunern waren, die sie besser kannten, zeigt sich an dem Bericht des Kirchspielvogts. Einerseits bezeichnet er die Familie Altenburg als »auffallend civilisirt und gewissermaaßen naturalisirt«. Sie hätten sich »den Fesseln der bürgerlichen Ordnung mehr oder weniger in Lebensart und Verhalten anbequemt«, und er bescheinigt Altenburg den »Ruf der Ehrlichkeit«. Andererseits gibt er immer wieder negative Vermutungen von sich und nährt Vorurteile durch Negativaussagen: Bei Altenburgs Haus sei eine Ansammlung von Gesindel bislang *nicht* bekannt geworden, *niemand* habe je geglaubt, »daß die Familie Altenburg z. B. bei den vielfach vorkommenden kleinen Feld- und Vierthdiebstählen beteiligt sei«.[227] Die Möglichkeit aber stand im Raum, und sie wurde gerade durch solche Negativbehauptungen tradiert.

Entsprechend fiel der Verdacht sofort auf die Zigeunerfamilie, als am 7. August 1866 der Hofbesitzer Johann Thode in Groß-Kampen (Wilstermarsch) mit seiner ganzen Familie ermordet wurde. Außer ihm starben seine Ehefrau, fünf erwachsene Kinder und ein Dienstmädchen. Der Hof wurde angesteckt. Lediglich der Sohn Timm entkam, völlig verwirrt, dem Verbrechen. Überall ging nun in Holstein die Angst vor einer großen Räuberbande um – traute man doch keinem Einzeltäter ein solches Verbrechen zu.

Auch wenn die Altenburgs also weiterhin unter den Vorurteilen zu leiden hatten, die den Zigeunern allgemein entgegengebracht wurden, erscheinen sie dennoch als eine Familie, die sich zumindest teilweise in die seßhafte Gesellschaft integriert hatte. Sie besaßen einen festen Wohnsitz, und ihr mobiles Leben spielte sich, soweit wir erkennen können, im Rahmen der Legalität ab. Letztlich erwiesen sich die Altenburgs als unschuldig, und Timm Thode wurde der Tat überführt.

Andere Zigeuner, wie zum Beispiel die Familie Wappler, hielten freilich auch im 19. Jahrhundert an einem nichtseßhaften Leben fest und wurden weiterhin wegen Bettelei, Vagabondage oder Legitimationslosigkeit belangt, wobei die Strafen (kurze Gefängnishaft, befristete Einweisungen in Arbeitsanstalten) nicht mehr von der abschreckenden Brutalität des 18. Jahrhunderts waren und auch nicht bloß aufgrund einer ethnischen Zugehörigkeit ausgesprochen wurden. Sie richteten sich jetzt nach dem jeweiligen Delikt, sollten aber weiterhin der Umerziehung und der Anpassung an die herrschenden Normen der Gesellschaft dienen. Genauso wie die Zigeuner traf dies auch die übrigen Bettler und Vaganten.

Da durch die Industrialisierung viele Tätigkeiten der Fahrenden unrentabel wurden, sie sich in der Regel aber nur schwer in den industriellen Arbeitsprozeß einfügen ließen, setzte sich der soziale Niedergang gerade der Zigeuner in der zweiten Hälfte des 19. Jahrhunderts fort. Da die Einhegungen bzw. Verkoppelungen ihnen viele traditionelle Lagerplätze genommen hatten, entstanden auf dem Lande neue Konflikte. Viele Zigeuner gingen in England deshalb zunächst im Winter in die Städte. Ende des Jahrhunderts entstanden aber auch am Rande deutscher Großstädte Zigeunerlager.

Der Begriff »Zigeuner« wie die eigene Identität und Ethnizität der Sinti und Roma sind eng an das Reisen und die eigene Sprache, das Romanes, gebunden, an die Abweichung von der Norm der Seßhaften, die sich und das Andere auf dieses Weise immer von neuem reproduziert. »Unter die Zigeuner gehen« hieß in den Protokollen des 18. Jahrhunderts, »die seßhafte Lebensweise aufgeben und sich den Fahrenden anschließen«. Wie die Grenzen zwischen Seßhaften und Nichtseßhaften immer fließend waren, Migration ein (verdrängter) Teil der abendländischen Wirtschaft und Kultur war, so waren auch die Übergänge zwischen Zigeunern, Fahrenden und Seßhaften immer fließend. Schon früh wurde den Ethnographen bewußt, daß es kaum noch »echte« Zigeuner gab. Derjenige Zigeuner, der sich integrierte und seßhaft wurde, hörte auf, Zigeuner zu sein, und ist als solcher nicht mehr zu fassen, wenn er denn nicht in engen zigeunerischen Siedlungszusammenhängen lebte, wie sie zum Beispiel in Ungarn oder Spanien entstanden. »Civilisierung« mußte in der Sicht des 19. Jahrhunderts die Auflösung der zigeunerischen Lebenswelten, ihre »blutsmäßige« und kulturelle Überführung in die Mehrheitsbevölkerung bedeuten, also letztlich immer noch die Auslöschung ihrer Ethnie.

Schluß

Kehren wir nun zurück zu unseren Ausgangsfragen. Bereits der Tod des Bettlers, der im Jahre 1727 in dem schleswigschen Dorf Wohlde nach einem vergleichsweise kleinen Diebstahl gelyncht wurde, hat plastisch gezeigt, wie labil in der Frühen Neuzeit der Umgang mit Armen, Bettlern und Randgruppen war. Dabei werden Unterschiede und Verbindungen, Konflikte und Entwicklungen sichtbar.

Auf beiden Seiten spielten offen artikulierte und verdrängte Ängste eine große Rolle. Explizit ausgesprochen wurde die Furcht vor aufdringlichen und gewalttätigen Bettlern. Es war auch in Wohlde vorgekommen, daß ein Bettler mit Brandstiftung gedroht hatte. Damit rührte er an eine Grundangst der ländlichen Bevölkerung. Nicht ausgesprochen wurde die Furcht vor der eigenen Verarmung. Die bestohlene Familie war selber nicht reich. Der Tagelöhner, Hans Muhl, war 34 Jahre alt. Er war verheiratet und hatte zwei Kinder. Dennoch wohnte er mit ihnen bei seinen Eltern zur Miete. Sein Besitz bestand nur aus einer Kuh, einem Pferd und einem Wagen ohne Leitern. Damit gehörte er einer Schicht an, die ständig von der Verarmung bedroht war. Ein Schicksalsschlag, etwa ein Unfall oder eine Erkrankung, reichte aus, um einer solchen Familie ihr letztes Hab und Gut zu nehmen. Armenkassen oder eine organisierte Fürsorge gab es zu dieser Zeit erst in den wenigsten Dörfern. Verarmung hieß deshalb schnell, selber betteln gehen zu müssen. Ein Diebstahl konnte unter diesen Umständen die ständig bedrohte Existenz gefährden.

Der Bettler hatte diese Ängste schon hinter sich. Bei ihm ging es um das nackte Überleben. Er war aus den sozialen Bindungen der seßhaften Gesellschaft bereits herausgefallen und lebte ständig unmittelbar am Abgrund. Ohne milde Gaben – Essen, Kleidung, im Winter Unterkunft – mußte er umkommen. Vieles gab man ihm freiwillig, weil die Menschen Mitleid hatten, auf ihr Seelenheil hofften oder in einer ähnlichen Situation ebenfalls auf Almosen angewiesen sein würden. Je größer aber die Armut und damit auch die Konkurrenz der Bettler wurden, desto schwieriger gestaltete sich die Situation. Der Bettler mußte besondere Techniken entwikkeln, um Mitleid zu erregen, oder er konnte an die Ängste der Besitzenden rühren, indem er drohte. Ein weiterer Weg waren kleinere oder größere Diebstähle, wenn sich die Gelegenheit bot. Letzteren Weg wählte der Bettler in Wohlde, dessen Namen wir nicht einmal kennen.

Zwischen Mittelalter und Früher Neuzeit wandelte sich der Blick der Gesellschaft auf die Armen ein erstes Mal; seit Ende des 18. Jahrhunderts und vor allem seit der Industrialisierung veränderte sich ihre Sichtweise erneut, und wir haben gesehen, welche Auswirkungen das auf das reale Leben in Not hatte. Trotz Bevölkerungswachstum, wirtschaftlicher Krisen, Klagen über die Bettler, gestiegener Ausgaben der Armenkassen usw. muß offenbleiben, inwieweit die Armut tatsächlich zunahm: dieser vermeintlichen Vergrößerung der Not kann auch eine gewandelte Wahrnehmung zugrunde liegen. Was vorher normal war, wurde jetzt als Skandal empfunden. Die Armenausgaben stiegen, weil man jetzt bereit und in der Lage war, dafür Geld auszugeben.

Am Anfang dieses Buches habe ich die inneren Konflikte vorgeführt, in die uns heute die Begegnung mit einem Bettler stürzen kann. Selbst wenn es sich um Projektionen oder Übertragungen handelt, die in der persönlichen Biographie wurzeln, bedienen sich diese doch meist vorgegebener Muster. Solche Muster werden kulturell tradiert und gehören zu den historischen Strukturen mit langer Dauer (*de longue durée*). Oft haben sie die Umstände, unter denen sie entstanden sind, längst überlebt. Seit dem späten Mittelalter wurden die gesellschaftlichen Wahrnehmungen, Handlungsstrategien und Institutionen differenziert; dabei haben sich neue Bewußtseinsschichten über die alten gelegt und diese verdeckt. Manche sind in das gesellschaftliche Unbewußte abgesunken. Unter der Oberfläche können so längst überholte Konflikte überdauern und in Situationen, in denen der einzelne oder die Gesellschaft sozial und mental überfordert sind, alte Handlungsmuster bereithalten, die eigentlich einer anderen Zeit und einem anderen kulturellen Kontext angehören. Die systematische Vernichtung der Sinti und Roma im Dritten Reich könnte man in diesem Sinne als eine Regression verstehen.

Kulturell tradierte Muster bestimmen unser Denken und Handeln, auch wenn wir uns ihrer Ursprünge nicht bewußt sind und wir uns keine Gedanken darüber machen, ob unsere Motive und Institutionen noch den heutigen Bedingungen entsprechen. Auch heute wird die Massenarbeitslosigkeit oft auf die Trägheit der Arbeitslosen geschoben, die, wenn sie nur arbeiten wollten, schon Arbeit finden würden. Daß Löhne und Arbeitsbedingungen in bestimmten Branchen zu schlecht sind, wird verdrängt. Die Perspektivlosigkeit schlecht oder gar nicht ausgebildeter Jugendlicher, Anschläge auf Ausländerwohnheime oder die wachsende Armut in Afrika werden zwar beklagt, aber Handlungsstrategien, die an die Ursachen dieser Mißstände gehen, werden nur selten entwickelt und noch seltener systematisch umgesetzt. Statt dessen werden finanzielle Gründe für die Untätigkeit angeführt und die Küsten Europas zugleich mit immer größeren Polizeikräften bewacht. Die Etablierten beschirmen die Quellen ihres Wohlstands, diejenigen Gruppen in Europa, die selbst von der Armut bedroht sind, verteidigen ihre erworbenen sozialen Rechte. Die Bezugsräume sind im Zuge der Globalisierung immer größer geworden, so groß, daß unsere seit der Frühen Neuzeit neu erworbenen Handlungsstrategien und Institutionen überfordert sind und wir auf alte Muster zurückgreifen: Ausgrenzung und Abweisung.

Ungleichzeitigkeiten wird es nicht nur in der gesellschaftlichen Entwicklung, sondern auch in unserem individuellen Bewußtsein immer geben. Die wirtschaftlichen und sozialen Bedingungen befinden sich in ständigem Wandel, und die Menschen müssen die Veränderungen erst innerlich verarbeiten, ehe sie auf sie reagieren können. So muß jede Zeit ihren Umgang mit der Not neu definieren, die alten Muster erkennen, sie fortentwickeln, überwinden und neue schaffen, die den veränderten ökonomischen, sozialen und kulturellen Bedingungen besser entsprechen. Die Versorgung der »wahren« Armen stand im Abendland nie in Zweifel; schwierig war aber immer die Abgrenzung von den »falschen« Bettlern, also die gesellschaftliche Definition von Armut. Daher sollte jede

Epoche ihre Bestimmung der Armut reflektieren, um nicht unbewußt tradierte Vorstellungen zur Basis eines vielleicht fragwürdigen Handelns zu machen.

Anmerkungen

Zur leichteren Lesbarkeit sind in den Zitaten aus Quellentexten Groß- und Kleinschreibung, Getrennt- und Zusammenschreibung sowie die Zeichensetzung modernisiert; ansonsten folgen sie der Orthographie der angegebenen Vorlagen.

1 Friedemann Schulz von Thun, Miteinander reden 3. Das »Innere Team« und situationsgerechte Kommunikation, Reinbek 1998, S. 39 f.
2 Ebd., S. 41 f.
3 Otto Ulbricht, Der Tod eines Bettlers: dörfliche Lynchjustiz 1727, in: Axel Lubinski/Thomas Rudert/Martina Schattkowsky (Hrsg.), Historie und Eigen-Sinn. Festschrift für Jan Peters zum 65. Geburtstag, Weimar 1997, S. 379–397.
4 Rudolf Vierhaus, Die Rekonstruktion historischer Lebenswelten. Probleme moderner Kulturgeschichtsschreibung, in: Hartmut Lehmann (Hrsg.), Wege zu einer neuen Kulturgeschichte, Göttingen 1995, S. 13.
5 Ich verwende in diesem Buch den Terminus »Zigeuner«, auch wenn er wegen seiner negativen Konnotation heute meist abgelehnt wird. Eine Bezeichnung als »Sinti« oder »Roma« bleibt in historischem Zusammenhang aber zu ungenau, da es sich historisch durchaus nicht um einheitliche Gruppen handelt und auch unklar bleibt, inwieweit sie überhaupt eine gemeinsame eigene Identität entwickelten. Zudem besteht die Gefahr, daß eine Umbenennung, wie sie nach den Massenmorden der NS-Zeit bei vielen ehemaligen Randgruppen üblich geworden ist, der gesellschaftlichen Bedeutung marginaler Gruppen in historischem Kontext nicht gerecht wird. Für die Erforschung der Marginalisierung ist auch die historische Terminologie und ihre heutige Konnotation interessant; die Verwendung besetzter Begriffe setzt aber eine Bewußtheit dessen voraus.
6 Ernst Schubert, Arme Leute, Bettler und Gauner im Franken des 18. Jahrhunderts, Neustadt a. d. Aisch 1983, S. 16.
7 Verena Schmid, Armut in der Stadt Schaffhausen. Lebensverhältnisse der Unterschichten in der ersten Hälfte des 19. Jahrhunderts, in: Anne-Lise Head/Brigitte Schnegg (Hrsg.), Armut in der Schweiz (17.–20. Jh.), Zürich 1989, S. 191 f.
8 Martin Rheinheimer, Die Dorfordnungen im Herzogtum Schleswig. Dorf und Obrigkeit in der Frühen Neuzeit, Stuttgart 1999, Bd. 1, S. 153–156.
9 Martin Rheinheimer, Armut in Großsolt (Angeln), 1700–1900, in: Zeit-

schrift der Gesellschaft für Schleswig-Holsteinische Geschichte 118 (1993), S. 39.

10 Ebd., S. 42.

11 Ebd., S. 43.

12 Peter Kriedte/Hans Medick/Jürgen Schlumbohm, Industrialisierung vor der Industrialisierung. Gewerbliche Warenproduktion auf dem Land in der Formationsperiode des Kapitalismus, Göttingen 1977, S. 159.

13 Gerhard Kraack, Die Flensburger Geburtsbriefe. Auswanderung aus Flensburg 1550–1750, Flensburg 1977, S. 30.

14 Martin Dinges, Stadtarmut in Bordeaux, 1525–1675. Alltag – Politik – Mentalitäten, Bonn 1988, S. 157.

15 Thomas Fischer, Städtische Armut und Armenfürsorge im 15. und 16. Jahrhundert. Sozialgeschichtliche Untersuchungen am Beispiel der Städte Basel, Freiburg i. Br. und Straßburg, Göttingen 1979, S. 71.

16 Bernd Roeck, Außenseiter, Randgruppen, Minderheiten. Fremde im Deutschland der frühen Neuzeit, Göttingen 1993, S. 81.

17 Casimir Bumiller, Auf der Reise. Skizzen zu einer Geschichte des Hausierhandels im Killertal, in: Beiträge zur Volkskunde in Baden-Württemberg 5 (1993), S. 7–61.

18 Andreas Brinck, Die deutsche Auswanderungswelle in die britischen Kolonien Nordamerikas um die Mitte des 18. Jahrhunderts, Stuttgart 1993, S. 71.

19 Ebd., S. 26.

20 Ebd., S. 28.

21 Ebd., S. 215.

22 New York Weekly Journal, 26. Nov. 1750, zit. nach Brinck, Auswanderungswelle [wie Anm. 18], S. 222.

23 Vgl. Alice M. Hirsch, Das Recht nach dem Glück zu suchen. Spuren eines hessischen Auswanderers aus dem Richelsdorfer Gebirge in Amerika (1838–1885), in: Rund um den Alheimer 11 (1989), S. 6–31.

24 Michael Frank, Dörfliche Gesellschaft und Kriminalität. Das Fallbeispiel Lippe 1650–1800, Paderborn/München/Wien/Zürich 1995, S. 261.

25 Ulinka Rublack, Magd, Metz' oder Mörderin. Frauen vor frühneuzeitlichen Gerichten, Frankfurt a. M. 1998, S. 196.

26 Rheinheimer, Großsolt [wie Anm. 9], S. 88.

27 Dinges, Bordeaux [wie Anm. 14], S. 239.

28 Rheinheimer, Großsolt [wie Anm. 9], S. 36f. – Zur sozialen Bedeutung des Kaffeetrinkens vgl. Peter Albrecht, Kaffeetrinken. Dem Bürger zur Ehr' – dem Armen zur Schand, in: Rudolf Vierhaus (Hrsg.), Das Volk als Objekt obrigkeitlichen Handelns, Tübingen 1992, S. 57–100.

29 Reinheimer, Großsolt [wie Anm. 9], S. 37.

30 Ebd.

31 Ebd., S. 46.

32 Bridget Hill, Servants. English domestics in the eighteenth century, Oxford 1996, S. 191–207.
33 Renate Dürr, Mägde in der Stadt. Das Beispiel Schwäbisch Hall in der Frühen Neuzeit, Frankfurt a. M./New York 1995, S. 178.
34 Vera Lind, Selbstmord in der Frühen Neuzeit. Diskurs, Lebenswelt und kultureller Wandel am Beispiel der Herzogtümer Schleswig und Holstein, Göttingen 1999, S. 190–204, 238–243.
35 Alexandra Lutz, Abel Glashoff verliert den Verstand. Annäherungen an das Schicksal einer Wahnsinnigen im ländlichen Schleswig-Holstein, 1775–1778, in: Martin Rheinheimer (Hrsg.), Subjektive Welten. Wahrnehmung und Identität in der Neuzeit, Neumünster 1998, S. 117.
36 Ebd., S. 133.
37 Ebd., S. 134.
38 Rheinheimer, Großsolt [wie Anm. 9], S. 90 f.
39 Ebd., S. 91.
40 Konrad Köstlin, Von Karn Jorstes, einer alten Frau (1686), in: Kieler Blätter zur Volkskunde 12 (1980), S. 96.
41 Ebd., S. 93.
42 Ebd., S. 92; vgl. ebd., S. 103.
43 Ebd., S. 94.
44 Ebd., S. 91, 89.
45 Ebd., S. 91.
46 Vgl. Robert Muchembled, Kultur des Volks – Kultur der Eliten. Die Geschichte einer erfolgreichen Verdrängung, Stuttgart ^{2}1984.
47 Köstlin, Karn Jorstes [wie Anm. 40], S. 92.
48 Ebd., S. 93.
49 Birgit Hoffmann, Die Hexenverfolgung in Schleswig-Holstein zwischen Reformation und Aufklärung, in: Schriften des Vereins für Schleswig-Holsteinische Kirchengeschichte II 34/35 (1978/79), S. 118.
50 Katrin Anders, Sara, Ester, Thobe und Hanna. Vier jüdische Frauen am Rande der Gesellschaft im 18. Jahrhundert. Eine mikrohistorische Studie unter Verwendung Flensburger Gerichtsakten, Flensburg 1998, S. 56.
51 Sabine Kienitz, Unterwegs – Frauen zwischen Not und Normen. Lebensweise und Mentalität vagierender Frauen um 1800 in Württemberg, Tübingen 1989, S. 75.
52 Anders, Sara [wie Anm. 50], S. 95.
53 Peter Schuster, Das Frauenhaus. Städtische Bordelle in Deutschland (1350–1600), Paderborn/München/Wien/Zürich 1992, S. 80.
54 Ebd., S. 81.
55 Ebd., S. 21.
56 Ebd., S. 128.
57 Ebd., S. 122.
58 Ebd., S. 11 f.

59 Ebd., S. 90f.
60 Ebd., S. 143.
61 Ebd., S. 151.
62 Ebd., S. 176.
63 Ebd., S. 179.
64 Frank Ibold/Jens Jäger/Detlev Kraack, Das *Memorial und Jurenal* des Peter Hansen Hajstrup (1624–1672), Neumünster 1995, S. 65f.
65 Johann Jakob Vogt, Das Armenwesen und die diessfälligen Staatsanstalten, Bern 1853/54, Bd. 1, 1. Teil, S. 51, zit. nach Regula Ludi, Frauenarmut und weibliche Devianz um die Mitte des 19. Jahrhunderts im Kanton Bern, in: Head/Schnegg (Hrsg.), Armut in der Schweiz [wie Anm. 7], S. 30.
66 Ludi, Frauenarmut [wie Anm. 65], S. 31.
67 Sabine Kienitz, Geschäfte mit dem Körper. Sexualmoral und Überlebensstrategien von Frauen aus der Unterschicht Anfang des 19. Jahrhunderts in Württemberg, in: Historische Anthropologie 3 (1995), S. 448.
68 Ebd., S. 450.
69 Schubert, Arme Leute [wie Anm. 6], S. 129.
70 Volker Hunecke, Die Findelkinder von Mailand. Kindsaussetzung und aussetzende Eltern vom 17. bis zum 19. Jahrhundert, Stuttgart 1987, S. 23.
71 Ebd., S. 24f.
72 Thomas Fischer, Städtische Armut [wie Anm. 15], S. 257.
73 Markus Meumann, Findelkinder, Waisenhäuser, Kindsmord. Unversorgte Kinder in der frühneuzeitlichen Gesellschaft, München 1995, S. 62.
74 Volker Hunecke, Überlegungen zur Geschichte der Armut im vorindustriellen Europa, in: Geschichte und Gesellschaft 9 (1983), S. 497.
75 Thomas Fischer, Städtische Armut [wie Anm. 15], S. 314.
76 Peter Hisch, Ein Bettlerzeichen der Stadt Münster – Zeugnis für die »offene Armenfürsorge« um 1600, in: Franz-Josef Jakobi/Hannes Lambacher/Jens Metzdorf/Ulrich Winzer (Hrsg.), Stiftungen und Armenfürsorge in Münster vor 1800, Münster 1996, S. 163.
77 Ebd., S. 162.
78 Sebastian Kreiker, Armut, Schule, Obrigkeit. Armenversorgung und Schulwesen in den evangelischen Kirchenordnungen des 16. Jahrhunderts, Bielefeld 1997, S. 105.
79 Thomas Fischer, Städtische Armut [wie Anm. 15], S. 253.
80 Annemarie Kinzelbach, Gesundbleiben, Krankwerden, Armsein in der frühneuzeitlichen Gesellschaft. Gesunde und Kranke in den Reichsstädten Überlingen und Ulm, 1500–1700, Stuttgart 1995, S. 383.
81 Ebd., S. 377.
82 Erich Viehöfer, Das letzte Kapitel: Strafvollzug an Räubern, in: Harald Siebenmorgen (Hrsg.), Schurke oder Held? Historische Räuber und Räuberbanden, Sigmaringen 1995, S. 175.
83 Ebd., S. 175f.

84 Gerhard Oestreich, Strukturprobleme des europäischen Absolutismus, in: Vierteljahrschrift für Sozial- und Wirtschaftsgeschichte 55 (1968), S. 342.
85 Ebd., S. 329–347.
86 Corpus Constitutionum Regio-Holsaticarum, Bd. 1, Altona 1753, S. 533–553.
87 So in der schleswig-holsteinischen Verordnung aus dem Jahre 1622, in: Sammlung der hauptsächlichsten Schleswig-Holsteinischen gemeinschaftlichen Verordnungen, Glückstadt 1773, S. 339f.
88 Rheinheimer, Großsolt [wie Anm. 9], S. 45.
89 Ebd.
90 Ebd., S. 46.
91 Ebd.
92 Martin Rheinheimer, Jakob Gülich. »Trotzigkeit« und »ungebührliches Betragen« eines ländlichen Armen um 1850, in: ders. (Hrsg.), Subjektive Welten. Wahrnehmung und Identität in der Neuzeit, Neumünster 1998, S. 231.
93 Ebd.
94 Ebd., S. 233–235.
95 Ebd., S. 236f.
96 Dagmar Unverhau, Armenverfassung und Armenversorgung im Amt Ahrensbök in der 1. Hälfte des 19. Jahrhunderts, in: Zeitschrift der Gesellschaft für Schleswig-Holsteinische Geschichte 110 (1985), S. 150–152.
97 Rheinheimer, Gülich [wie Anm. 92], S. 238.
98 Ebd.
99 Ebd., S. 239.
100 Ebd., S. 240.
101 Ebd.
102 Ebd.
103 Ebd., S. 241.
104 Ebd., S. 223.
105 Ebd., S. 224.
106 Norbert Schindler, Widerspenstige Leute. Studien zur Volkskultur in der frühen Neuzeit, Frankfurt a. M. 1992, S. 269.
107 Arie Th. van Deursen, Graft. Ein Dorf im 17. Jahrhundert, Göttingen 1997, S. 259.
108 Rheinheimer, Großsolt [wie Anm. 9], S. 63.
109 Ebd.
110 Manfred von Essen, Johann Daniel Lawätz und die Armenkolonie Friedrichsgabe, Neumünster 1992, S. 105.
111 Rheinheimer, Großsolt [wie Anm. 9], S. 37.
112 Ebd., S. 84.
113 Dinges, Bordeaux [wie Anm. 14], S. 334.
114 Kreiker, Kirchenordnungen [wie Anm. 78], S. 113.

115 Helmut Bräuer, Der Leipziger Rat und die Bettler. Quellen und Analysen zu Bettlern und Bettelwesen in der Messestadt bis ins 18. Jahrhundert, Leipzig 1997, S. 90.
116 Schindler, Widerspenstige Leute [wie Anm. 106], S. 276.
117 Helmut Bräuer, »... und hat seithero gebetlet«. Bettler und Bettelwesen in Wien und Niederösterreich während der Zeit Kaiser Leopolds I., Wien/Köln/Weimar 1996, S. 149 f.
118 Otto Ulbricht, Die Welt eines Bettlers um 1775. Johann Gottfried Kästner, in: Historische Anthropologie 2 (1994), S. 380.
119 Robert Jütte, Abbild und soziale Wirklichkeit des Bettler- und Gaunertums zu Beginn der Neuzeit. Sozial-, mentalitäts- und sprachgeschichtliche Studien zum Liber Vagatorum (1510), Köln/Wien 1988, S. 86.
120 Ebd., S. 89.
121 Martin Rheinheimer, Identität und Kulturkonflikt. Selbstzeugnisse schleswig-holsteinischer Sklaven in den Barbareskenstaaten, in: Historische Zeitschrift 269 (1999), S. 323 f.
122 Ulbricht, Welt eines Bettlers [wie Anm. 118], S. 378.
123 Ebd., S. 376 f.
124 Andreas Blauert, Sackgreifer und Beutelschneider. Die Diebesbande der Alten Lisel, ihre Streifzüge um den Bodensee und ihr Prozeß 1732, Konstanz 1993, S. 23.
125 Ebd., S. 54 f.
126 Ebd., S. 39.
127 Carsten Küther, Räuber und Gauner in Deutschland. Das organisierte Bandenwesen im 18. und frühen 19. Jahrhundert, Göttingen ^{2}1987, S. 80.
128 Blauert, Sackgreifer [wie Anm. 124], S. 71.
129 Ebd., S. 38.
130 Ebd., S. 61.
131 Ulbricht, Welt eines Bettlers [wie Anm. 118], S. 393.
132 Ebd., S. 376.
133 Ebd., S. 394.
134 Ebd., S. 389 f.
135 Schindler, Widerspenstige Leute [wie Anm. 106], S. 274.
136 Ebd., S. 272.
137 Vgl. Wolfgang Behringer, Kinderhexenprozesse. Zur Rolle von Kindern in der Geschichte der Hexenverfolgung, in: Zeitschrift für Historische Forschung 16 (1989), S. 31–47; Hartwig Weber, Kinderhexenprozesse, Frankfurt a. M./Leipzig 1991; ders., »Von der verführten Kinder Zauberei«. Hexenprozesse gegen Kinder im alten Württemberg, Sigmaringen 1996.
138 Ulbricht, Welt eines Bettlers [wie Anm. 118], S. 392.
139 Ebd.
140 Blauert, Sackgreifer [wie Anm. 124], S. 21.

141 Ebd., S. 45.
142 Schindler, Widerspenstige Leute [wie Anm. 106], S. 284.
143 Ebd., S. 285.
144 Vgl. Martin Rheinheimer, Die Angst vor dem Wolf. Werwolfglaube, Wolfssagen und Ausrottung der Wölfe in Schleswig-Holstein, in: Fabula 36 (1995), S. 28–34.
145 Monika Spicker-Beck, Räuber, Mordbrenner, umschweifendes Gesind. Zur Kriminalität im 16. Jahrhundert, Freiburg i. Br. 1995, S. 95 f.
146 Ebd., S. 82.
147 Ebd., S. 37.
148 Ebd., S. 160.
149 Michael Kunze, Der Prozeß Pappenheimer, Ebelsbach 1981, S. 28.
150 Spicker-Beck, Räuber [wie Anm. 145], S. 190.
151 Uwe Danker, Räuberbanden im Alten Reich um 1700. Ein Beitrag zur Geschichte von Herrschaft und Kriminalität in der Frühen Neuzeit, Frankfurt a. M. 1988, S. 263.
152 Florike Egmond, Underworlds. Organized crime in the Netherlands 1650–1800, Cambridge 1993, S. 20.
153 Andreas Blauert, Diebes- und Räuberbanden in Schwaben und in der Schweiz, an Bodensee und Rhein im 18. Jahrhundert, in: Siebenmorgen (Hrsg.), Schurke oder Held? [wie Anm. 82], S. 61.
154 Danker, Räuberbanden [wie Anm. 151], S. 20.
155 Küther, Räuber [wie Anm. 127], S. 128.
156 Ebd., S. 129.
157 Kunze, Pappenheimer [wie Anm. 149], S. 296
158 Danker, Räuberbanden [wie Anm. 151], S. 453.
159 Ebd., S. 457.
160 Richard van Dülmen, Theater des Schreckens. Gerichtspraxis und Strafrituale in der frühen Neuzeit, München 1985, S. 177.
161 Vgl. Jacqueline Giere (Hrsg.), Die gesellschaftliche Konstruktion des Zigeuners. Zur Genese eines Vorurteils, Frankfurt a. M./New York 1996.
162 Reimer Gronemeyer, Zigeuner im Spiegel früher Chroniken und Abhandlungen. Quellen vom 15. bis zum 18. Jahrhundert, Gießen 1987, S. 15.
163 Ebd., S. 18–21.
164 Ebd., S. 53.
165 Johannes Guler von Weineck, Raetia, Zürich 1616, zit. nach Gronemeyer, Zigeuner [wie Anm. 162], S. 46.
166 Gronemeyer, Zigeuner [wie Anm. 162], S. 29.
167 František Graus, Randgruppen der städtischen Gesellschaft im Spätmittelalter, in: Zeitschrift für Historische Forschung 8 (1981), S. 414.
168 Werner Danckert, Unehrliche Leute. Die verfemten Berufe, Bern/München 1963.

169 Harald Richert, Die Stellung der Zigeuner (Roma und Sinti) im Raume Bergedorf, in: Hamburgische Geschichts- und Heimatblätter 12 (1988), S. 50.
170 Martin Rheinheimer, »In die Erde könnten sie nicht kriechen«. Zigeunerverfolgung im frühneuzeitlichen Schleswig-Holstein, in: Historische Anthropologie 4 (1996), S. 353.
171 Ebd., S. 335f.
172 Ebd., S. 336.
173 Gronemeyer, Zigeuner [wie Anm. 162], S. 29.
174 Martin Rheinheimer, Das getötete Zigeunerkind. Zigeuner, Einheimische und Obrigkeit um 1700, in: Richard van Dülmen/Erhard Chvojka/Vera Jung (Hrsg.), Neue Blicke. Historische Anthropologie in der Praxis, Wien/Köln/Weimar 1997, S. 275.
175 Altonaischer Mercurius 1765.
176 Rheinheimer, Zigeunerkind [wie Anm. 174], S. 281.
177 Rheinheimer, In die Erde [wie Anm. 170], S. 335.
178 Rheinheimer, Zigeunerkind [wie Anm. 174], S. 283.
179 Ebd.
180 Ebd.
181 Ebd.
182 Thomas Fricke, Zigeuner im Zeitalter des Absolutismus. Bilanz einer einseitigen Überlieferung. Eine sozialgeschichtliche Untersuchung anhand südwestdeutscher Quellen, Pfaffenweiler 1996, S. 585f.
183 Ebd., S. 588. Zu den Wölfen vgl. Rheinheimer, Wolf [wie Anm. 144], S. 25–78.
184 Vgl. Rheinheimer, Wolf [wie Anm. 144], S. 25–78; ders., Wolf und Werwolfglaube. Die Ausrottung der Wölfe in Schleswig-Holstein, in: Historische Anthropologie 2 (1994), S. 399–422.
185 Ulrich F. Opfermann, »Daß sie den Zigeuner-Habit ablegen«. Die Geschichte der »Zigeuner-Kolonien« zwischen Wittgenstein und Westerwald, Frankfurt a. M. u. a. 1996, S. 24.
186 Rheinheimer, In die Erde [wie Anm. 170], S. 331.
187 Rainer Hehemann, Die »Bekämpfung des Zigeunerunwesens« im Wilhelminischen Deutschland und der Weimarer Republik, 1871–1933, Frankfurt a. M. 1987, S. 74–79.
188 Sammlung der [...] Verordnungen 1773 [wie Anm. 87], S. 835.
189 Ebd., S. 947–950.
190 Rheinheimer, In die Erde [wie Anm. 170], S. 345.
191 K. Hollensteiner, Aus vergangenen Tagen. Chronikbilder aus der Vergangenheit Oldenburgs in Holstein, Leipzig 1882, S. 434.
192 Rheinheimer, In die Erde [wie Anm. 170], S. 343.
193 Ebd., S. 344.
194 Ernst Ritter, Gelegenheitsfunde in mecklenburgischen und lauenburgi-

schen Kirchenbüchern, in: Zeitschrift für Niedersächsische Familienkunde 23 (1941), S. 22.

195 Corpus Constitutionum [wie Anm. 86], Bd. 1, S. 945 f.

196 Opfermann, Zigeuner-Habit [wie Anm. 185], S. 59.

197 Rheinheimer, In die Erde [wie Anm. 170], S. 348.

198 Ebd., S. 350.

199 Ebd.

200 Ebd.

201 Ebd., S. 351.

202 Ebd., S. 351 f.

203 Ebd., S. 352.

204 Ebd.

205 Ebd.

206 Ebd., S. 353.

207 Ebd.

208 Ebd.

209 Ebd., S. 354.

210 Ebd., S. 354 f.

211 Fricke, Zigeuner [wie Anm. 182], S. 542.

212 Vgl. Wilhelm Ebhardt, Die Zigeuner in der hochdeutschen Literatur bis zu Goethes »Götz von Berlichingen«, Diss. Göttingen 1928, S. 107 f.; Heidi Berger, Das Zigeunerbild in der deutschen Literatur des 19. Jahrhunderts, Diss. Waterloo (Ontario) 1972, S. 44–68.

213 Berger, Zigeunerbild [wie Anm. 212], S. 186.

214 Ebd., S. 176

215 Wolf In der Maur, Zigeuner. Wanderer zwischen den Welten, Wien/Zürich/München 1969, S. 237.

216 Adalbert Stifter, Der Waldbrunnen, Graz 1960 (Sämtliche Werke 13, 2), S. 305 f.

217 Hehemann, Zigeunerunwesen [wie Anm. 187], S. 141.

218 Roland Schopf, Bürgerfluch und Bürgersehnsucht. Zigeuner im Vorstellungsbild literarischer Intelligenz, in: Joachim S. Hohmann/Roland Schopf (Hrsg.), Zigeunerleben. Beiträge zur Sozialgeschichte einer Verfolgung, Darmstadt 1979, S. 52.

219 Günter Oesterle, »Zigeunerbilder« als Maske des Romantischen, in: Wilhelm Solms/Daniel Strauß (Hrsg.): »Zigeunerbilder« in der deutschsprachigen Literatur, Heidelberg 1995, S. 49.

220 Die Memoiren des Ritters von Lang, 1774–1835, hrsg. von Hans Haussherr, Stuttgart 1957, S. 19 f., zit. nach Schubert, Arme Leute [wie Anm. 6], S. 1 f.

221 Schubert, Arme Leute [wie Anm. 6], S. 2.

222 Lang [wie Anm. 220], S. 20, zit. nach Schubert, Arme Leute, S. 2.

223 Küther, Räuber [wie Anm. 127], S. 86.

224 Ebd., S. 99.
225 Martin Rheinheimer, Die Zigeunerfamilie Altenburg (1866), in: Demokratische Geschichte 10 (1996), S. 87.
226 Ebd., S. 88.
227 Ebd.

Zeittafel

1318	Gründung des Frauenhauses in Luzern
um 1370	Älteste Nürnberger Bettelordnung
1381	Gründung des Frauenhauses in Nürnberg
1417	Erste chronikalische Erwähnung von Zigeunern in Deutschland durch Hermann Korner
1484/86	Tseo Pini: *Speculum cerretanorum*
1495	Ewiger Landfrieden
1497/98	Die Zigeuner in den Reichsabschieden von Lindau und Freiburg für vogelfrei erklärt
1510	*Liber vagatorum*
1520/24	Schließung des Frauenhauses in Altenburg
1522	Reform des Armenwesens in Wittenberg, Augsburg, Nürnberg und Straßburg
1526	J. L. Vives: *De subventione pauperum*
1529	Martin Luther: *Brief an den christlichen Adel deutscher Nation*
1532	Peinliche Halsgerichtsordnung Kaiser Karls V. (*Constitutio Criminalis Carolina*)
1555	Erstes Arbeitshaus in London (Bridewell)
1570–1574	Schwere Hungerkrise
1591	Schließung des Frauenhauses in Köln (letztes Frauenhaus im deutschsprachigen Raum)
1596	Amsterdamer Zuchthaus
1601	Altes Armenrecht in England
1609/13	Zuchthaus in Bremen
1622	Erste Verordnung gegen Zigeuner in den Herzogtümern Schleswig und Holstein
1622	*Hôpital général* in Lyon
1656	*Hôpital général* in Paris
1670	Verstaatlichung des Pariser Findelhauses
1683	Gründung von Germantown bei Philadelphia

1689	Wiedereröffnung der Drehlade am Mailänder Findelhaus
1695	Waisenhaus in Halle
1708	Armengesetz in Dänemark
1709	Erste große Auswanderungswelle aus der Pfalz
1709–1714	Vorübergehende Einrichtung einer Drehlade am Hamburger Waisenhaus
1723	*Workhouse Test Act* in England
1724–1733	Große Einschließung in Frankreich
1741	Gründung eines Findelhauses in London
1749–1754	Höhepunkt der deutschen Auswanderung nach Pennsylvania
1756–1760	*General Reception* im Londoner Findelhaus
1759	Letzte Verordnung gegen Zigeuner in den Herzogtümern Schleswig und Holstein
1770–1774	Schwere Hungerkrise
1782	Friedrich Schiller: *Die Räuber*
1783	Heinrich M. G. Grellmann: *Die Zigeuner*
1783	Flächendeckende Einführung von Armenkassen in sämtlichen Dörfern der Herzogtümer Schleswig und Holstein
1786/92	Friedrich Schiller: *Verbrecher aus verlorener Ehre*
1788	Gründung der *Allgemeinen Armenanstalt* in Hamburg
1798	Thomas Robert Malthus: *An Essay on the Principle of Population*
1799	Christian August Vulpius: *Rinaldo Rinaldini*
1803	Hinrichtung des Johannes Bückler (Schinderhannes)
1834	Neues Armenrecht in England
1842	Einführung des Unterstützungswohnsitzes in Preußen
1844	Aufstand der schlesischen Weber
1846/47	Letzte vorindustrielle Hungerkrise
1868	Schließung der Drehlade am Mailänder Findelhaus

1884	Krankenversicherung in Deutschland
1889	Invaliditäts- und Altersversicherung in Deutschland

Literatur

Allgemeines: Armut, Randgruppen

Deursen, Arie Th. van, Graft. Ein Dorf im 17. Jahrhundert, Göttingen 1997, bes. S. 251–267, 303–319.

Finzsch, Norbert, Obrigkeit und Unterschichten. Zur Geschichte der rheinischen Unterschichten gegen Ende des 18. und zu Beginn des 19. Jahrhunderts, Stuttgart 1990.

Graus, František, Randgruppen der städtischen Gesellschaft im Spätmittelalter, in: Zeitschrift für Historische Forschung 8 (1981), S. 385–437.

Gutton, Jean-Pierre, La société et les pauvres en Europe (XVIe-XVIIIe siècles), Paris 1974.

Head, Anne-Lise/Schnegg, Brigitte (Hrsg.), Armut in der Schweiz (17.–20. Jh.), Zürich 1989.

Hergemöller, Bernd-Ulrich (Hrsg.), Randgruppen in der spätmittelalterlichen Gesellschaft, Warendorf ^{2}1994.

Hippel, Wolfgang von, Armut, Unterschichten, Randgruppen in der frühen Neuzeit, München 1995.

Hufton, Olwen H., The poor of eighteenth-century France 1750–1789, Oxford 1974.

Irsigler, Franz/Lasotta, Arnold, Bettler und Gaukler, Dirnen und Henker. Außenseiter in einer mittelalterlichen Stadt. Köln 1300–1600, Köln 1984.

Jütte, Robert, Poverty and deviance in early modern Europe, Cambridge 1994.

Kappl, Claus, Die Not der kleinen Leute. Der Alltag der Armen im 18. Jahrhundert im Spiegel der Bamberger Malefizamtsakten, Bamberg 1984.

Mollat, Michel, Die Armen im Mittelalter, München 1984.

Pelc, Ortwin/Ibs, Jürgen Hartwig (Hrsg.), Arme, Kranke, Außenseiter. Soziale Randgruppen in Schleswig-Holstein und Hamburg, Neumünster 2000.

Riis, Thomas (Hrsg.), Aspects of poverty in early modern Europe, Bd. 1, Firenze/Stuttgart 1981; Bd. 2 und 3, Odense 1986/1990.

Roeck, Bernd, Außenseiter, Randgruppen, Minderheiten. Fremde im Deutschland der frühen Neuzeit, Göttingen 1993.

Sachße, Christoph/Tennstedt, Florian (Hrsg.), Bettler, Gauner und Proleten. Armut und Armenfürsorge in der deutschen Geschichte, Reinbek 1983.

Schubert, Ernst, Arme Leute, Bettler und Gauner im Franken des 18. Jahrhunderts, Neustadt a. d. Aisch 1983.

Scribner, Bob, Wie wird man Außenseiter? Ein- und Ausgrenzung im frühneuzeitlichen Deutschland, in: Norbert Fischer/Marion Kobelt-Groch (Hrsg.), Außenseiter zwischen Mittelalter und Neuzeit, Leiden/New York/Köln 1997, S. 21–46.

Woolf, Stuart, The poor in Western Europe in the eighteenth and nineteenth century, London/New York 1986.

Unterschichten, Verarmung, Migration

Abel, Wilhelm, Massenarmut und Hungerkrisen im vorindustriellen Europa. Versuch einer Synopsis, Hamburg/Berlin 1974.

Ders., Agrarkrisen und Agrarkonjunktur. Eine Geschichte der Land- und Ernährungswirtschaft Mitteleuropas seit dem hohen Mittelalter, Hamburg/Berlin [3]1978.

Altman, Ida/Horn, James (Hrsg.), »To make America«. European emigration in the early modern period, Berkeley/Los Angeles/Oxford 1991.

Anderson, Michael (Hrsg.), British population history. From the Black Death to the present day, Cambridge 1996.

Bairoch, Paul/Batou, Jean/Chèvre, Pierre, La population des villes européennes de 800 à 1850, Genève 1988.

Blasius, Dirk, Kriminalität und Alltag. Zur Konfliktgeschichte des Alltagslebens im 19. Jahrhundert, Göttingen 1978.

Bölsker-Schlicht, Franz, Die Hollandgängerei im Osnabrücker Land und im Emsland. Ein Beitrag zur Geschichte der Arbeiterwanderung vom 17. bis zum 19. Jahrhundert, Sögel 1987.

Brinck, Andreas, Die deutsche Auswanderungswelle in die britischen Kolonien Nordamerikas um die Mitte des 18. Jahrhunderts, Stuttgart 1993.

Bumiller, Casimir, Auf der Reise. Skizzen zu einer Geschichte des Hausierhandels im Killertal, in: Beiträge zur Volkskunde in Baden-Württemberg 5 (1993), S. 7–61.

Canny, Nicholas (Hrsg.), Europeans on the move. Studies on European migration, 1500–1800, Oxford 1994.

Clark, Peter/Souden, David (Hrsg.), Migration and society in early modern England, London 1987.

Frank, Michael, Dörfliche Gesellschaft und Kriminalität. Das Fallbeispiel Lippe 1650–1800, Paderborn/München/Wien/Zürich 1995.

Galenson, David W., White servitude in colonial America. An economic analysis, Cambridge 1981.

Göttsch, Silke, Hungerunruhen – Veränderungen im traditionellen Protestverhalten, in: Zeitschrift für Volkskunde 80 (1984), S. 170–182.

Häberlein, Mark, Vom Oberrhein zum Susquehanna. Studien zur badischen Auswanderung nach Pennsylvania im 18. Jahrhundert, Stuttgart 1993.

Hay, Douglas, War, dearth and theft in the eighteenth century. The record of the English courts, in: Past and Present 95 (1982), S. 117–160.
Henningsen, Lars N., Misvækst og kornspekulation i Sønderjylland 1698–1847. En studie i dyrtids- og hungerår og krisepolitik, in: Sønderjyske Årbøger 1981, S. 5–56.
Herzig, Arno, Unterschichtenprotest in Deutschland 1790–1870, Göttingen 1988.
Hippel, Wolfgang von, Auswanderung aus Südwestdeutschland. Studien zur württembergischen Auswanderung und Auswanderungspolitik im 18. und 19. Jahrhundert, Stuttgart 1984.
Jaritz, Gerhard/Müller, Albert (Hrsg.), Migration in der Feudalgesellschaft, Frankfurt a. M./New York 1988.
Kocka, Jürgen, Weder Stand noch Klasse. Unterschichten um 1800, Bonn 1990.
Ders., Arbeitsverhältnisse und Arbeiterexistenzen. Grundlagen der Klassenbildung im 19. Jahrhundert, Bonn 1990.
Kriedte, Peter/Medick, Hans/Schlumbohm, Jürgen, Industrialisierung vor der Industrialisierung. Gewerbliche Warenproduktion auf dem Land in der Formationsperiode des Kapitalismus, Göttingen 1977.
Lis, Catharina, Social change and the labouring poor. Antwerp, 1770–1860, New Haven/London 1986.
Dies./Lucassen, Jan/Soly, Hugo (Hrsg.), Before the unions. Wage earners and collective action in Europe, 1300–1850, Cambridge 1994.
Dies./Soly, Hugo, Poverty and capitalism in pre-industrial Europe, Atlantic Highlands N. J. 1979.
Lucassen, Jan, Migrant labour in Europe, 1600–1900. The drift to the North Sea, London/Sydney/Wolfeboro 1987.
Manning, Roger B., Village revolts. Social protest and popular disturbances in England, 1509–1640, Oxford 1988.
Matz, Klaus-Jürgen, Pauperismus und Bevölkerung. Die gesetzlichen Ehebeschränkungen in den süddeutschen Staaten während des 19. Jahrhunderts. Stuttgart 1980.
Moch, Leslie Page, Moving Europeans. Migration in Western Europe since 1650, Bloomington/Indianapolis 1992.
Mooser, Josef, Ländliche Klassengesellschaft 1770–1848. Bauern und Unterschichten, Landwirtschaft und Gewerbe im östlichen Westfalen, Göttingen 1984.
Ders., »Furcht bewahrt das Holz«. Holzdiebstahl und sozialer Konflikt in der ländlichen Gesellschaft 1800–1850 an westfälischen Beispielen, in: Heinz Reif (Hrsg.), Räuber, Volk und Obrigkeit. Studien zur Geschichte der Kriminalität in Deutschland seit dem 18. Jahrhundert, Frankfurt a. M. 1984, S. 43–99.
Pallach, Ulrich-Christian (Hrsg.), Hunger. Quellen zu einem Alltagsproblem seit dem Dreißigjährigen Krieg. Mit einem Ausblick auf die Dritte Welt, München 1986.

Pelc, Ortwin, Die Hungerkrise der Jahre 1846/47 in Lübeck, in: Ingwer E. Momsen (Hrsg.), Schleswig-Holsteins Weg in die Moderne, Neumünster 1988, S. 281–299.
Pfister, Christian, Bevölkerungsgeschichte und historische Demographie 1500–1800, München 1994.
Schlumbohm, Jürgen, Lebensläufe, Familien, Höfe. Die Bauern und Heuerleute des Osnabrückischen Kirchspiels Belm in proto-industrieller Zeit, 1650–1860, Göttingen 1994.
Snell, K. D. M., Annals of the labouring poor. Social change and agrarian England, 1660–1900, Cambridge 1985.
Thompson, Edward P., Plebeische Kultur und moralische Ökonomie. Aufsätze zur englischen Sozialgeschichte des 18. und 19. Jahrhunderts, Frankfurt a. M./Berlin/Wien 1980.
Walter, John/Wrightson, Keith, Dearth and the social order in early modern England, in: Past and Present 71 (1976), S. 22–42.
Wrightson, Keith/Levine, David, Poverty and piety in an English village. Terling, 1525–1700, New York/San Francisco/London 1979.

Arme Frauen, Prostitution, ledige Mütter

Anders, Katrin, Sara, Ester, Thobe und Hanna. Vier jüdische Frauen am Rande der Gesellschaft im 18. Jahrhundert. Eine mikrohistorische Studie unter Verwendung Flensburger Gerichtsakten, Flensburg 1998.
Bénabou, Erica-Marie, La prostitution et la police des mœurs au XVIIIe siècle, Paris 1987.
Breit, Stefan, »Leichtfertigkeit« und ländliche Gesellschaft. Voreheliche Sexualität in der frühen Neuzeit, München 1991.
Dülmen, Richard van, Frauen vor Gericht. Kindsmord in der Frühen Neuzeit, Frankfurt a. M. 1991.
Dürr, Renate, Mägde in der Stadt. Das Beispiel Schwäbisch Hall in der Frühen Neuzeit, Frankfurt a. M./New York 1995.
Gleixner, Ulrike, »Das Mensch« und »der Kerl«. Die Konstruktion von Geschlecht in Unzuchtsverfahren der Frühen Neuzeit (1700–1760), Frankfurt a. M./New York 1994.
Harsin, Jill, Policing prostitution in nineteenth-century Paris, Princeton 1985.
Henderson, John/Wall, Richard (Hrsg.), Poor women and children in the European past, London/New York 1994.
Hill, Bridget, Servants. English domestics in the eighteenth century, Oxford 1996.
Hoffer, Peter C./Hull, N. E. H., Murdering mothers: Infanticide in England and New England 1558–1803, New York/London 1981.
Hunecke, Volker, Die Findelkinder von Mailand. Kindsaussetzung und aussetzende Eltern vom 17. bis zum 19. Jahrhundert, Stuttgart 1987.

Jütte, Robert (Hrsg.), Geschichte der Abtreibung. Von der Antike bis zur Gegenwart, München 1993.
Karras, Ruth Mazo, Common women. Prostitution and sexuality in medieval England, New York/Oxford 1996.
Kienitz, Sabine, Unterwegs – Frauen zwischen Not und Normen. Lebensweise und Mentalität vagierender Frauen um 1800 in Württemberg, Tübingen 1989.
Dies., Sexualität, Macht und Moral. Prostitution und Geschlechterbeziehungen Anfang des 19. Jahrhunderts in Württemberg. Ein Beitrag zur Mentalitätsgeschichte, Berlin 1995.
Köstlin, Konrad, Von Karn Jorstes, einer alten Frau (1686), in: Kieler Blätter zur Volkskunde 12 (1980), S. 85–117.
Lutz, Alexandra, Abel Glashoff verliert den Verstand. Annäherungen an das Schicksal einer Wahnsinnigen im ländlichen Schleswig-Holstein, 1775–1778, in: Martin Rheinheimer (Hrsg.), Subjektive Welten. Wahrnehmung und Identität in der Neuzeit, Neumünster 1998, S. 109–135.
MacClure, Ruth, Coram's children. The London foundling hospital in the eighteenth century, New Haven/London 1981.
Meumann, Markus, Findelkinder, Waisenhäuser, Kindsmord. Unversorgte Kinder in der frühneuzeitlichen Gesellschaft, München 1995.
Mitterauer, Michael, Ledige Mütter. Zur Geschichte illegitimer Geburten in Europa, München 1983.
Nielsen, Beth Grothe, Letfærdige Qvindfolk – om Gisle Nielsdatter og andre barnemordersker, Aarhus ²1999.
Ogilvie, Sheilagh C., Women and proto-industrialisation in a corporate society: Württemberg woollen weaving, 1590–1760, in: Pat Hudson/W. R. Lee (Hrsg.), Women's work and the family economy in historical perspective, Manchester/New York 1990, S. 76–103.
Otis, Leah Lydia, Prostitution in medieval society. The history of an urban institution in Languedoc, Chicago 1985.
Pedersen, Olga, Cæcilie Catrine Nissen – en fattig kvindes kår i 1800-tallet, in: Fra Ribe Amt 23 (1984–86), S. 9–25.
Roper, Lyndal, Das fromme Haus. Frauen und Moral in der Reformation, Frankfurt a. M./New York 1995, insbes. S. 81–113.
Rossiaud, Jacques, Dame Venus. Prostitution im Mittelalter, München 1989.
Rublack, Ulinka, Magd, Metz' oder Mörderin. Frauen vor frühneuzeitlichen Gerichten, Frankfurt a. M. 1998.
Schlumbohm, Jürgen (Hrsg.), Familie und Familienlosigkeit. Fallstudien aus Niedersachsen und Bremen vom 15. bis 20. Jahrhundert, Hannover 1993.
Schuster, Beate, Die freien Frauen. Dirnen und Frauenhäuser im 15. und 16. Jahrhundert, Frankfurt a. M./New York 1995.
Schuster, Peter, Das Frauenhaus. Städtische Bordelle in Deutschland (1350–1600), Paderborn/München/Wien/Zürich 1992.

Sherwood, Joan, Poverty in eighteenth-century Spain. The women and children of the Inclusa, Toronto/Buffalo/London 1988.
Stukenbrock, Karin, Abtreibung im ländlichen Raum Schleswig-Holsteins im 18. Jahrhundert. Eine sozialgeschichtliche Untersuchung auf der Basis von Gerichtsakten, Neumünster 1993.
Ulbrich, Claudia, Frauenarmut in der Frühen Neuzeit, in: Zeitschrift für die Geschichte der Saargegend 40 (1992), S. 108–120.
Ulbricht, Otto, Kindsmord und Aufklärung in Deutschland, München 1990.
Ders. (Hrsg.), Von Huren und Rabenmüttern. Weibliche Kriminalität in der Frühen Neuzeit, Köln/Weimar/Wien 1995.
Valentinitsch, Helfried, Frauen unterwegs. Eine Fallstudie zur Mobilität von Frauen in der Steiermark um 1700, in: Heide Wunder/Christina Vanja (Hrsg.), Weiber, Menscher, Frauenzimmer. Frauen in der ländlichen Gesellschaft 1500–1800, Göttingen 1996, S. 223–236.

Armenfürsorge, Bedürftigkeit

Albrecht, Peter, Die Armenvögte der Stadt Braunschweig um 1800, in: Niedersächsisches Jahrbuch für Landesgeschichte 58 (1986), S. 55–75.
Andersson, Karl-Gustav, u. a., Oppdaginga av fattigdomen. Sosial lovgiving i Norden på 1700-talet, Oslo 1983.
Bog, Ingomar, Über Arme und Armenfürsorge in Oberdeutschland und in der Eidgenossenschaft im 15. und 16. Jahrhundert, in: Jahrbuch für fränkische Landesforschung 34/35 (1975), S. 983–1001.
Boulton, Jeremy, Neighbourhood and society. A London suburb in the seventeenth century, Cambridge 1987.
Daunton, Martin (Hrsg.), Charity, self-interest and welfare in the English past, London 1996.
Dinges, Martin, Stadtarmut in Bordeaux, 1525–1675. Alltag – Politik – Mentalitäten, Bonn 1988.
Ders., Frühneuzeitliche Armenfürsorge als Sozialdisziplinierung. Probleme mit einem Konzept, in: Geschichte und Gesellschaft 17 (1991), S. 5–29.
Eisenbach, Ulrich, Zuchthäuser, Armenanstalten und Waisenhäuser in Nassau. Fürsorgewesen und Arbeitserziehung vom 17. bis zum Beginn des 19. Jahrhunderts, Wiesbaden 1994.
Fehler, Timothy G., Poor relief and Protestantism. The evolution of social welfare in sixteenth-century Emden, Aldershot/Brookfield 1999.
Fischer, Thomas, Städtische Armut und Armenfürsorge im 15. und 16. Jahrhundert. Sozialgeschichtliche Untersuchungen am Beispiel der Städte Basel, Freiburg i. Br. und Straßburg, Göttingen 1979.
Fischer, Wolfram, Armut in der Geschichte. Erscheinungsformen und Lösungsversuche der »Sozialen Frage« in Europa seit dem Mittelalter, Göttingen 1982.

Foucault, Michel, Überwachen und Strafen. Die Geburt des Gefängnisses. Frankfurt a. M. 1976.
Geremek, Bronisław, Geschichte der Armut. Elend und Barmherzigkeit in Europa, München/Zürich 1988.
Grell, Ole Peter/Cunningham, Andrew (Hrsg.), Health care and poor relief in protestant Europe 1500–1700, London/New York 1997.
Hansen, Bente Dahl, Betler eller almisselem. Studier i offentlig fattigforsorg i Sjællands stifts landsogne 1708–1802, Odense 1984.
Henningsen, Lars N., Fattigvæsenet i de sønderjyske købstæder 1736–1841, Aabenraa 1978.
Hunecke, Volker, Überlegungen zur Geschichte der Armut im vorindustriellen Europa, in: Geschichte und Gesellschaft 9 (1983), S. 480–512.
Jütte, Robert, Obrigkeitliche Armenfürsorge in deutschen Reichsstädten der frühen Neuzeit. Städtisches Armenwesen in Frankfurt am Main und Köln, Köln/Wien 1984.
Ders., Bettelschübe in der frühen Neuzeit, in: Andreas Gestrich/Gerhard Hirschfeld/Holger Sonnabend (Hrsg.), Ausweisung und Deportation. Formen der Zwangsmigration in der Geschichte, Stuttgart 1995, S. 61–71.
Kinzelbach, Annemarie, Gesundbleiben, Krankwerden, Armsein in der frühneuzeitlichen Gesellschaft. Gesunde und Kranke in den Reichsstädten Überlingen und Ulm, 1500–1700, Stuttgart 1995.
Klein, Alexander, Armenfürsorge und Bettelbekämpfung in Vorderösterreich 1753–1806 unter besonderer Berücksichtigung der Städte Freiburg und Konstanz, Freiburg/München 1994.
Lindemann, Mary, Patriots and paupers. Hamburg, 1712–1830. New York/Oxford 1990.
Lindgren, Uta, Bedürftigkeit, Armut, Not. Studien zur spätmittelalterlichen Sozialgeschichte Barcelonas, Münster 1980.
MacKay, Lynn, A culture of poverty? The St. Martin in the Fields workhouse, 1817, in: The Journal of Interdisciplinary History 26 (1995), S. 209–231.
Martz, Linda, Poverty and welfare in Habsburg Spain. The example of Toledo, Cambridge 1983.
Nielsen, M. H., Fra fattigvæsens fortid, Aabenraa 1944.
Norberg, Kathryn, Rich and poor in Grenoble, 1600–1814, Berkeley/Los Angeles/London 1985.
Oestreich, Gerhard, Strukturprobleme des europäischen Absolutismus, in: Vierteljahrschrift für Sozial- und Wirtschaftsgeschichte 55 (1968), S. 329–347.
Rasmussen, Anna, Forsørget og forfulgt. Om offentlig forsorg på landet i første halvdel af 1800-tallet, Viborg 1996.
Rheinheimer, Martin, Armut in Großsolt (Angeln), 1700–1900, in: Zeitschrift der Gesellschaft für Schleswig-Holsteinische Geschichte 118 (1993), S. 21–133.

Ders., Jakob Gülich. »Trotzigkeit« und »ungebührliches Betragen« eines ländlichen Armen um 1850, in: Martin Rheinheimer (Hrsg.), Subjektive Welten. Wahrnehmung und Identität in der Neuzeit, Neumünster 1998, S. 223–252.
Sachße, Christoph/Tennstedt, Florian, Geschichte der Armenfürsorge in Deutschland. Vom Spätmittelalter bis zum Ersten Weltkrieg, Stuttgart/Berlin/Köln/Mainz 1980.
Dies. (Hrsg.), Soziale Sicherheit und soziale Disziplinierung. Beiträge zu einer historischen Theorie der Sozialpolitik, Frankfurt a. M. 1986.
Schwartz, Robert M., Policing the Poor in Eighteenth-Century France, Chapel Hill/London 1988.
Sievers, Kai Detlev, Volkskultur und Armut, in: Kieler Blätter zur Volkskunde 21 (1989), S. 5–24.
Ders., Leben in Armut. Zeugnisse der Armutskultur aus Lübeck und Schleswig-Holstein vom Mittelalter bis zum 20. Jahrhundert, Heide 1991.
Ders./Zimmermann, Harm-Peer, Das disziplinierte Elend. Zur Geschichte der sozialen Fürsorge in schleswig-holsteinischen Städten 1542–1914, Neumünster 1994.
Slack, Paul, Poverty and policy in Tudor and Stuart England, London/New York 1988.
Sokoll, Thomas, Household and family among the poor. The case of two Essex communities in the late eighteenth and early nineteenth centuries, Bochum 1993.
Stekl, Hannes, Österreichs Zucht- und Arbeitshäuser 1671–1920. Institutionen zwischen Fürsorge und Strafvollzug, München 1978.
Stier, Bernhard, Fürsorge und Disziplinierung im Zeitalter des Absolutismus. Das Pforzheimer Zucht- und Waisenhaus und die badische Sozialpolitik im 18. Jahrhundert, Sigmaringen 1988.
Tappe, Ralf, Der Armuht zum besten. Das Goslarer Armen- und Waisenhaus und die Sozialpolitik der Freien Reichsstadt im 18. Jahrhundert, Bielefeld 1997.
Wulf, Stefan, Arbeit und Nichtarbeit in norddeutschen Städten des 14. bis 16. Jahrhunderts. Studien zur Geschichte sozialer Zeitordnung, Hamburg 1991.
Zabeck, Jürgen/Hatje, Frank, Johann Georg Büsch (1728–1800) – wirtschaftliches Denken und soziales Handeln, Hamburg 1992.

Bettler, Diebe, Räuber

Baumann, Reinhard, Landsknechte. Ihre Geschichte und Kultur vom späten Mittelalter bis zum Dreißigjährigen Krieg, München 1994.
Beier, A. L., Masterless men. The vagrancy problem in England 1560–1640. London/New York 1985.

Blauert, Andreas, Sackgreifer und Beutelschneider. Die Diebesbande der Alten Lisel, ihre Streifzüge um den Bodensee und ihr Prozeß 1732, Konstanz 1993.
Bräuer, Helmut, »... und hat seithero gebetlet«. Bettler und Bettelwesen in Wien und Niederösterreich während der Zeit Kaiser Leopolds I., Wien/Köln/Weimar 1996.
Ders., Der Leipziger Rat und die Bettler. Quellen und Analysen zu Bettlern und Bettelwesen in der Messestadt bis ins 18. Jahrhundert, Leipzig 1997.
Burschel, Peter, Söldner im Nordwestdeutschland des 16. und 17. Jahrhunderts. Sozialgeschichtliche Studien, Göttingen 1994.
Danker, Uwe, Räuberbanden im Alten Reich um 1700. Ein Beitrag zur Geschichte von Herrschaft und Kriminalität in der Frühen Neuzeit, 2 Bde., Frankfurt a. M. 1988.
Dülmen, Richard van, Theater des Schreckens. Gerichtspraxis und Strafrituale in der frühen Neuzeit, München 1985.
Ders. (Hrsg.), Verbrechen, Strafen und soziale Kontrolle, Frankfurt a. M. 1990.
Egmont, Florike, Underworlds. Organized crime in the Netherlands 1650–1800, Cambridge 1993.
Evans, Richard J. (Hrsg.), The German underworld. Deviants and outcasts in German history, London/New York 1988.
Hobsbawm, Eric J., Sozialrebellen. Archaische Sozialbewegungen im 19. und 20. Jahrhundert, Neuwied 1962.
Jütte, Robert, Abbild und soziale Wirklichkeit des Bettler- und Gaunertums zu Beginn der Neuzeit. Sozial-, mentalitäts- und sprachgeschichtliche Studien zum Liber Vagatorum (1510), Köln/Wien 1988.
Küther, Carsten, Menschen auf der Straße. Vagierende Unterschichten in Bayern, Franken und Schwaben in der zweiten Hälfte des 18. Jahrhunderts, Göttingen 1983.
Ders., Räuber und Gauner in Deutschland. Das organisierte Bandenwesen im 18. und frühen 19. Jahrhundert, Göttingen ^{2}1987.
Kunze, Michael, Der Prozeß Pappenheimer, Ebelsbach 1981.
Laven, Peter, Banditry and lawlessness on the Venetian *Terraferma* in the later *Cinquecento*, in: Trevor Dean/K. J. P. Lowe (Hrsg.), Crime, society and the law in Renaissance Italy, Cambridge 1994, S. 221–248.
Lucassen, Leo, Eternal vagrants? State formation, migration and travelling groups in Western-Europe, 1350–1914, in: Jan Lucassen/Leo Lucassen (Hrsg.), Migration, migration history, history. Old paradigms and new perspectives, Bern u. a. 1997, S. 225–251.
Ortalli, Gherardo (Hrsg.), Bande armate, banditi, banditismo e repressione di giustizia negli stati europei di antico regime, Roma 1986.
Schindler, Norbert, Die Entstehung der Unbarmherzigkeit. Zur Kultur und Lebensweise der Salzburger Bettler am Ende des 17. Jahrhunderts, in: ders., Widerspenstige Leute. Studien zur Volkskultur in der frühen Neuzeit, Frankfurt a. M. 1992, S. 258–314.

Ders., Die Ramingsteiner Bettlerhochzeit von 1688/89. Armut, Sexualität und Hexenpolitik in einem Salzburger Bergwerksort des 17. Jahrhunderts, in: Historische Anthropologie 2 (1994), S. 165–192.
Schnabel-Schüle, Helga, Die Strafe des Landesverweises in der Frühen Neuzeit, in: Andreas Gestrich/Gerhard Hirschfeld,/Holger Sonnabend (Hrsg.), Ausweisung und Deportation. Formen der Zwangsmigration in der Geschichte, Stuttgart 1995, S. 73–82.
Schubert, Ernst, Mobilität ohne Chance: Die Ausgrenzung des fahrenden Volkes, in: Winfried Schulze (Hrsg.), Ständische Gesellschaft und soziale Mobilität, München 1988, S. 113–164.
Ders., Fahrendes Volk im Mittelalter, Bielefeld 1995.
Scribner, Robert W., Mobility: Voluntary or enforced? Vagrants in Württemberg in the sixteenth century, in: Gerhard Jaritz/Albert Müller (Hrsg.), Migration in der Feudalgesellschaft, Frankfurt a. M./New York 1988, S. 65–88.
Schwerhoff, Gerd, Köln im Kreuzverhör. Kriminalität, Herrschaft und Gesellschaft in einer frühneuzeitlichen Stadt, Bonn/Berlin 1991.
Seidenspinner, Wolfgang, Mythos Gegengesellschaft. Erkundungen in der Subkultur der Jauner, Münster/New York/München/Berlin 1998.
Siebenmorgen, Harald (Hrsg.), Schurke oder Held? Historische Räuber und Räuberbanden, Sigmaringen 1995.
Sievers, Kai Detlev, Vaganten und Bettler auf Schleswig-Holsteins Straßen. Zum Problem der mobilen Unterschichten an der Wende vom 18. zum 19. Jahrhundert, in: Zeitschrift der Gesellschaft für Schleswig-Holsteinische Geschichte 114 (1989), S. 51–71.
Spicker-Beck, Monika, Räuber, Mordbrenner, umschweifendes Gesind. Zur Kriminalität im 16. Jahrhundert, Freiburg i. Br. 1995.
Titz-Matuszak, Ingeborg, Mobilität der Armut. Das Almosenwesen im 17. und 18. Jahrhundert im südniedersächsischen Raum, in: Plesse-Archiv 24 (1988), S. 9–338.
Ulbricht, Otto, Die Welt eines Bettlers um 1775. Johann Gottfried Kästner, in: Historische Anthropologie 2 (1994), S. 371–398.
Ders., Der Tod eines Bettlers: dörfliche Lynchjustiz 1727, in: Axel Lubinski/Thomas Rudert/Martina Schattkowsky (Hrsg.), Historie und Eigen-Sinn. Festschrift für Jan Peters zum 65. Geburtstag, Weimar 1997, S. 379–397.
(Siehe auch unter Frauen: Anders; Kienitz, Unterwegs; Valentinitsch.)

Zigeuner

Bott-Bodenhausen, Karin (Hrsg.), Sinti in der Grafschaft Lippe. Studien zur Geschichte der »Zigeuner« im 18. Jahrhundert, München 1988.

Breger, Claudia, Ortlosigkeit des Fremden. »Zigeunerinnen« und »Zigeuner« in der deutschsprachigen Literatur um 1800, Köln/Weimar/Wien 1998.
Crowe, David M., A history of the gypsies of Eastern Europe and Russia, New York 1994.
Daniel, Bartoloměj, Geschichte der Roma in Böhmen, Mähren und der Slowakei, Frankfurt a. M. 1998.
Fraser, Angus, The gypsies, Oxford/Cambridge (Mass.) 1992.
Fricke, Thomas, Zwischen Erziehung und Ausgrenzung. Zur württembergischen Geschichte der Sinti und Roma im 19. Jahrhundert, Frankfurt a. M. u. a. 1991.
Ders., Zigeuner im Zeitalter des Absolutismus. Bilanz einer einseitigen Überlieferung. Eine sozialgeschichtliche Untersuchung anhand südwestdeutscher Quellen, Pfaffenweiler 1996.
Giere, Jacqueline (Hrsg.), Die gesellschaftliche Konstruktion des Zigeuners. Zur Genese eines Vorurteils, Frankfurt a. M./New York 1996.
Gronemeyer, Reimer, Zigeuner im Spiegel früher Chroniken und Abhandlungen. Quellen vom 15. bis zum 18. Jahrhundert, Gießen 1987.
Höck, Alfred, Recht auch für Zigeuner? Ein Kapitel Minderheitenforschung nach hessischen Archivalien, in: Konrad Köstlin/Kai Detlef Sievers (Hrsg.), Das Recht der kleinen Leute. Beiträge zur rechtlichen Volkskunde, Berlin 1976, S. 77–88.
Hohmann, Joachim S., Neue deutsche Zigeunerbibliographie, Frankfurt a. M. u. a. 1992.
Ders./Schopf, Roland (Hrsg.), Zigeunerleben. Beiträge zur Sozialgeschichte einer Verfolgung, Darmstadt 1979.
Kappen, O. van, Geschiedenis der zigeuners in Nederland. De ontwikkeling van de rechtspositie der Heidens of Egyptenaren in de noordelijke Nederlanden (1420–1750), Assen 1965.
Leblon, Bernard, Les gitans d'Espagne. Le prix de la différence, Paris 1985.
Lemmermann, Holger, Zigeuner und Scherenschleifer im Emsland, Sögel 1986.
Lucassen, Leo, ›En men noemde hen zigeuners‹. De geschiedenis van Kaldarasch, Ursari, Lowara en Sinti in Nederland, 1750–1944, Amsterdam/Den Haag 1990.
Ders., Zigeuner. Die Geschichte eines polizeilichen Ordnungsbegriffes in Deutschland 1700–1945, Köln/Weimar/Wien 1996.
Ders./Willems, Wim/Cottaar, Annemarie, Gypsies and other itinerant groups. A socio-historical approach, Basingstoke/New York 1998.
Mayall, David, Gypsy-travellers in nineteenth-century society, Cambridge 1988.
Opfermann, Ulrich F., »Daß sie den Zigeuner-Habit ablegen«. Die Geschichte der »Zigeuner-Kolonien« zwischen Wittgenstein und Westerwald, Frankfurt a. M. u. a. 1996.
Rheinheimer, Martin, »In die Erde könnten sie nicht kriechen«. Zigeunerver-

folgung im frühneuzeitlichen Schleswig-Holstein, in: Historische Anthropologie 4 (1996), S. 330–358.
Ders., Die Zigeunerfamilie Altenburg (1866), in: Demokratische Geschichte 10 (1996), S. 77–89.
Ders., Das getötete Zigeunerkind. Zigeuner, Einheimische und Obrigkeit um 1700, in: Richard van Dülmen/Erhard Chvojka/Vera Jung (Hrsg.), Neue Blicke. Historische Anthropologie in der Praxis. Wien/Köln/Weimar 1997, S. 275–290.
Ders., Erbarmen, oder laß mich mit ihnen ziehn. Dämonisierung, Verfolgung und Idealisierung der Zigeuner im vormodernen Schleswig-Holstein, in: Ortwin Pelc/Jürgen H. Ibs (Hrsg.), Arme, Kranke, Außenseiter. Soziale Randgruppen in Schleswig-Holstein und Hamburg, Neumünster 2000.
Sánchez Ortega, Maria Helena, Dieser wichtige Zweig der Landesordnung … Zur Geschichte der Zigeuner in Spanien bis zum Ende des 18. Jahrhunderts. Darstellung und Dokumente, Frankfurt a. M. u. a. 1993.
Solms, Wilhelm/Strauß, Daniel, »Zigeunerbilder« in der deutschsprachigen Literatur, Heidelberg 1995.
Trumpener, Katie, The time of the gypsies: A »people without history« in the narratives of the west, in: Critical inquiry 18 (1992), S. 843–884.
Vaux de Foletier, François de, Les tsiganes dans l'ancienne France, Paris 1961.
Ders., Les bohémiens en France au 19e siècle, Paris 1981.
Willems, Wim, In search of the true gypsy. From enlightenment to final solution, London 1997.

Glossar

Abkürzungen
m – Mark
rtl – Reichstaler
ß – Schilling (16 Schilling = 1 Mark lübsch)

Alkoven – in die Wand eingelassene Bettnische
Allmende – Ländereien, die sich im Gemeineigentum der Dorfgenossen befinden und gemeinsam genutzt werden, meist Weide, Wald oder Ödland
Almosenamt – regionale Bezeichnung für die Armenbehörde
Altes Armenrecht – das in England zwischen 1601 und 1834 geltende Armenrecht
Anerbenrecht – Form des Erbrechts, nach dem nur ein Erbe den gesamten Landbesitz erbt
Armensetzung – obrigkeitliche Festlegung der Armensteuer
Baldower – Ausspäher, der die Gelegenheit zu Diebstählen auskundschaftet
Beisasse – Städter ohne volles Bürgerrecht
Besagung – Bezichtigung von angeblichen Mittätern unter der Folter (zum Beispiel in Hexenprozessen)
Bettelvogt – kommunaler Bediensteter, der die Bettelei verhindern soll
Blatterhaus – Hospital, in dem ursprünglich ansteckende Kranke (vor allem bei Pocken) isoliert und gepflegt wurden
Brechenhaus – Hospital, in dem ursprünglich gebrechliche und hinfällige Personen gepflegt wurden
Brüche – Strafe
Comparent – Erschienener, Anwesender
Cottager – Kätner in England
Defensor – Verteidiger

Einhegung – Aufhebung der Allmenden und Anlage von Koppeln in England

Fiskal – Jurist, der die Interessen des Fiskus wahrnimmt; später Staatsanwalt

Frauenhaus – Bordell in städtischem Besitz

Ganzes Haus – gemeinsame Haushaltung von Familie und Dienstboten

garten – ohne Arbeitsverhältnis bettelnd und plündernd durch die Gegend ziehen

Gartknecht – arbeitsloser Landsknecht, oft zum Betteln und Plündern gezwungen, um seinen Lebensunterhalt zu beschaffen

gemeiner Kasten – zentrale Armenkasse

geschlossene Armenfürsorge – Armenfürsorge in geschlossenen Instititutionen (Armenhäusern, Zwangsanstalten usw.)

Gilde – genossenschaftlicher Zusammenschluß mit gemeinsamen Gelagen und Hilfeleistung

Große Einschließung – Internierung aller Bettler in Frankreich in Zwangsanstalten von 1724 bis 1733

Großkötter – Kätner mit etwas mehr Landbesitz

Harde – niederer Verwaltungs- und Gerichtsbezirk in Skandinavien und Schleswig

Hardesvogt – landesherrlicher Beamter (Verwaltungs- und Polizeichef einer Harde, Vorsitzender des Hardesgerichts)

Heilig-Geist-Spitäler – Hospitäler, die seit 1204 von den Hospitalitern oder den Bruderschaften vom Heiligen Geist gegründet wurden

Heimatrecht – Recht auf Armenunterstützung an einem Ort aufgrund von Geburt oder Aufenthalt einer festgesetzten Dauer

Heuer – Miete, Pacht

Heuerling – Tagelöhner, Landarbeiter ohne Grund- und Hausbesitz, meist in einem Pacht- und Arbeitsverhältnis zu einem Großbauern

Höker – Kleinhändler, Inhaber eines Markstandes oder einer Verkaufsbude

Hospital – Sammelanstalt für verschiedene Arten von Hilfsbedürftigen; Vorform der Krankenhäuser, Pflegehäuser, Altersheime

Hufner – Vollbauer mit Recht zur Allmendenutzung

Inste – Angehöriger der ländlichen Unterschicht, meist ganz ohne eigenen Land- und Hausbesitz
Kätner – Besitzer oder Pächter einer ländlichen Kleinstelle, meist einer Kate mit Garten
Kindelbier – Feier nach der Taufe
Krug – Wirtshaus
Krüger – Wirt
Mandat – Erlaß, landesherrliche Verordnung
Metzler – Fleischwarenhändler
Nachbarschaft – Siedlungseinheit mit zwischenmenschlichen Beziehungen, die informell oder fest institutionalisiert sind
Nadler – Handwerker, der Nadeln, Ketten, Ösen, Haken herstellt
Neues Armenrecht – das in England seit 1834 geltende Armenrecht
offene Armenfürsorge – Armenfürsorge außerhalb geschlossener Anstalten
Parcellist – Siedler auf einem parcellierten Großgrundbesitz
Pauperismus – Massenarmut; Zeit der Massenarmut in der ersten Hälfte des 19. Jahrhunderts
Peuplierungspolitik – Vermehrung der arbeitenden Untertanen, um so höhere Steuereinnahmen zu erzielen
Pfründner – Inhaber einer Pfründe, in die man sich, um versorgt zu werden, einkauft
Pringen – eiserne Hand- bzw. Fußschellen
qualifizierter Diebstahl – Diebstahl von Gegenständen über einem bestimmten Wert
Realteilung – Form des Erbrechts, nach dem der Landbesitz unter allen Erben zu gleichen Teilen aufgeteilt wird
Rechensmann – Rechnungsführer (zum Beispiel eines Kirchspiels oder einer Harde)
Sandmann – auf Lebenszeit ernannter Urteiler im Hardesgericht, in der Regel ein Hufner
Stockhaus – Kerker, Gefängnis
Straßenkötter – Kätner mit geringem Landbesitz
Tollhaus – Irrenhaus
Totenbeliebung – genossenschaftlicher Zusammenschluß zur gegenseitigen Hilfe bei Todesfällen
Unterbot – Versteigerung an den, der den niedrigsten Preis verlangt

Urgicht – schriftliches Geständnis, in dem der Delinquent zugleich einen Sühneeid ablegt

Verkoppelung – Aufhebung der Feldgemeinschaft und Anlegung von Koppeln

Verlagssystem – eine Form zentralisierter Gütererzeugung, wobei der Verleger die Güter beschafft, vorschußweise ausgibt und den Absatz organisiert; die Arbeit wird meist in Heimarbeit ausgeführt

Verlicitierung – Versteigerung durch Unterbot

Workhouse – Zwangsarbeitshaus in England

Zehrgeld – geringes finanzielles Almosen, das Bettler für den weiteren Weg erhalten

Zuchthaus – Anstalt, in der Kriminelle und soziale Abweichler durch Erziehung zur Arbeit gebessert werden sollen

Abbildungsnachweise

Abb. 1: Stadtbibliothek Winterthur
Abb. 2: Archiv Rheinheimer
Abb. 3: Archiv Rheinheimer
Abb. 4: Museum für Kunst und Kulturgeschichte der Hansestadt Lübeck
Abb. 5: Westfälisches Landesmuseum für Kunst und Kulturgeschichte Münster
Abb. 6: Staatliche Museen zu Berlin (Kunstbibliothek)
Abb. 7: Museum für Kunst und Kulturgeschichte der Hansestadt Lübeck
Abb. 8: Archiv Rheinheimer
Abb. 9: Spessartmuseum Lohr am Main
Abb. 10: Stadtmuseum Nördlingen

Autor und Verlag danken den Museen für die Abdruckgenehmigungen

Register